Nicht mehr die Großen schlagen die Kleinen,
sondern die Schnellen die Langsamen

und

wer der Erfolgreichste sein will,
muß neue Wege beschreiten.

Pharma Supply Chain

Neue Wege zu einer effizienten
Wertschöpfungskette

Christian L. J. Ewers
Stephan Küppers
Hilmar Weinmann

ECV EDITIO CANTOR VERLAG AULENDORF

Die Deutsche Bibliothek – CIP-Einheitsaufnahme

Ewers, Christian L. J.:
Pharma supply chain : neue Wege zu einer effizienten Wertschöpfungskette /
Christian L. J. Ewers ; Stephan Küppers ; Hilmar Weinmann. -
Aulendorf : ECV – Editio-Cantor-Verl., 2002
(Der Pharmazeutische Betrieb ; Bd. 47)
ISBN 3-87193-265-5

Gesamtherstellung: Biberacher Verlagsdruckerei GmbH & Co. KG, Biberach

Inhaltsübersicht
(Detailliertes Verzeichnis am Schluß des Buches)

Einführung

Analyse

Vision

Umsetzung

Schlußfolgerungen

Einführung

Bei den Innovationen, die jetzt gefordert sind, geht es nicht nur um neue Produkte, sondern um die Neuschöpfung von Wirtschaft, Politik und Kultur.

Konrad Seitz

Geleitwort

Die deutsche Pharmaindustrie befindet sich im Umbruch: Der EU-Binnenmarkt sowie die Globalisierung intensivieren den Wettbewerb, während die Gen- und die Biotechnologie völlig neue Herausforderungen erzeugen. Gleichzeitig haben demographische Entwicklungen und unterlassene Reformen im deutschen Gesundheitssystem zu Budgetzwängen geführt, die einen Preisdruck im Pharmabereich bewirken.

In einer solchen Situation sind alle am Gesundheitswesen Beteiligten aufgefordert, diesen Umbruch mit kreativen Lösungsansätzen zu begleiten.

Die Autoren dieses Buches haben sich intensiv mit der Entwicklung und Produktion von Arzneimitteln beschäftigt. Sie stellen ein alternatives Konzept zur Gestaltung der Versorgungskette (Supply Chain) vor und liefern dabei nicht nur eine abstrakte Darstellung der Prozesse, sondern auch eine technische Handlungsanleitung zur Umsetzung des Konzeptes. Das macht die Lektüre interessant, hilfreich und oftmals auch regelrecht spannend.

Unter Anwendung des neuartigen Konzeptes soll die Supply Chain vor allem dadurch effizienter werden, daß die Entwicklung strukturierter, die Produktion standardisierter und integrierter sowie die Distribution kundenorientierter gestaltet wird.

Die Autoren zeigen auf, wie diese Effizienzpotenziale realisiert werden können. Sie verweisen aber auch auf die hohen Ansprüche, die dabei an Logistik, Infrastruktur, Zulieferer und Anlagenbauer gestellt werden müssen. Die hochentwickelte deutsche Wirtschaft sollte diesen Ansprüchen jedoch gerecht werden können.

Die immer noch stark mittelständisch geprägte deutsche Pharmabranche steht momentan in harter Konkurrenz zu großen Konzernen und Global Playern. Das vorgestellte Konzept mag ihr ein Mittel sein, durch schnelle und flexible Umsetzung einen neuen Wettbewerbsvorteil zu erlangen. Wer innovativ ist und sich an den Kundenbedürfnissen orientiert, wird letztlich zu den Gewinnern zählen.

Rainer Brüderle, MdB

Berlin, im Februar 2002

Vorwort

Die Erwartungen der Börse an die Pharmaindustrie sind gewaltig. Zur Erfüllung dieser Erwartungen wird weiterhin mit höchster Priorität die Suche nach neuen Wirkstoffen betrieben. In den letzten 10 Jahren haben die pharmazeutischen Unternehmen weltweit ihre Anstrengungen zur Entwicklung neuer Produkte enorm gesteigert, um ein ständig steigendes Wachstum und hohe Börsenbewertungen zu sichern. Dabei wurde vor allem der Schwerpunkt auf die Entdeckung und Vermarktung neuer „Blockbuster Drugs" gelegt. Zunehmend wird von Seiten der Analysten jedoch die entstehende Lücke wahrgenommen, die sich dadurch ergibt, daß die Entwicklungskosten schneller steigen als das Marktwachstum und die Ergebnisentwicklung. Zum ersten Mal in der Geschichte der Pharmaindustrie wird es aufgrund des starken Kostendrucks zu einem tiefgreifenden Wandel kommen.

Ein Kernstück dieses Wandels wird die Optimierung des gesamten Logistiknetzwerks (Supply Chain) von der Beschaffung über die Produktion bis hin zum Vertrieb sein. Denn die Chancen einer effizienten Supply Chain, die gewährleistet, daß die neuentwickelten Arzneimittel jeweils rechtzeitig und selbst bei schwankenden Markterfordernissen in ausreichender Menge geliefert werden, wurden bisher wenig genutzt. Wie hoch das Einsparpotential sein könnte, beweisen Berechnungen, aus denen hervorgeht, daß die Pharmaindustrie durch ein besseres Management der Supply Chain allein 1,3 Mrd. US-Dollar an Abschreibungskosten durch Lagerverluste vermeiden könnte [Nairn 2001]. Beim Supply Chain-Management geht es jedoch nicht nur um Einsparungen, sondern auch um immense Beiträge zum Umsatzwachstum der Firmen.

Andere Industrien haben Wettbewerbsverschärfungen, die u. a. eine Minimierung des Herstellungsaufwandes sowie der Beschaffungs- und Distributionskosten verlangen, schon frühzeitig durchlaufen. Die dazu notwendigen Veränderungen in der gesamten Wertschöpfungskette (Supply Chain) werden jedoch nur über ein wesentlich effizienteres Kostenmanagement und damit letztlich auch ein völliges Neugestalten der Prozeßabläufe beherrschbar. Die resultierende Wertschöpfungskette wird dann zudem viel ausgeprägter als bisher am Kunden orientiert sein.

Wir haben uns bei unseren eigenen Überlegungen zunächst von den Erfahrungen anderer Branchen leiten lassen und bei der Adaption dann die jeweils spezifischen Aspekte der pharmazeutischen Wertschöpfungskette einfließen lassen. Da alle Pharmafirmen strategisch darauf ausgerichtet sind, die Zahl ihrer Präparate weiter zu steigern, ist die schnell ansteigende Komplexität ein vorrangiges Problem. Im vorliegenden Buch wollen wir jedoch Wege aufzeigen, wie diese Komplexität durch ein effizientes Supply Chain-Management in den verschiedensten Bereichen in- und außerhalb eines Pharmaunternehmens erfolgreich verringert werden kann.

Wir haben dabei u. a. festgestellt, daß die sehr langen und komplexen Herstellungsprozesse der Pharmaindustrie nur eine suboptimale Lösung der neuen Herausforderungen zulassen. Deshalb haben wir den bekannten Supply Chain-Ansatz mit einem vollständigen Reengineering von Entwicklung und Produktion kombiniert. Unser Konzept erhöht darüber hinaus die Flexibilität der Systeme. Gleiches gilt für die Verkürzung von Entwicklungszeiten, die einfachere Anpassung bei Bedarfsänderungen sowie die Deckung individuellerer Anforderungen an die Produkte der Pharmaindustrie.

Für ein solches Konzept ist es unabdingbar notwendig, visionäre Vorstellungen mit einzubeziehen. Im Einzelfall kann dies jedoch bedeuten, daß nicht jeder Vorschlag bis zur letzten Konsequenz analysiert werden kann und offene Fragestellungen verbleiben. Es wird aber teilweise eine eingehendere Betrachtung notwendig sein, um die prinzipielle Umsetzbarkeit dieses Konzeptes aufzuzeigen. Eine erschöpfende Behandlung aller Detailfragen würde jedoch den Rahmen eines solchen Buches sprengen. Aufgrund der Notwendigkeit zur Vereinfachung werden wir auch von einem klassischen Pharmaunternehmen ausgehen, das chemische oder biotechnologische Wirkstoffe entwickelt, herstellt und die daraus formulierten Arzneimittel vertreibt. Dabei werden die Besonderheiten anderer Unternehmen, die z.B. von der Basis natürlicher Produkte (wie Blutprodukte) ausgehen, der Generika-Hersteller oder der Unternehmen ohne eigene Forschung und Entwicklung nicht detailliert angesprochen.

Dem alten chinesischen Sprichwort „Wenn man es eilig hat, muß man einen Umweg machen" folgend, werden wir zunächst die Herausforderungen der Pharmaindustrie diskutieren. Danach führt unser Weg über das Reengineering der Herstellungsprozesse in der Pharmaindustrie schließlich zu einer verbesserten „Supply Chain" zurück.

Zum Abschluß dieses Vorwortes wollen wir betonen, daß wir unabhängig von der Qualität eines Konzeptes unser Vertrauen in die Fähigkeiten und Lösungsorientierung der Menschen setzen. Denn diese Menschen werden bei Umsetzung und Durchführung einer solchen Konzeptidee mit weiterhin bestehenden und immer neuen Hürden konfrontiert. Neue Strukturen und Konzepte bieten deshalb nur dann wirklich zusätzliche Chancen, wenn die richtigen Menschen darin und damit arbeiten.

Wir haben versucht, auch denjenigen Lesern gerecht zu werden, die sich nur für einzelne Kapitel interessieren. Für den eiligen Leser empfehlen wir den Einstieg mit Kapitel 5 und 6 und danach den Sprung zu den Kapiteln 14 bis 15.

In Kapitel 5 ziehen wir eine erste Bilanz unserer Analyse. In Kapitel 6 erfolgt dann die Vorstellung unseres Konzeptes. Die Kapitel 14 und 15 fassen letztlich die technische Detaildiskussion zusammen, bewerten die Überlegungen für die Pharmaindustrie und übertragen die Ergebnisse auch auf andere Industrien.

Dr. Christian Ewers, Dr. Stephan Küppers und Dr. Hilmar Weinmann

Berlin, im April 2002

Um an die Quelle zu kommen,
muß man gegen den Strom schwimmen ...

Jerzy Lec (polnischer Schriftsteller)

1 Einleitung

1.1 Historie und zunehmende Komplexität

Erfolgreiche Entscheidungen und Strategien in der heutigen Pharmaindustrie sollten nicht nur auf der möglichst zielgerichteten Vorhersage künftiger Trends aufbauen. Vielmehr müssen die Entwicklungen auf dem Arzneimittelmarkt und die historischen Besonderheiten dieses Marktes Berücksichtigung finden. Von ihren Anfängen in der Mitte des 19. Jahrhunderts bis Anfang der 90er Jahre des letzten Jahrhunderts war die Pharmaindustrie durch folgende wesentliche Punkte geprägt:

- Die Pharmaindustrie war im Vergleich zu anderen Industriezweigen einem geringeren Kostendruck ausgesetzt, da mit patentgeschützten Produkten vergleichsweise hohe Wertschöpfungen und Margen erzielt werden konnten.
- Es bestand keine Technologieführerschaft einzelner Unternehmen, da die Innovationen jeweils sehr schnell von den anderen Firmen übernommen wurden.
- Selbst in regionalen Märkten gab es eine starke Zersplitterung des Pharmamarktes.
- Für neue Produkte war kennzeichnend, daß im Verlauf des Produktionsprozesses eine sehr frühe Produktfestlegung erfolgte. Dabei fanden spezifische Produktdifferenzierungen oder eine Anpassung der Produkte an die Bedürfnisse des Kunden selten ausreichende Beachtung.

Der durch diese Merkmale gekennzeichnete vergleichsweise niedrige Wettbewerbsdruck führte dazu, daß die einmal verfolgten Strategien über Jahrzehnte fast unverändert beibehalten wurden. Deshalb gab und gibt es in der gesamten Branche nur wenig Erfahrungen mit neuen Geschäftsmodellen.

1.2 Globalisierung

Die meisten Unternehmen der pharmazeutischen Industrie haben trotz der starken Exportorientierung erst relativ spät damit begonnen, auf die Herausforderungen der Globalisierung zu reagieren. Dieser Prozeß der weltweiten Vernetzung von Informations- und Finanzsystemen und des politischen, ökonomischen, sozialen und kulturellen Zusammenwachsens der einzelnen Staaten hat jedoch für fast alle Branchen eine prägende Bedeutung.

Für die pharmazeutische und für viele andere Industrien bedeutet dies zunächst einmal, Größeneffekte (Economics of Scale) und Verbundeffekte (Economics of Scope) besser ausnutzen zu können. Ein Resultat der Globalisierung ist die Bildung weltweit präsenter und tätiger Einheiten durch Zusammenschlüsse zu größeren Unternehmen. In den späten 1990er Jahren hatte die Pharmaindustrie zunächst noch einen Nachholbedarf. Inzwischen

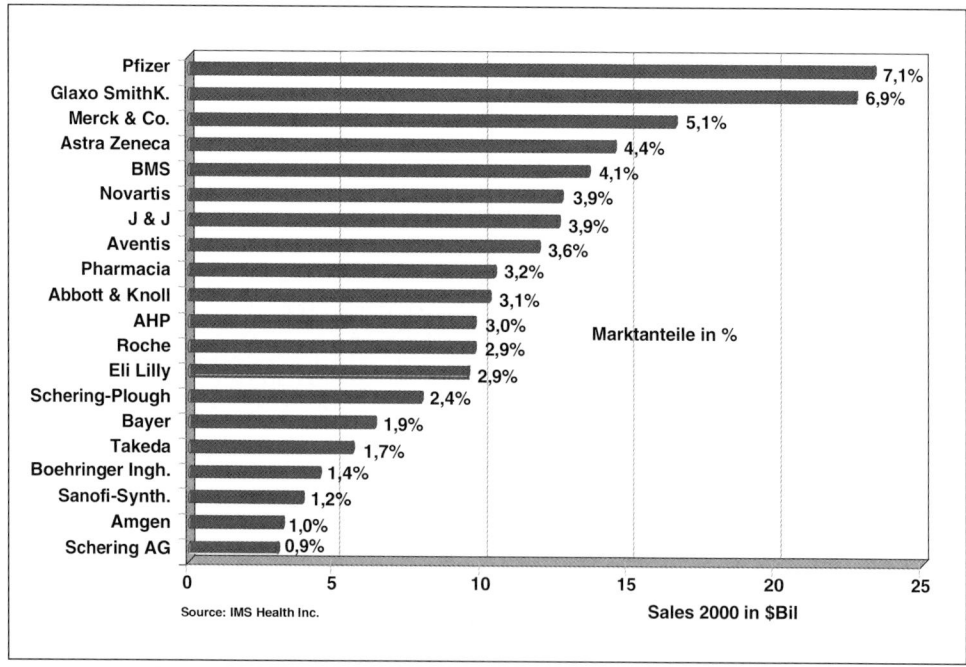

Abbildung 1.1 Marktanteile und Umsätze der Top-Pharmaunternehmen weltweit.

werden Produktivitätsfortschritte dieser Art, die in anderen Industrien oftmals bereits ein Jahrzehnt vorher realisiert wurden, auch in der Pharmaindustrie erreicht. Im Verlauf von wenigen Jahren sind Konzerne mit Umsätzen und Marktanteilen entstanden, die in der Lage sind, global zu agieren (Abbildung 1.1).

Marktbeherrschende Konzerngiganten wie in der Automobilindustrie sind aber bis heute noch nicht zu finden. Selbst die größten Unternehmen verfügen gerade einmal über einen Weltmarktanteil von wenigen Prozent im oberen einstelligen Prozentbereich.

Alternativ lassen sich Verbundeffekte nicht nur über Größe, sondern auch über Netzwerkstrukturen realisieren. Insbesondere zur Erschließung innovativer Technologien finden sich selbst bei den großen Unternehmen dichte Netzwerke an Kooperationen, die die Erfordernisse aus der Globalisierung ebenfalls erfüllen. Mangels alternativer interner Möglichkeiten sind viele mittlere Pharmafirmen noch stärker auf solche Netzwerkstrukturen angewiesen.

Die Auswirkungen der Globalisierung bezüglich der Versorgungskette (Supply Chain) zeigen sich bisher im wesentlichen in einer stärkeren Arbeitsteilung. Für die Produktion bedeutet diese Form der Spezialisierung, daß sich noch größere Einheiten an weniger Standorten finden. Die Standortfrage entscheidet sich dann im wesentlichen nach den Produktivitätsvorsprüngen eines Standorts gegenüber anderen.

Diese Entwicklungen im Zuge der Globalisierung gehen aber nicht zwangsläufig mit einer Vereinfachung von Abläufen einher, sondern ergeben zunächst nur eine neue Sortierung.

Zusätzliche Herausforderungen

Im Kontrast zu den geschilderten historischen Besonderheiten des Arzneimittelmarktes weisen wichtige Analysen auf enorme zusätzliche Anforderungen in der nahen Zukunft hin. Denn in den letzten zehn Jahren hat sich eine rasante technologische Entwicklung vollzogen. Die Schlagworte Genomics, High Throughput Screening und Kombinatorische Chemie sollen hier stellvertretend für eine ganze Reihe neuer Technologien genannt werden, die bei der Wirkstoffsuche und -entwicklung seit kurzem sehr intensiv eingesetzt werden. Damit eng verknüpft ist innerhalb weniger Jahre durch den Aufstieg der Biotechnologie zu einem bedeutenden Wirtschaftsfaktor ein völlig neuer Industriezweig entstanden. Es ist schon heute absehbar, daß der beschleunigte Wandel, der durch technologische Entwicklungen (Internet-Technologien, Biotechnologie, High Throughput Screening, Kombinatorische Chemie, Laborautomation ...) initiiert ist, eine generelle Verschärfung des Wettbewerbs nach sich ziehen wird. Für eine möglichst genaue Einschätzung der zukünftigen Wettbewerbssituation sind deshalb diese neuen Herausforderungen zwingend zu berücksichtigen.

Komplexität als Problem

Neben den immer komplizierter werdenden Techniken der Wirkstoffsuche steigt auch in vielen anderen Bereichen der Pharma-Wertschöpfungskette seit längerem die Komplexität der Anforderungen und Abläufe ständig an. Darunter sind insbesondere die Anforderungen an die Qualität und Sicherheit neuer Medikamente zu nennen. Qualitätsanforderungen beziehen sich beispielsweise auf die Herstellung von Wirkstoffen, auf die chemische Reinheit, die Erhebung von Stabilitätsdaten, die ausführliche Dokumentation, die Validierung der Verfahren, die Qualifizierung der Anlagen usw.

Die gestiegenen Sicherheitsanforderungen bedingen intensive toxikologische Untersuchungen und immer aufwendigere und langwierigere klinische Studien. Wie extrem die Anforderungen der internationalen Gesundheitsbehörden (z. B. FDA oder EMEA) an die für die Zulassung eines neuen Arzneimittels benötigte Dokumentation gestiegen sind, zeigt sich daran, daß noch vor einigen Jahren wenige Aktenordner mit Berichten ausreichten, während dafür heute bereits ein ganzer Container notwendig ist.

Ausgelöst durch die hohe Komplexität der Prozesse und der Produkte entsteht zusätzlich erhebliche Managementkomplexität. Für die Koordination der Mitarbeiter, die vorwiegend an Teilaspekten arbeiten, ohne einen ausreichenden Überblick über das Gesamtwerk behalten zu können, ist ein Managementsystem von mindestens gleicher Komplexität zur Steuerung unabdingbar [*Malik* 1989 und 1992; *Pfiffner, Stadelmann* 1998].

Als Resultat zunehmender organisatorischer Aufwendungen, hoher Investitionen in innovative Technologien zur Suche neuer Leitstrukturen und immer komplizierterer Zielmoleküle sind die Gesamtaufwendungen für neue Arzneimittel auf durchschnittlich 560 Mio. US-Dollar im Jahr 1999 emporgeschnellt (Abbildung 1.2, S. 18).

Doch nicht nur die Gesamtkosten bis zur Markteinführung haben sich drastisch erhöht, sondern durch die ständig steigende Komplexität der Arzneimittelentwicklung hat sich die Zeitdauer von der ersten Synthese eines neuen Wirkstoffes bis zur Zulassung deutlich verlängert und liegt inzwischen bei über 14 Jahren (Abbildung 1.3, S. 18).

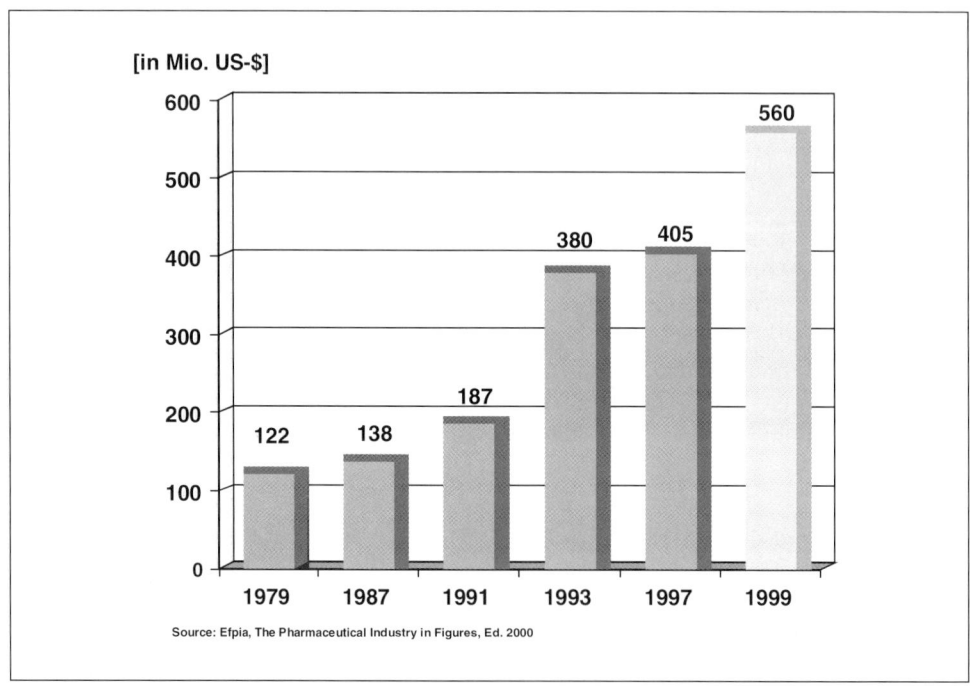

Source: Efpia, The Pharmaceutical Industry in Figures, Ed. 2000

Abbildung 1.2 Veränderung der F & E-Kosten für ein neues Arzneimittel in den vergangenen zwei Jahrzehnten.

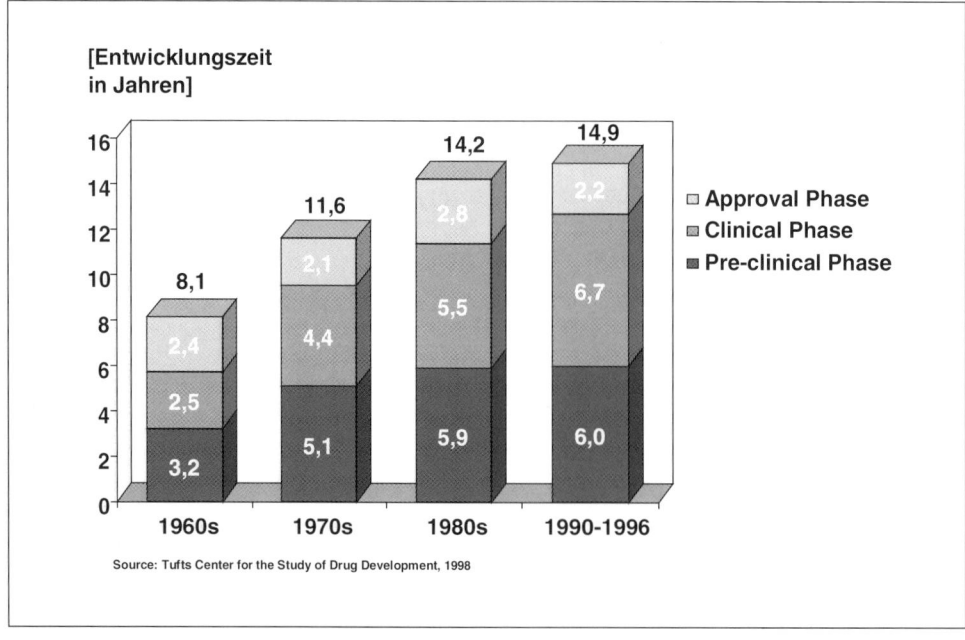

Source: Tufts Center for the Study of Drug Development, 1998

Abbildung 1.3 Veränderung der Entwicklungszeiten in den vergangenen vier Jahrzehnten.

Beispiel „Drug Discovery Process":

Ca. 75% der „Pre-clinical Phase" in Abbildung 1.3 werden auch als Drug Discovery Process bezeichnet. In diesem Bereich gibt es zwei Aktivitäten zur Beschleunigung des Prozesses. Zum einen erhofft man sich durch die Aufklärung des Genoms bessere Targets aufzufinden. Dieser Prozeß befindet sich jedoch noch in einem sehr frühen Stadium. Zum anderen versuchen seit ca. 5 Jahren sogenannte „Combi-Chem-Companys", z.B. ArQule [Götzinger 2002] durch massive Erhöhung der Anzahl von Testsubstanzen diesen Prozeß zu beschleunigen. Die Hoffnung besteht darin, von den 5 Jahren, die dieser Prozeß derzeit dauert, auf ca. 2 Jahre zu kommen. Das Ziel ist nicht nur extrem hoch, sondern würde zudem nur einen Einfluß auf 40% der Gesamtentwicklungszeit bis zur Markteinführung haben. Die Frage bleibt, ob es Strategien gibt, die die restlichen 60% auch beschleunigen und insgesamt die Chance erhöhen, das Gesamtziel einer deutlichen Reduzierung der Entwicklungszeit zu erreichen?

Folgen der Komplexitätszunahme

Als Folge der oben geschilderten Zunahme der Komplexität sind zudem viele Entscheidungprozesse in den Unternehmen erschwert.

Diese Tatsache erzeugt bereits heute sehr hohe Unsicherheiten in den Pharmaunternehmen. Zusätzliche Sorge bereitet, daß die Entwicklungskosten zunehmend schneller steigen als das Marktwachstum und die Ergebnisentwicklung. Die Pharmaindustrie befindet sich also in dem Dilemma, daß sie allein mit dem derzeitigen Output ihrer Forschungs- und Entwicklungspipelines und ihren klassischen Geschäftsmodellen die an sie im Hinblick auf Profitabilität und Wachstum von den Börsen gerichteten Erwartungen nur noch sehr schwer erfüllen kann. Besondere Dramatik erhält die Situation seit einiger Zeit durch Meldungen über sinkende Pharmapreise in den Vereinigten Staaten. Zeitungsmeldungen wie:

US-Pharmapreise geraten unter Druck ... Politiker und Verbraucher fordern Preissenkungen in dem weltweit wichtigsten Markt der Branche ...
[Handelsblatt]

machen allen Marktteilnehmern endgültig klar, daß es sich nicht um ein lokales oder kurzzeitiges Thema handelt. Zum ersten Mal in der Geschichte der Pharmaindustrie wird es deshalb zu einem tiefgreifenden Wandel kommen.

Damit kommt der Frage, welche Auswege es aus dieser Problemkaskade gibt, eine enorme Bedeutung zu.

Eine weiter steigende Komplexität von Inhalten wird auch in Zukunft nicht vermeidbar sein. Für die Gesamtheit aller Prozesse muß man diese Tatsache akzeptieren. Es ist aber durchaus vorstellbar und möglich, bei vielen operativen Teilschritten das Ausmaß an Komplexität deutlich zu reduzieren. Dadurch sollte es möglich sein, die Managementkomplexität insgesamt beherrschbar zu halten. Allerdings müssen dafür durch neue Unternehmensstrukturen die richtigen Voraussetzungen geschaffen und das dafür notwendige Kapital bereitgestellt werden.

Konventionelle Lösungsansätze und Strategien

Bisher setzt die Pharmaindustrie allerdings im wesentlichen auf eine lineare Fortsetzung der klassischen Wege der Entwicklung neuer Wirkstoffe und der Marktversorgung. Neben dem Vorantreiben technologischer Innovationen lassen sich wichtige Strategien, die kürzlich von Pharmaunternehmen im Rahmen einer Studie genannt wurden [*Gutjahr* 2000], in drei Kategorien einteilen:

- bessere Nutzung der internen Ressourcen,
- stärkere Außen-/Kundenorientierung (mit bekannten Marketinginstrumenten),
- Entwicklung einer gemeinsamen Vision (wichtig für Unternehmen, die durch Mergers & Acquisitions entstanden sind).

Diese Strategien lassen allerdings völlig außer acht, daß diese Vorgehensweise bereits in der ersten Hälfte der 1990er Jahre nicht mehr nachhaltig zum Erfolg führte und andere Industrien – vom Schiffbau über die Autoindustrie bis hin zur Computerindustrie – bereits im Verlauf der letzten Jahrzehnte „auf den Kopf gestellt werden mußten", um den komplexen Anforderungen des 21. Jahrhunderts gerecht zu werden.

1.3 Neuer Lösungsansatz

Während im letzten Jahrzehnt bereits ein rasanter technologischer Fortschritt bei der Entdeckung neuer Leitstrukturen und Wirkstoffe vollzogen wurde, wird es nun überlebensnotwendig werden, die seit 100 Jahren nahezu unveränderten Abläufe bei der Bereitstellung von Wirkstoffen und Fertigprodukten für die Entwicklung und Produktion von neuen Medikamenten sowie für die Marktversorgung zu überprüfen und völlig neu zu gestalten. Ansätze sehen wir dabei einerseits in der klaren Fokussierung der Pharmaunternehmen auf einzelne therapeutische Bereiche und Wertschöpfungsstufen und andererseits in der Verkürzung der Entwicklungszeiten sowie in der Verbesserung der Gesamtproduktivität durch eine neu gestaltete Supply Chain. Eine signifikante Verkürzung der extrem langen Entwicklungszeiten und deutliche Verbesserungen der Supply Chain können nachhaltig nur durch die Verringerung der Komplexität und durch eine ganzheitliche Sicht erreicht werden. Die Nutzung modernster Technologien ist dabei ein notwendiger, aber aus unserer Sicht nur untergeordneter Baustein.

Die Autoren haben sich von der Idee beflügeln lassen, ein Modellbild für neue Wege in Produktion und Vertrieb von Arzneimitteln aufzuzeigen. Dabei werden auch die Auswirkungen eines solchen Modells auf die zeitlich vorgelagerten Prozesse in der chemischen, pharmazeutischen und analytischen Entwicklung zu betrachten sein. Es ist ein ganzheitliches Konzept, das die Hebung von entsprechend großen Rationalisierungs- und Einsparpotentialen an den Schnittstellen von Beschaffung, Produktion und Vertrieb ermöglichen soll (Abbildung 1.4).

Wir sind davon überzeugt, daß darin wesentliche Voraussetzungen dafür liegen, im Wettbewerb erfolgreich zu sein. Das Ziel unseres Ansatzes besteht letztlich darin,

diejenige Organisationsstruktur zu entwickeln, die am besten geeignet ist, definierbare und quantifizierbare Ziele für Kosten und Termine zu erreichen.

Lösungsansatz

Ganzheitlicher Ansatz

- **Einheitliche Betrachtung von Entwicklung, Produktion und Vertrieb**

- **Bessere Fokussierung auf den Kunden**

Ziele

- **Verkürzung der Entwicklungszeiten durch Komplexitätsreduktion**

- **Verbesserung von Kostenstruktur, Fertigungszeit**

  und Flexibilität in der Produktion

- **Erzeugung von Serviceleistungen zur langfristigen Kundenbindung**

Abbildung 1.4 Veränderter Denkansatz des vorliegenden Buches.

Wie soll das geschehen?

Die Supply Chain-Idee geht von der Beobachtung aus, daß ein Produkt (oder Zwischenprodukt) im Produktionsprozeß fast ausschließlich „liegt" (laut Aussage von Supply Chain-Beratern ca. 98% der Zeit), wohingegen also in nur ca. 2% der Zeit eine aktive Bearbeitung des Produktes stattfindet. Wenn man dieses Verhältnis deutlich auf die Seite der Bearbeitung verschieben kann, wird sich der Nutzen, den man aus dem eingesetzten Kapital ziehen kann, drastisch erhöhen. In der Pharmaindustrie liegen Produktionsprozesse vor, die extrem lange Verweilzeiten von Zwischenprodukten verschiedenster Art beinhalten. Deshalb sind einerseits enorme Potentiale vorhanden, andererseits allerdings auch enorme Veränderungen notwendig.

Wie bereits zuvor ausgeführt, wird nur eine völlige Neugestaltung der Supply Chain vom Produktdesign bis zum Vertrieb das Überleben der heute bekannten Pharmaunternehmen sichern. Die kundenorientierte Neugestaltung des gesamten Prozesses wird dann zu einer nachhaltigen Wettbewerbsfähigkeit unter den sich ständig verändernden Umgebungsbedingungen führen.

Sehr häufig werden Fortschritte in der industriellen Produktion mit der Anwendung neuer Technologien in Verbindung gebracht. Im Rahmen dieses Buches wollen wir einen Ansatz vorstellen, der neue Technologien dort einsetzt, wo dieses möglich und nötig ist. Wir vertreten die Ansicht, daß die wesentlichen Veränderungen nicht in der Anwendung einer geheimnisvollen neuen Technologie begründet sind, sondern vielmehr „im Kopf" stattfinden müssen. Demgemäß werden wir ein neues Modell für die Pharmaindustrie vorstellen, das durch moderne Technologien zwar unterstützt wird, aber davon nicht abhängig ist (Abbildung 1.5, S. 22).

Bei der Neuausrichtung sind vorrangig die Versorgungskette in den Markt sowie die vorgelagerten Abläufe in der chemischen bzw. biotechnologischen, der pharmazeutischen und der analytischen Entwicklung zu betrachten. Im Ergebnis muß aber auch eine ausgeprägte Kundenorientierung Berücksichtigung finden, bei der die Prozesse der Herstellung weitestgehend den Bedürfnissen der externen Kunden untergeordnet werden.

Während der Erstellung unseres Konzeptes haben wir uns daher häufig die Frage gestellt, ob die beiden Faktoren (a) günstige Kostenstruktur und (b) langfristige Kundenbindung nicht zur Bildung von zwei Geschäftsmodell-Subeinheiten führen müßten. Diese könnten zwar in einem gemeinsamen Unternehmen beherbergt sein, würden aber gänzlich unterschiedlichen Grundphilosophien folgen.

Unser Geschäftsmodell basiert letztlich einerseits auf einem neuen Produktionskonzept und andererseits auf einem veränderten Marktkontakt. Wir werden zu gegebener Zeit immer wieder beleuchten, was die Aufgaben der einzelnen Geschäftsbereiche sein sollten und wie wir glauben, daß diese Aufgaben zukünftig besser zu bewältigen sind (Abbildung 1.6).

Die Veränderungen in dem Geschäftsbereich, der für Entwicklung und Produktion zuständig ist, werden wir intensiver betrachten, da die dort vorgeschlagenen Veränderungen von bisherigen Vorstellungen stark abweichen. Die notwendigen Veränderungen im Marketing- und Vertriebsunternehmen hingegen lassen sich eher durch eine zusammenfassende Darstellung z. T. schon vorgedachter Ansätze abbilden.

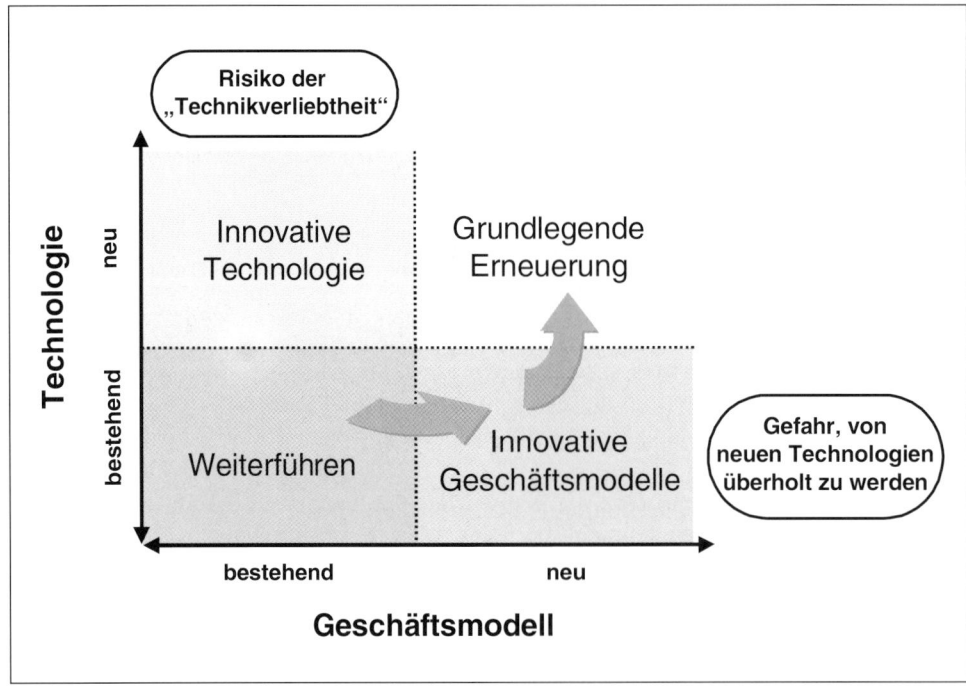

Abbildung 1.5 Wege zu zukunftsorientierten Strukturen in bestehenden Organisationen.

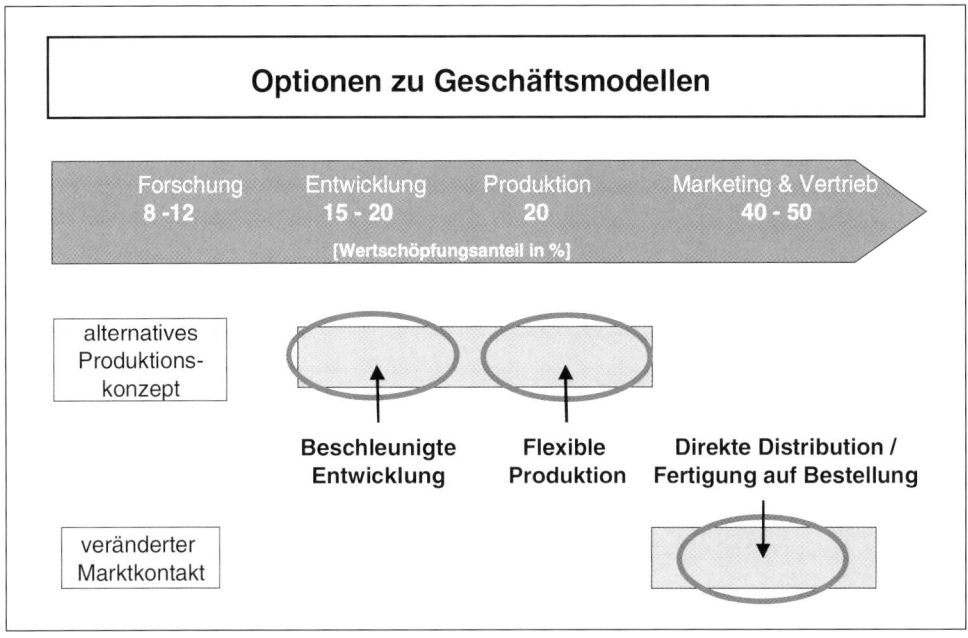

Abbildung 1.6 Veränderung in der Supply Chain.

Zur Darstellung dieses alternativen Konzeptes gilt:

- Zunächst müssen die künftigen Trends mit ihrer Relevanz für die Pharmaindustrie benannt und bewertet werden. Beispielhafte Trends finden sich dabei in der Wettbewerbssituation und der Entwicklung von regulatorischen Anforderungen, die u. a. in Kapitel 2 behandelt werden.

- Als ein wesentlicher Faktor wird auch die Zunahme des Einflusses der Kunden zu erläutern sein. Diesem Thema haben wir das Kapitel 3 gewidmet.

- Wie diesen Veränderungen in anderen Industriebranchen Rechnung getragen wird, soll in Kapitel 4 beleuchtet werden. Eine offene Analyse darf dabei auch den Vergleich zwischen Automobil- oder Computerindustrie und Pharmaindustrie nicht scheuen.

- Im Anschluß daran wird – ausgehend von den Veränderungen des Marktes – die gesamte Prozeßkette neu zu gestalten sein (Kapitel 6).

- Alles mündet schlußendlich in die Frage, wie die Abläufe der Beschaffung, Entwicklung, Fertigung und Distribution von neuen Produkten vereinfacht, beschleunigt und schließlich in eine bessere Versorgungskette überführt werden können.

- Einige Beispiele werden die aufgestellten Thesen unterstützen.

Bildlich gesprochen wollen wir im Verlauf des Buches zeigen, daß ein „Paternoster" deutlich effizienter sein kann, als ein bedarfsorientiert arbeitender Aufzug. Der Paternoster symbolisiert dabei die permanente Bewegung der Waren und einen gleichmäßigen sowie nach Geschwindigkeit des Grundprozesses (Paternoster-Bewegung) steuerbaren Output

(Abbildung 1.7). Der Unterschied zwischen der Verwendung eines Aufzuges und unseres Paternosters ist, daß bei einem realen Aufzug der Fall auftreten kann, das in einem zehnstöckigen Gebäude im wesentlichen die Verbindung zwischen dem 2. und 8. Stock benötigt wird. In diesem Fall ist der Aufzug deutlich effizienter als der Paternoster. In der Pharmaproduktion steigt aber weder ein Zwischenprodukt aus einer Synthese aus, und es steigt auch niemand im 2. Stock ein, um in den 8. Stock zu gelangen. Alles was unten einsteigt, will auch erst am Ende wieder aussteigen.

Es wird also zu klären sein, wie dieses Bild der gleichmäßigen und stetigen Bewegung in der Supply Chain verwirklicht werden kann.

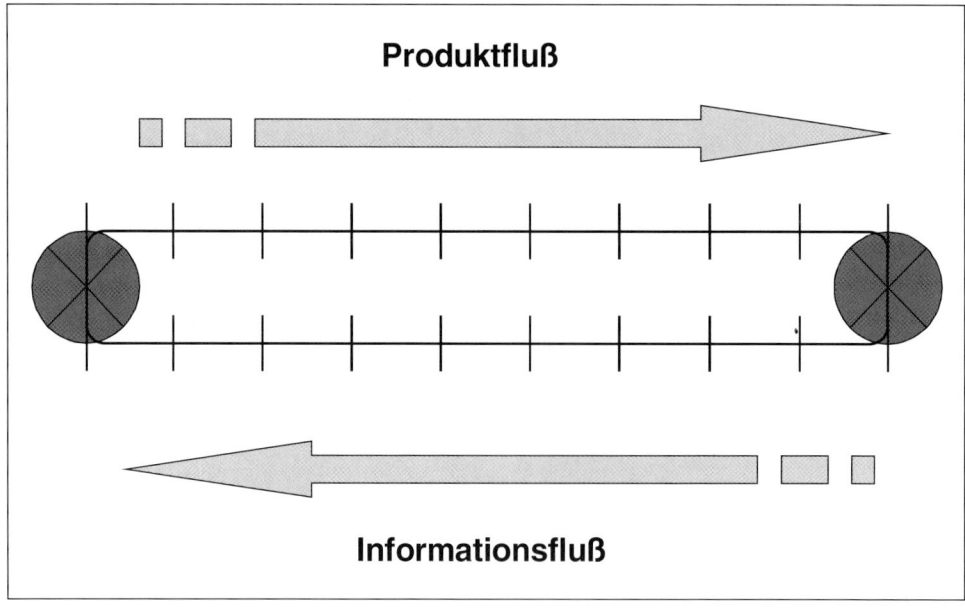

Abbildung 1.7 Der Paternoster der Supply Chain.

2 Veränderungen des Umfeldes

2.1 Gesellschaftliches Umfeld

2.1.1 Mittelfristiger globaler Schwerpunkt

Für die Industrieländer gilt, daß viele Probleme bei der Behandlung von einfacheren Krankheiten relativ gut gelöst sind. Die Probleme der restlichen Welt werden mittelfristig – sofern sie nur dort auftreten – für die Entwicklung neuer Wirkstoffe oder neuer Heilungsprinzipien aus Gründen zu niedriger Preise wenig Berücksichtigung finden.

Die Herausforderung für die Pharmabranche besteht spätestens seit dem Fall „Südafrika" nun auch auf der Kostenseite, wenn politisch sanktioniert der Patentschutz zugunsten billiger Anbieter aufgehoben wird. Dies hat die Diskussionen innerhalb der Branche verstärkt, wie man solchen Situationen eines staatlich verordneten Dumpings begegnen kann.

Beispiel Südafrika:

Die weltgrößten Pharmakonzerne standen am Pranger der Öffentlichkeit, weil sie durch eine Klage in Südafrika verhindern wollten, daß Aids-Medikamente zu einem günstigeren Preis in Südafrika verteilt werden. Der Streit vor Gericht begann auf Initiative von 39 Pharmakonzernen. Sie fürchteten, daß die südafrikanische Gesetzgebung die Patentrechte unterlaufen würde. Dieses in 1997 erlassene Gesetz erlaubt es, kostengünstige generische Produkte zu importieren, wenn die Standardmedikamente unerschwinglich sind oder ein Gesundheitsnotstand wie bei AIDS vorherrscht. Allein in Südafrika gibt es 4,7 Millionen Aids-infizierte Menschen. Die Pharmakonzerne wollten verhindern, daß auf Grund des in Südafrika gültigen Gesetzes die anderen Entwicklungsländer ähnliche Gesetzesvorlagen schaffen, um kostengünstige Medikamente zu bekommen. In letzter Minute einigten sich dann fünf der größten Pharmakonzerne mit der südafrikanischen Regierung, den Prozeß nicht beginnen zu lassen. Die Unternehmen akzeptierten das südafrikanische Gesetz in weiten Bereichen, lediglich kleinere Korrekturen wurden vorgenommen. Es bleibt jedoch abzuwarten, ob diese Entscheidung nicht den wissenschaftlichen Fortschritt in der Aids-Forschung hemmt. Denn bisher ist der Schutz der Patente in der Gesundheitsindustrie das Rückgrat zur Generierung von Umsätzen und Gewinnen, die dann wieder in die Forschung fließen. Werden keine Gewinne mehr mit Aids-Produkten erzielt, könnten die Forschungsbudgets für Aids-Medikamente in der Zukunft erheblich geschmälert werden [Garbe 2001].

Aus diesen Gründen erscheint es wahrscheinlich, daß sich auch in der mittelfristigen Zukunft die Innovationen der Pharmaindustrie im wesentlichen an den Bedürfnissen der Menschen in den Industrieländern orientieren werden.

Ein weiterer wichtiger Grund für die Verschiebung des Fokus der Pharmaindustrie auf die Industrieländer ist die Verschiebung der demographischen Muster in einem bisher nicht dagewesenen Ausmaß mit einem deutlichen Gewicht auf einem hohen Lebensalter. In diesen Ländern wird die Steigerung der Lebenserwartung der Menschen allein nicht mehr als vorrangiges Ziel betrachtet. Vielmehr besteht die Erwartung, das statistische Lebensalter erfüllt und voll funktionsfähig (bei hoher Lebensqualität) zu erreichen [*Stock* 2001]. Das heißt, daß Arzneimittel neben der aktiven Bekämpfung von Krankheiten auch die Minderung altersbedingter Dysfunktionen einschließen sollten. Daraus folgt wiederum, daß man sich einerseits Lösungen für bisher nicht heilbare Krankheiten wünscht und andererseits weniger Nebenwirkungen für bereits prinzipiell gelöste Probleme. Allerdings ist der Anspruch, auch im hohen Alter eine immer bessere Gesundheitsversorgung zu erhalten, bei der gegenwärtigen Kostenentwicklung der Gesundheitssysteme durch die sozialen Sicherungssysteme nicht dauerhaft zu leisten.

2.1.2 Gesundheitspolitik

Betrachtet man die Gesundheitspolitik in den wichtigsten Pharmaregionen der Welt mit Nordamerika, Europa und Japan, so sind unterschiedliche Ausgangsbedingungen und Trends erkennbar. In Europa z. B. gibt es Tendenzen, die zu einer Einführung des Kosten-Nutzen-Ansatzes führen könnten. So wird in einer kürzlich erschienenen Studie gefragt [*Gutjahr* 2000]:

- Was nutzt die Gesundheit dem Einzelnen und der Gesellschaft?
- Wieviel darf uns die Gesundheit des Einzelnen als Gesellschaft wert sein?
- Wo enden Solidarität und staatliche Verpflichtungen?
- Was darf Gesundheit die Gesellschaft kosten?

Bei unserer Betrachtung sollen lokale und z. T. nur kurzfristige politische Veränderungen des Umfelds – wie der freiwillige Beitrag der Pharmaindustrie von 400 Mio. DM zu stabilen Krankenkassenbeiträgen in Deutschland zum Jahresende 2001 [*Hofmann* 2001] oder ändernde Richtlinien von Krankenkassen und ähnlichen Organisationen – ganz bewußt nicht berücksichtigt werden. Wir wollen uns dagegen zwei grundsätzlichen Szenarien für die Entwicklung der Pharmamärkte in den nächsten ca. zwanzig Jahren widmen [*Gutjahr* 2000], nämlich

- dem liberalen Szenario und
- dem restriktiven Szenario.

Das liberale Szenario

Hierbei handelt es sich um die optimistische Variante, die vor allem von den meisten forschenden Pharmaunternehmen begrüßt würde. In diesem Zukunftsbild stellt der freie Wettbewerb die wesentliche Grenze des unternehmerischen Erfolges dar.

Das liberale Szenario könnte sich wie folgt darstellen:

1. Die Gesellschaft hat Gesundheit als einen aktiv zu gestaltenden Wert der körperlichen und geistigen Fitness erkannt. Für die Unternehmen ergeben sich damit neue Möglichkeiten der aktiven Vermarktung ihrer Produkte, aber auch neue Wettbewerbsstrukturen in Form von Designed Food, Fitness-Urlaub etc. Die Pharmaunternehmen haben neben den Medikamenten zusätzliche Produkte und Dienstleistungen in ihr Angebot übernommen. In einer solchen völlig wettbewerbsorientierten Umgebung werden sich die Verhältnisse von der Therapie zur Prävention verschieben. Die

Produktpalette der Pharmaindustrie wird sich daher verändern und insbesondere verbreitern müssen. Als „Dachmarke" für ein derartig neues Marktkonzept kann die Wellness-Bewegung gesehen werden.

2. Die fast schon klassische Verbindung „Pharmaunternehmen – Arzt – Patient" zerbricht. Es ergeben sich einerseits neue Vertriebswege, um Kosten zu reduzieren, und andererseits neue Markenstrategien für hochwertige Produkte. Viele Apotheken schließen sich zu Einkaufsgenossenschaften zusammen. Die Pharmaunternehmen betreiben zusammen mit den Apotheken oder über direkte Vertriebswege die Marktbearbeitung, um dem wachsenden Informations- und Kontrollbedürfnis der Kunden gerecht zu werden.

3. Die Industrie teilt sich auf in nicht forschende Unternehmen, die nach neuen kostengünstigeren Vertriebswegen suchen, und forschende Unternehmen, die sich stärker nach dem Research Marketing ausrichten und neue Produkte im wesentlichen nur noch für lukrative, vermutlich immer kleinere Marktsegmente entwickeln.

Das restriktive Szenario

Das restriktive Szenario beruht auf eher pessimistischen Grundüberlegungen. Dabei geht man davon aus, daß die staatlichen Mechanismen zur Regulierung von Preisen und Erstattungsansprüchen die Forschung aus solchen Ländern vertreibt. Die Länder mit restriktiven Pharmamärkten werden zwar moderate Kosten im Gesundheitswesen haben. Nach wenigen Jahren droht aber der Nachteil einer veralteten Pharmaversorgung, die im wesentlichen durch Generika bestimmt wird. Das restriktive Szenario läßt sich so beschreiben:

1. Die forschenden Unternehmen sind an solchen Märkten nur relativ wenig interessiert und werden dort sehr genau abwägen, welche Produkte sie anbieten. Forschung und Entwicklung wird für dort ansässige Unternehmen schwieriger und Innovation findet hier kaum noch statt.

2. Der Arzt spielt für die Pharmaunternehmen und für die Patienten keine Rolle bei der Wahl des Präparates, sondern ist lediglich für die Diagnose verantwortlich. Grundsätzlich muß das preiswerteste und nicht das für den jeweiligen Patienten am besten geeignete Medikament verordnet werden.

3. Da der Wettbewerb auf den Preis reduziert ist, spielt auch die Apotheke keine aktive Vertriebsrolle mehr.

4. Eine weitere Aufspaltung der Märkte ergibt sich durch den höheren Eigenanteil der Patienten an den Kosten der lebenslangen Gesundheit. Der Einzelne wird zu einem höheren Anteil Geld in langfristig kostengünstigere Vorsorgemaßnahmen investieren, je mehr die Medizin die Entstehungswege von Krankheiten aufzeigt.

Beiden Szenarien ist aber gemeinsam, daß mit einer deutlichen Abnahme der Gewinnmargen bei etablierten Produktgruppen zu rechnen ist, auch wenn der Aufwand für Arzneimittel und medizin-technische Produkte nur einen Teil der Gesamtkosten ausmacht. Denn auch beim liberalen Szenario ergibt sich der Zwang zur immer schnelleren Auffindung und Entwicklung neuer innovativer Arzneimittel, um eine Refinanzierung der enormen Entwicklungskosten sicherzustellen. Dies kann jedoch bei dem gegenwärtigen Übergewicht von Altpräparaten in der Produktionspalette der meisten Unternehmen nicht der alleinige Ausweg sein. Sicherlich wird deshalb der Kostendruck auf Herstellung und Vertrieb von Arzneimitteln beträchtlich steigen. Neben erhöhten Investitionen in eine schnellere Produktentwicklung sind deshalb entsprechende Kostensenkungsstrategien für das bestehende Basisgeschäft und eine langfristige Kundenbindung erfolgversprechende Ansatzpunkte. Unter der Annahme, daß das restriktive Szenario sich durchsetzt, ist der zeitlich befristete Ausweg, über Innovationsschübe neue Marktanteile zu gewinnen, sogar äußerst unwahrscheinlich. Deshalb gibt es bereits einige wenige Unternehmen, die neben der Innovation die Produktionskompetenz als Wettbewerbsfaktor entdeckt haben. Die Biotech-Firma Serono, heute Europas größtes Unternehmen ihres Marktsegments, ist ein Beispiel dafür. Serono hat sehr früh in modernste Produktionsanlagen investiert und kann dadurch das Potential innovativer Produkte voll nutzen [*Bertarelli* 2001].

2.1.3 Regulatorische Anforderungen

Es gibt einen wachsenden Anforderungskatalog an Qualität und Sicherheit, unabhängig davon, ob das Gesundheitssystem liberal oder eher restriktiv ausgelegt ist. Je mehr Menschen auf der Erde leben, desto stärker werden die Regeln für das Zusammenleben der Menschen sich verschärfen. Besonders in den Industrienationen fordert darüber hinaus die zunehmende Bedeutung des Individuums den Gesetzgeber zu einer immer stärkeren Regulierung der Umweltbedingungen heraus. Dies spiegelt sich in steigenden Sicherheitsanforderungen für die Industrie ebenso wieder wie in steigenden Umweltschutz-Forderungen. Die Pharmazeutische Industrie unterliegt neben den allgemeinen Anforderungen an die Arbeitssicherheit und dem Umweltschutz im besonderen Maße den Anforderungen der Arzneimittelsicherheit. Ein weiterer Trend sind die wachsenden Anforderung der Behörden an die Vermeidung von Kreuzkontaminationen zwischen verschiedenen Wirkstoffen während des Herstellungsprozesses. Bei hochwirksamen Produkten wird dies die immer verbreitetere Verwendung von dedicated Equipment (d.h. Anlagen, in denen nur ein einziges Produkt hergestellt wird) oder zumindest separierte Anlagen für einzelne Wirkstoffgruppen erzwingen. In anderen Fällen werden sich dedicated Anlagen aufgrund der hohen Aufwendungen für Reinigung als sinnvolle Alternative anbieten. Denn gerade bei der Reinigung von Anlagen werden die Anforderungen kontinuierlich weiter steigen (z.B. ... 10ppm als Grenzwert bei Reinigungsvalidierungen). Um eine Kontamination mit Schmutzpartikeln beim Umgang mit Feststoffen – insbesondere in Wirkstoffen – zu vermeiden, wird zunehmend die Reinraumtechnik nicht nur in der pharmazeutischen Endfertigung, sondern auch bereits in Teilen der chemischen Produktion eingefordert werden. Damit verbunden ist in der Pharmaindustrie die Frage nach dem Sinn einer großen Fertigungstiefe, da dann sehr häufig diese extremen Anforderungen auch auf Prozesse angewendet werden, für die sie gar nicht gelten. Ein Outsourcing solcher Prozeßteilschritte an Zulieferfirmen könnte hier die Kosten erheblich reduzieren.

Indirekt beschleunigt wird das schnelle Anziehen der regulatorischen Schraube durch neue Kommunikationsmedien, die eine höhere Rückmeldungsquote bei technischen Fehlern und bei Nebenwirkungen ermöglichen (z.B. Beschwerden über e-mail-Adressen). Wenn eine bestimmte Schwelle dabei überschritten wird, werden sich auch die Print- und TV-Medien eines solchen Themas annehmen. Dies kann neben rechtlichen Konsequenzen – unabhängig von der Richtigkeit der Vorwürfe – auch einen erheblichen Imageschaden bedeuten (Lipobay-Fall; Fa. Bayer in 2001). International wirkt sich zusätzlich erschwerend aus, daß die einzelnen Staaten teilweise sehr unterschiedliche Anforderungen stellen, wie die Arzneimittelsicherheit nachzuweisen ist. Wie in vielen anderen Märkten wird es deshalb auch hier einen Trend zur Standardisierung geben. Im Bereich der Pharmaindustrie steht die International Conference on Harmonization (ICH) als Beispiel für eine solchen Versuch zur Standardisierung des regulatorischen Umfeldes.

Vordergründig gestaltet sich dieser Trend zum Nutzen für die Pharmaindustrie. Denn den Bemühungen der Staaten, gleiche Standards für die Zulassung von Produkten aus der

Pharmaindustrie zu erreichen, kann die Pharmaindustrie z. B. mit einheitlichen Registrierungsunterlagen begegnen. Allerdings werden sich die Anforderungen am höchsten Niveau orientieren. Daher besteht der vermeintliche Vorteil für global agierende Unternehmen tatsächlich nicht, weil dort die künftig weltweit einheitlichen Sicherheitsstandards für Pharmaprodukte schon heute, wenn auch nur für bestimmte Teilmärkte, erfüllt werden müssen.

2.2 Wettbewerbsumfeld

2.2.1 Generelle Einordnung

Bei der Betrachtung des Wettbewerbsumfeldes kann man mehrere prinzipiell stark unterschiedliche Märkte erkennen, deren Produkte sich im Grad der Differenzierung unterscheiden. Dies soll zunächst beispielhaft erläutert werden:

Beim Wettbewerb auf einem Marktplatz werden die verschiedenen Obst- und Gemüsehändler zwar versuchen, den qualitativen Unterschied ihrer Produkte zu beschreiben. Im wesentlichen handelt es sich jedoch z. B. bei Bananen um ein immer gleiches Importgut, häufig sogar vom gleichen Importeur und aus dem gleichen Anbaugebiet.

Bei dem Wettbewerb auf dem Automarkt ist bereits eine deutlich stärkere Produktdifferenzierung vorhanden. So gibt es Autos, bei denen Sportlichkeit und attraktives Aussehen anderen Werten wie Alltagstauglichkeit und Platzangebot erheblich untergeordnet sind. Wer also mit Familie und Kindern in Urlaub fahren möchte, wird in aller Regel beim Kauf eines Autos eine ganz andere Vorauswahl treffen als ein Single, für den die Nutzung eines Autos eine Entspannungsvariante nach einer arbeitsreichen Woche darstellt.

Für Produkte der Pharmaindustrie ist der Grad der Differenzierung bisher extrem. Zwar gibt es eine ganze Reihe von Produkten, bei denen die Produktdifferenzierung nur gering ausgeprägt ist. Dazu gehört sicherlich Wettbewerb durch gleichwertige generische Produkte. Aber wenn Schmerzen den ganzen Menschen quälen und nur ein Produkt diesen Zustand beenden oder lindern kann, findet ein wirklicher Wettbewerb nicht mehr statt. Auf diesen Effekt hat die Pharmaindustrie über mindestens hundert Jahre gesetzt und in einer quasi wettbewerbsfreien Zone gelebt. Ein Antrieb dies beizubehalten ist, daß immer noch die überwiegende Zahl von Krankheiten nicht bis zur Heilung therapierbar ist. Hier setzt die aktuelle Innovationswelle in der Pharmaindustrie an. Die innovationsorientierten Unternehmen versuchen, sich erfolgreich in der Nische „des Einzigen, der ein spezielles Problem lösen kann," zu plazieren. Die Frage ist, ob dies dauerhaft gelingen kann oder ob die Innovationen vieler Unternehmen letztlich auf ähnlichen Feldern parallel stattfinden werden. Dann werden einerseits weiße Flecken auf der Landkarte der Krankheiten verbleiben und auf anderen Teilen dieser Landkarte wird es zu erbitterten Wettkämpfen kommen.

2.2.2 Wettbewerbsdruck durch Generika

Eine ganz andere Notwendigkeit zum Ergreifen neuer Wettbewerbsvorteile ergibt sich aus einer anderen Zwangslage heraus. Nicht nur daß die Kassen der Kunden und der teilweise staatlichen Gesundheitsorganisationen leer sind, auch die Generika-Hersteller schwingen sich auf, in dieser Situation ein immer größeres Stück aus dem Kuchen zu bekommen. Die übliche Strategie der forschenden Pharmaindustrie bestand bisher darin, ihre Medikamente durch möglichst langhaltende und z. B. über neue Applikationsformen verlängerbare Patente zu schützen. Teilweise wird dabei durch Entwicklung neuer Darreichungsformen im Life Cycle Management eine real verbesserte „patient compliance" erreicht, die ähnlich wie die Modellpflege der Automobilhersteller durchaus auch reale Verbesserungen des Produktes beinhaltet. Analog den Modellpflegen in der Automobilindustrie funktioniert jedoch das Life Cycle Management in der Pharmaindustrie ebenfalls nur begrenzt. In einigen Fällen ist es zudem nicht konstruktiv, da es außerhalb der Pharmaunternehmen niemandem nützt. Man findet für dieses Vorgehen deshalb keine nachhaltige politische Unterstützung, wie der Fall Südafrika gezeigt hat. Zudem haben auch die Generika-Anbieter wie Andrx gelernt, eigene Kompetenzen zu entwickeln, die ein Generikum in seiner Wirkung verbessern. Bei dem genannten Beispiel der Firma Andrx handelt es sich um eine controlled release Technologie, mit deren Hilfe aus patentfreien Produkten über eine immer gleiche ebenfalls patentierte Technologie bessere Nachahmerprodukte hergestellt werden. Die Börse hat dieser erfolgreichen Strategie Anerkennung gezollt, indem in letzter Zeit die Aktien von Generika-Herstellern gemessen am Kurs-Gewinn-Verhältnis zu höheren Kursen gehandelt wurden als die Originalpräparatehersteller [*Weber* 2001]. Die Hauptangriffslinie der Generika-Hersteller ist und bleibt allerdings der Preis, da die Generika-Hersteller normalerweise das Problem haben, in einen etablierten Markt eindringen zu müssen.

In den USA erkennt man den zunehmenden Wettbewerb um den Markt bereits deutlich daran, daß in drei Jahren (von 1998 bis 2000) der Werbeaufwand pro Jahr für neu zugelassene Medikamente von 1,1 auf über 2 Millarden US-Dollar angestiegen ist [*Filmore* 2001]. Wenn in den nächsten Jahren weitere Medikamente aus der Pipeline auf den Markt kommen, wird dieser Druck weiter steigen.

2.2.3 Qualität

Ein den nachfolgenden Überlegungen zugrundeliegender Ansatz ist, daß Produkte der Pharmaindustrie sich im Laufe des nächsten Jahrzehnts endgültig aus der Andersartigkeit ihrer ethischen Sonderstellung heraus und hin zu „normalen" Industrieprodukten entwikkeln werden. Bei nahezu allen Industrieprodukten hat sich im Verlauf der 1990er Jahre ein ausgeprägtes Qualitätsbewußtsein der Kunden eingestellt. Als Qualität wird dabei die Erfüllung der Kunden-Erwartung angesehen. Neben Anforderungen an ein verbessertes Nebenwirkungsprofil gehört dazu selbstverständlich auch die gewünschte Wirksamkeit (funktionelle Qualität) eines Produktes. Insbesondere die Verringerung von Nebenwirkungen wird in den nächsten Jahren als Qualitätsmerkmal deutlich an Bedeutung gewinnen. Es besteht also eine gute Chance, hier in Zukunft eine deutlich stärkere Produktdifferenzierung nutzen zu können. Dieser Qualitätsaspekt von Pharmaprodukten ist eng mit den Ergebnissen der klinischen Prüfungen verknüpft. Darüber hinaus sind aber weitere Aspekte der Qualität von Arzneimitteln nicht zu vernachlässigen:

- Konstanz der technischen Qualität des Produktes (z. B. Vollzähligkeit der Tabletten in Blisterverpackungen),
- Liefertreue bzw. Lieferzuverlässigkeit,
- Einfachheit der Bedienung/Anwendung und
- Fehlertoleranz in der Bedienung/Anwendung (z. B. bei oralen Kontrazeptiva).

Letztere Dimensionen der Qualität werden im vorliegenden Konzept als wichtige Nebenbedingungen der Pharmaproduktion der Zukunft betrachtet und im folgenden berücksichtigt werden.

2.2.4 Kundenbindung

Als eine weitere wichtige Veränderung der kommenden Jahre wird sich das Verhältnis zwischen Kunden und Lieferanten deutlich verändern. Der Lieferant hat in der Vergangenheit in der Regel ein Produkt hergestellt und ausgeliefert. Bereits seit einiger Zeit kommt eine Vielzahl von Dienstleistungen hinzu, die in der Regel kostenlos mitgeliefert werden müssen. Folgende Komponenten für das Leistungssystem des Anbieters werden aufgezählt [*Boutellier et al.* 1997]:

- Produkt,
- Produktsystem (für Pharma: Darreichungsform),
- Sortiment,
- Dienstleistungen,
- Integration der Leistung,
- integriertes Projektmanagement,
- emotionales Profil, Vertrauen und Image.

Einige der genannten Punkte werden vom Gesamtunternehmen berücksichtigt, andere hingegen müssen in konkretem Zusammenhang mit dem Produkt bearbeitet werden. Allen Komponenten gemeinsam ist, daß die Zusatzleistungen die Gewinnmarge des Produktes drücken. Dies muß das liefernde Unternehmen kompensieren. Wenn das nicht über höhere Preise möglich ist, dann führt zwangsläufig der Weg zu Einsparungen nur durch effizientere Abläufen bei Herstellung und Vertrieb der Produkte.

Diesen Trend erachten wir als so wichtig, daß wir ihm ein eigenes Kapitel gewidmet haben.

2.3 Technologische Trends und Therapiefelder

2.3.1 High Throughput Screening und Kombinatorische Chemie

Im Verlauf des letzten Jahrzehnts haben wir bereits mehrere Wellen von Innovationsansätzen im Bereich der Erforschung und Entwicklung von Pharmazeutika gesehen. Das biologische High Throughput Screening und die Kombinatorische Chemie sollen hier nur stellvertretend als zwei wichtige neue Technologien für die beschleunigte Wirkstoffsuche genannt werden. Allen diesen Versuchen ist gemeinsam, daß sie allein kein neues Wissen schaffen. Auch die Aufklärung des menschlichen Genoms an sich, so wichtig sie als Voraussetzung für künftige Erkenntnisgewinne auch sein mag, schafft zunächst kein neues Wissen, sondern lediglich einen riesigen „Datenberg". Wirklich neue Lösungen sind jedoch in der Menschheitsgeschichte immer nur die Folge eines Erkenntnis- bzw. Wissenszuwachses gewesen. So war die Entdeckung Amerikas eine Folge der Erkenntnis, daß die Erde eine Kugel ist. Die Datenberge, die aus High Throughput Screening, Kombinatorischer Chemie und Genomforschung oder ähnlichem erhalten werden, schaffen die Voraussetzung zum Erkenntnisgewinn, stellen ihn aber selbst noch nicht dar. Mit der Voraussetzung ist also noch nicht das Ziel erreicht. Die Erreichung des Zieles kann auch nicht vorhergesagt werden, wie die Entdeckung Amerikas auch nicht die direkte Folge der Erkenntnis war, daß die Erde eine Kugel ist. Zudem war die Entdeckung Amerikas nicht das eigentliche Ziel, sondern eine neue Route nach Indien.

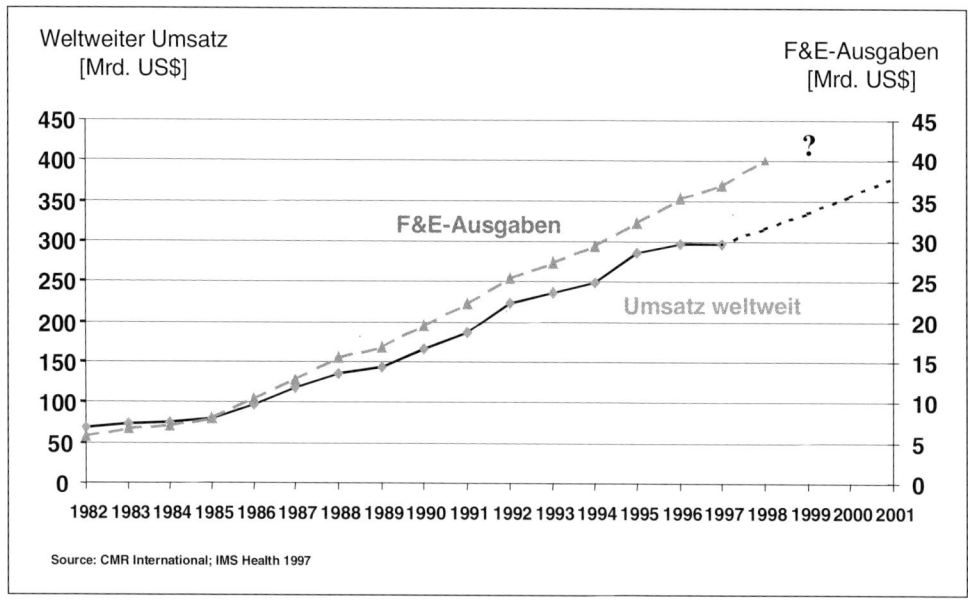

Source: CMR International; IMS Health 1997

Abbildung 2.1 Erwartete Entwicklung von Kosten und Einnahmen in der Pharmaindustrie.

Auch heute werden trotz der ungeheuren gezielten Anstrengungen bei der Wirkstoffsuche die besten Medikamente nicht selten durch Zufälle entdeckt.

Da alle Pharmaunternehmen mit dem gleichen Grundwissen und den gleichen Ansätzen an die Versuche zur Lösung des Innovationsproblems herangehen, können wir erwarten, daß wesentliche Entdeckungen auf den gleichen Feldern stattfinden. Es ist somit wenig verblüffend, wenn in vielen Gebieten völlig unabhängig voneinander arbeitende Unternehmen zu ähnlichen chemischen Strukturen für einen Wirkstoff gelangen. Dies hängt u. a. damit zusammen, daß z. B. in der Kombinatorischen Chemie bestimmte chemische Teilstrukturen bevorzugt, weil technisch einfacher realisierbar, synthetisiert werden. Die so hergestellten Libraries (Wirkstoffsammlungen mit bis zu mehreren Millionen chemischer Verbindungen) werden dann ähnlichen Substrat-Rezeptor Tests im pharmakologischen Screening unterzogen und so häufig ähnliche Leitstrukturen erhalten. Da alle Unternehmen die gleichen Techniken und das gleiche Wissen einsetzen, müssen sehr ähnliche Ergebnisse erwartet werden.

Als Folge des Innovationswettlaufes, der immer größere finanzielle Mittel erfordert, kann deshalb wie bereits erwähnt mehr Wettbewerb auf wenigen gleichartigen Feldern erwartet werden. Die Abbildung 2.1 von 1997 zeigt bereits ein Auseinandergehen der Schere zwischen F & E-Kosten und den zu erzielenden Umsätzen.

Betrachtet man parallel dazu die Anzahl von neuen Wirkstoffen im Verhältnis zur Entwicklung der F & E-Kosten, wird sehr deutlich klar, daß dieser Ansatz allein keine Lösung des Dilemmas der Pharmaindustrie ermöglichen wird. Die Anzahl der wirklich neuen Produkte nimmt tendenziell ab (Abbildung 2.2).

Daneben gibt es weitere Faktoren, die zudem die Marge pro Produkt reduzieren.

2.3.2 Individualisierung der Medizin

Über stark verbesserte diagnostische Testsysteme (schnelle Gen- bzw. Proteintests) werden in naher Zukunft die spezifischen Besonderheiten eines Erregers oder des zu behandelnden Patienten sicherlich besser erkannt werden. Dies wird zunächst zur Selektion des am besten wirksamen Präparates am Markt führen und später auch in der Entwicklung noch spezifischerer Medikamente enden. Das sprichwörtliche „fünfte" Asthmamittel erzeugt deshalb immer kleinere Kunden- bzw. Patientengruppen. Die Produktentwicklung wird dann anteilig immer teurer, da die Märkte für viele Produkte stetig kleiner werden.

2.3.3 Pharmakogenomik als Ausweg

Andererseits werden z. B. von der Firma Bain & Company Auswege aus der Kostenspirale diskutiert [*Bain & Company* 2001]. Durch Pharmakogenomik wird die genetische Ausprägung der Patienten genutzt, um zukünftige Patienten einer Vorselektion zu unterziehen. Durch ein speziell für Patienten eines genetischen Profils zugeschnittenes Medikament können die Erfolgsaussichten einer Entwicklung steigen, bei gleichzeitig kürzerer Entwicklungszeit, weniger Nebenwirkungen und kleinerem Studienumfang. Die Vorhersage positiver Kosteneffekte der Individualisierung und des Einsatzes von Pharmakogenomik ist jedoch umstritten.

Unabhängig von den tatsächlichen Auswirkungen ergibt sich aus immer selektiveren und besser wirksamen Verbindungen einerseits und aus einer stärkeren Individualisierung der Medizin andererseits eine generelle Tendenz zu geringeren Jahrestonnenmengen für zukünftige Produkte.

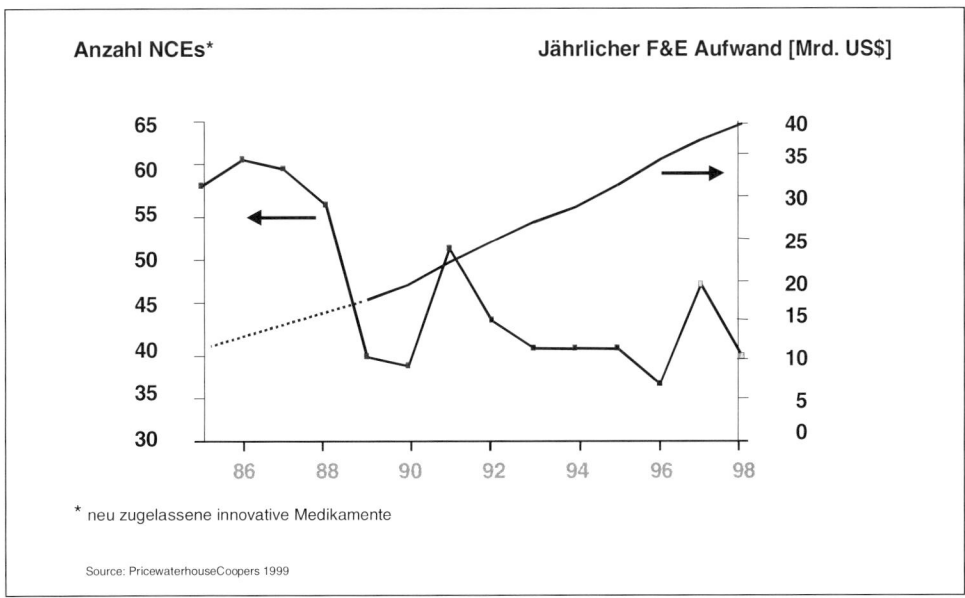

Abbildung 2.2 Kostenanstieg versus Anzahl neuer Produkte im Verlauf der letzten 15 Jahre.

2.3.4 Prävention statt Behandlung

Selbst eine Welt, in der Biosensoren die Daten eines Menschen ständig erfassen, auswerten und Probleme frühzeitig erkennen werden, ist heute für viele Vordenker schon vorstellbar. Von dort aus ist der Schritt zu einer immer wirkungsvolleren Prävention vorgezeichnet. Insgesamt wird die Hinwendung zu gesünderer Ernährung und gesünderem Lebenswandel diesen Trend verstärken und in einigen Bereichen das Wachstum der Pharmamärkte limitieren (Wellness-Bewegung).

2.3.5 e-Business

B2B-Innovationen (EDV-gestützte Geschäftsbeziehungen, Business to Business) im Vertrieb sind inzwischen in vielen Branchen verwirklicht worden. Allerdings haben diese mit nicht unerheblichen Schwierigkeiten zu kämpfen, um erfolgreich zu sein. Einige zu berücksichtigende Aspekte sind in folgender Aufstellung wiedergegeben:

- Ausreichende Kompatibilität mit kundeneigenen IT- (Informationstechnologie-) Systemen.
- Klare Effizienzsteigerung auch beim Kunden.
- Intensive Analyse der Komplexität der Marktstrukturen (Zwischenhändler oder Direktbelieferung; wenige große oder viele kleine Abnehmer).
- Ausreichend hohe Angebotsbreite (genügend Produkte; ausreichende Zahl von Wettbewerbern).
- Nachhaltige Zuverlässigkeit der Technologieinhaber.
- Konzeptionelle Weiterentwicklung des B2B-Geschäfts (z. B. Sicherstellen von „open platforms").

Dabei wird die Fähigkeit, über Internetzugänge ein einfaches Bestellsystem generieren zu können, noch deutlich weniger herausfordernd sein als das langfristige Ziel der stärkeren Kundenbindung durch mehr Serviceleistungen.

2.4 Zusammenfassung

Insgesamt ergibt sich in einer zusammenfassenden Betrachtung der zukünftigen Entwicklungen ein Hinweis darauf, daß unser klassisches Denken für die Produktion in der Pharmaindustrie überholt ist.

Die Abbildung 2.3 faßt die wesentlichen Aspekte des Veränderungsdrucks in der Pharmaindustrie zusammen.

Herausforderungen der Pharmaindustrie

- Sinkende Zeitdauer der alleinigen Marktpräsenz
- Zunehmende Erwartungen der Kunden
- Höherer Erwartungsdruck der Börsen

- Weitere Verschärfung der regulatorischen Anforderungen
- Preisdruck durch Erwartungen der Öffentlichkeit und durch Reform des Gesundheitswesens

Pharmaindustrie

- Höhere Entwicklungs- u. Marketingkosten
- Steigende Investitionen in F&E
  aber: geringere Zahl an neuen Produkten

Abbildung 2.3 Herausforderungen der Pharmaindustrie.

3 Einfluß der Kunden

Die Pharmaindustrie befindet sich derzeit immer noch in einer recht komfortablen Situation. Sie kann mit einer überschaubaren und fachlich sehr gut ausgebildeten Kundschaft zusammenarbeiten, den Ärzten. Das Vertriebssystem findet in vielen Ländern immer noch überwiegend durch eine Mischung aus Informations- und Lobby-Arbeit von Pharmareferenten bei niedergelassenen Ärzten und Kliniken statt. In einer ähnlichen Situation fühlten sich die Hersteller von Computerprozessoren in den 1970er und 1980er Jahren. Die Welt der Prozessorhersteller hat sich seither allerdings radikal geändert, was Intel-Gründer und langjähriger CEO Andy Grove als einen strategischen Wendepunkt beschreibt. Hersteller wie Motorola sind aus dem Geschäft mit den Prozessoren ausgeschieden, andere wie AMD sind aus der Versenkung wieder aufgetaucht und Intel selbst hat sich zu einem Unternehmen mit direkter Werbepräsenz und mit großer Sensibilität für die Meinung und Bedürfnisse der Computernutzer entwickelt, obwohl man nie einem Nutzer direkt einen Prozessor verkauft hat. Die Pharmaindustrie befindet sich wie Studien in Amerika zeigen [*Manager-Magazin* 2000] derzeit in ähnlicher Weise an einem strategischen Wendepunkt. Kundenbedürfnisse werden hier ebenfalls maßgeblichen Einfluß auf den Markterfolg bekommen.

Wir gehen bei unseren Überlegungen davon aus, daß die Veränderungen, die durch den wachsenden Einfluß der Kunden auf den Lieferanten vorangetrieben werden, noch in keiner Branche vollständig abgeschlossen sind. Es ist vielmehr anzunehmen, daß der Kunde den Druck auf seinen Lieferanten weiter ausbauen wird. Es erscheint dennoch sinnvoll, neben der bereits vorgenommenen allgemeinen Betrachtung des Kunden-Lieferanten-Verhältnisses einen tieferen Einblick in die pharmaspezifischen Veränderungen der Schnittstelle zwischen Markt und Unternehmen zu versuchen.

3.1 Kundentypen und –charakteristika

Geht man der Frage nach, wer in Zukunft „Kunde" ist, kommt man für pharmazeutische Produkte zu den unterschiedlichsten Antworten. Bevor wir vom Kunden ausgehend auf das Pharmaunternehmen schauen wollen, müssen wir zunächst der Frage nachgehen, wer künftig der Kunde ist und was dieser Kunde vom Pharmaunternehmen erwartet.

Folgende Kundengruppen möchten wir im folgenden näher betrachten:

- Ärzte und Kliniken
- Apotheker
- Patienten
- Krankenkassen

3.1.1 Ärzte und Kliniken als Kunden

Aus Sicht des Pharmaunternehmens werden der Arzt und die Klinik sich von reinen Produkt-Endabnehmern zunehmend zu Partnern im Gesundheitssystem entwickeln. Insbesondere die bisherige Rolle des Arztes wird sich dabei deutlich verändern. Ein wesentlicher Grund liegt darin, daß die therapeutischen Konzepte komplexer werden. Darüber hinaus wird das Interesse des Patienten neben der akuten Behandlung eines Problems immer stärker auf die Verbesserung seiner Lebensqualität für den gesamten Lebenszeitraum zielen. Als Folge der Forschungsanstrengungen auf dem Genomics- und Proteomics-Gebiet wird jeder Mensch mehr über seine persönliche Risiken erfahren und von der Zusammenarbeit zwischen Arzt und Pharmaunternehmen Lösungen für seine höchst individuellen Probleme erwarten. Dazu muß die Beratung des Patienten durch den Arzt und der Informationsaustausch zwischen Arzt und Pharmaproduzenten intensiver werden. Der Arzt bekommt dann die Rolle eines langfristigen Investitionsberaters für den Wert Lebensqualität. Das Pharmaunternehmen kann an dieser Stelle unterstützend wirken. Gegebenenfalls ist dafür die Verbreiterung der Angebotspalette notwendig. Neben zusätzlichen EDV-Angeboten kann es sinnvoll sein, daß ein Pharmaunternehmen sein Portfolio auf die lebenslange Begleitung von speziellen Patientengruppen umstellt. Ansätze hierfür sind vorhanden (z. B. Scherings Female Health Care-Konzept, Eli Lilly Onkologie Webpage). Die Implikationen, die sich aus dem zwischen dem Patienten auf der einen Seite und dem Arzt und dem Pharmaunternehmen auf der anderen Seite geschlossenen Service-Vertrag ergeben, sollen in diesem Kapitel unter dem Aspekt „Der Patient als Kunde" diskutiert werden.

Für Kliniken, die auch weiterhin mit der Behandlung von schwerwiegenden akuten Gesundheitsproblemen umgehen müssen, sieht die Situation etwas anders aus. In der Regel sind Kliniken für das Pharmaunternehmen Geschäftspartner, die selbst über ein sehr großes Know-how verfügen und daher das Pharmaunternehmen mehr oder weniger als Zulieferer betrachten. Da die Kliniken heute unter einem erheblichen Kostendruck stehen, sind die wichtigsten Anforderungen an diesen Zulieferer Zuverlässigkeit bei Qualität und Lieferung und ein möglichst günstiger Preis.

Beispiel Kontrastmittel:

Für ein Kontrastmittel ist vorrangig der Arzt oder das Krankenhaus, bestenfalls der zuständige Einkäufer einer Health Care-Organisation der Kunde. Der Patient wird in diesen Fällen kaum oder gar keinen Einfluß auf die Auswahl des Präparates nehmen. Das Krankenhaus hat auch an die Verpackung des Produktes völlig andere Anforderungen als der einzelne Patient. Bei großen Kliniken werden Kontrastmittel in größeren Verpackungseinheiten angefordert. Anschließend wird teilweise eine Dosierung über automatisierte Systeme vorgenommen. Hierbei ist es die Erwartung des Kunden, daß die Primärverpackungen des Herstellers mit den Systemen des Krankenhauses kompatibel sind. Bei diesen Kunden ist aus Sicht des Pharmaunternehmens ein noch höherer Kostendruck zu erwarten bei gleichzeitig steigenden Serviceforderungen. Es wird jedoch nicht wie im Fall des individuellen Patienten eine völlige Neugestaltung der Kunden-Lieferanten-Beziehung notwendig sein. Vielmehr muß die bestehende Versorgungskette besser organisiert werden. In diesem Feld ist der Wandel bereits voll im Gange. Der Zusammenschluß von verschiedenen Herstellern [Cassak 2001] aus dem Bereich Pharma und Krankenhausprodukte, die gemeinsam eine B2B-Internet-Plattform aufbauen und damit diesen Teil einer Supply Chain bereits umsetzen, kann hier-

für als Beispiel dienen. Es steht zu befürchten, daß diejenigen Unternehmen, die nicht rechtzeitig Teil einer solchen Supply-Plattform werden, bei den Krankenhäusern zum Lieferanten „2. Klasse" werden, der nur in Ausnahmefällen berücksichtigt wird.

3.1.2 Apotheker als Kunden

Der Apotheker ist im Prinzip ein hochkompetenter Einzelhändler mit zusätzlich beratender Funktion. In dieser Funktion sollte er einen sehr großen Einfluß auf den Kunden haben. Der Pharmamarkt ist jedoch kein klassischer Händlermarkt, da der Apotheker einen Großteil seines potentiellen Einflusses auf die Ärzte verloren hat. Der Apotheker ist daher weder für den Kunden dringend notwendig noch für den Hersteller als Vertriebspartner von essentieller Bedeutung. Für den Kunden und den Apotheker gleichermaßen besteht sogar die Gefahr, daß der Apotheker aufgrund seiner unvollständigen Information über das Problem des Kunden bei Beratungen Fehler macht. Dadurch besteht eine gewisse Eintrittswahrscheinlichkeit, daß die Apotheken im Rahmen neuer Logistik-Konzepte einen Teil ihres Marktes verlieren könnten. Erste Entwicklungen, die den Weg des Arzneimittelversandhandels vorzeichnen, werden auch inzwischen in Deutschland gefordert und innerhalb des Bundesgesundheitsministeriums diskutiert. Auf europäischer Ebene wird im Jahr 2003 ein Urteil des Europäischen Gerichtshofs erwartet, der den Versandhandel in der einen oder anderen Form zuläßt [*FAZ* 8.12.2001]. Die deutsche Apothekerschaft hat bereits damit begonnen, auf diese neuen Entwicklungen zu reagieren, indem sie selbst eine Internet-Offensive gestartet hat. Danach können Patienten unter der Internet-Adresse aponet.de sowohl rezeptpflichtige als auch rezeptfreie Medikamente bei einer Apotheke ihrer Wahl über das Internet vorbestellen. Der Apotheker bestätigt die Bestellung und den frühesten Abholtermin telefonisch oder per e-mail. Bei der Abholung kann dann das Rezept vorgelegt und der Patient beraten werden. In Einzelfällen bieten Apotheken teilweise auch bereits heute einen Lieferservice frei Haus an. Die Apotheker wollen auf diese Weise den modernen elektronischen Handel mit der persönlichen Beratung verbinden. Im Gegensatz zu den reinen Internet-Apotheken, die momentan ein begrenztes Sortiment von rund 1500 hochpreisigen Arzneimitteln anbieten und dadurch günstiger liefern können, würde diese Form der Internet-Bestellung die preisgünstige flächendeckende Versorgung der Bevölkerung mit den derzeit rund 50 000 unterschiedlichen Arzneimitteln sicherstellen [*Handelsblatt* 15.8.2001].

3.1.3 Patienten als Kunden

Beim Patienten sollen vier Arten von Kunden unterschieden werden:

- Gelegenheitskunden,
- vorausschauende Kunden,
- chronisch Kranke und
- Life-Style-Drug-Anwender.

Gelegenheitskunden

Bei den Gelegenheitskunden wird sich verglichen mit den heutigen Verhältnissen nicht viel ändern. Wir sind jedoch der Ansicht, daß diese Kundengruppe zahlenmäßig abnehmen wird, da die Bedeutung der eigenen Gesundheit wichtiger wird. Die Gesellschaft der Industrienationen hat einen so hohen Wohlstand erreicht, daß die Bedeutung des „Leben jetzt" eindeutig zum dominierenden Verhaltensmuster geworden ist. Dieses Verhaltensmuster wird sich in jungen Jahren eher verstärken als abschwächen.

Vorausschauende Kunden

Ähnlich wie heute viele Leute eine Lebensversicherung abschließen wird sich eine steigende Zahl von Menschen mehr um die eigene Gesundheit und die Erhöhung des eigenen Lebenswertes bemühen. Denkbar ist eine systematische Analyse der eigenen Gesundheit in jungen Jahren, eventuell schon in der Kindheit. Dabei ergeben sich Risiken und Schwächen aus dem eigenen Genom/Proteom-System, die man nun durch aktive Beiträge reduzieren kann. Das Risiko von Erkrankungen wird sich durch diesen Service verringern lassen. Akute Erkrankungen werden aber bleiben.

Bei akuten Erkrankungen darf allerdings nun vom Kranken (= Patienten, = Kunden) keine Nachsicht erwartet werden. Es drängt sich die Analogie zu einem Autofahrer auf, der sein Auto regelmäßig zur Inspektion bringt und, falls er dann doch mit einer Panne liegen bleibt, von seiner Werkstatt erwartet, daß diese das Problem sofort behebt und sein defektes Fahrzeug abschleppt. Wenn der Fehler nicht sofort zu beheben ist, soll ihm zumindest ein Ersatzfahrzeug zur Verfügung gestellt werden. Für den Pharmahersteller, der zusammen mit dem Arzt eine Art Service-Vertrag mit dem Kunden abgeschlossen hat, bedeutet dieser Augenblick die Stunde der Wahrheit. Neben den bekannten Qualitätsforderungen an die Produkte wird der Kunde einen Service erwarten, der seine Situation möglichst erträglich macht. Zunächst nehmen wir an, daß Medikamente in vielen Fällen nicht mehr vom Patienten geholt werden, sondern der kranke Patient in Zukunft seine Medikamente gebracht bekommt. Die rechtlichen Probleme erscheinen wie oben angeschnitten lösbar und werden daher wohl mit zeitlichen Verzögerungen stattfinden. Bei akut Kranken mit Service-Vertrag wird aber mehr erwartet. Der Patient mit Bandscheibenvorfall wird beispielsweise neben den entsprechenden Medikamenten eine leihweise Bereitstellung eines Spezialbettes wünschen. Hier ist grundsätzlich das Team Arzt und Pharmahersteller gefordert. Es ist jedoch zu erwarten, daß der Arzt solche Dienstleistungen in der Regel nicht organisieren kann. Für ein Pharmaunternehmen besteht dagegen im Verbund mit einem Logistik-Dienstleister die Möglichkeit, solche Dienste anzubieten. Für einzelne Pharmaunternehmen kann dieser Weg auch zu einer Veränderung des Geschäftsschwerpunktes führen. Als Beispiel sei der Kaffeeröster Tschibo genannt, dessen Filialen einen erheblichen Teil ihres Umsatzes als reine Handelshäuser machen. In die Gruppe der vorausschauenden Kunden würden wir auch solche Kunden zählen, die sich freiwillig zu einer länger dauernden Einsatz von Pharmaprodukten entschließen. Das typische Beispiel hierfür wären die Frauen, die sich als Jugendliche zur Bekämpfung von Nebenwirkungen der Pubertät, später zur oralen Kontrazeption entschließen und nach einem erfolgreichen Karrierestart sich für Kinder entscheiden. Ein Teil der Frauen braucht dann auch eine Unterstützung für die gewollte Schwangerschaft. Später wollen diese Frauen häufig ihre Karriere fortsetzen und natürlich nicht von den Nebenwirkungen der Wechseljahre gestört werden. Solche Kundinnen werden in Zukunft einen Vertrag mit einem Team aus Arzt und Pharmahersteller abschließen. Das Team sorgt in den verschiedenen Lebensphasen aktiv für Unterstützung. Ähnlich wie man heute bereits mit dem Audi A2 ein Auto kaufen kann, dessen Motorhaube sich nicht öffnen läßt (weil die Kunden sich einfach nur darauf verlassen wollen, daß der Motor tut was er soll), werden solche Kundinnen nicht wirklich wissen wollen, wie die Produkte ihres Vertragspartners funktionieren, solange alles wunschgemäß und ohne Nebenwirkungen abläuft.

Chronisch Kranke

Die dritte Kundengruppe unterscheidet sich auf den ersten Blick zwar deutlich von der zweiten. Wir sehen jedoch, daß das Muster der Beziehungen gleich ist und somit für das Pharmaunternehmen kein wesentlicher Unterschied zwischen den beiden Kundengruppen besteht. Bei den chronisch Kranken handelt es sich um eine Gruppe, die entgegen den Patienten der zweiten Kundengruppe nicht freiwillig einen Vertrag mit dem Team Arzt/ Pharmahersteller abschließt. Die Basis ist vielmehr ein reales gesundheitliches Problem. Auch diese Patienten haben den Bedarf nach verschiedensten zusätzlichen Dienstleistungen, die in der Regel nur vom Pharmahersteller geliefert werden können. Die beiden Unterschiede zwischen den Patienten der Gruppe zwei und drei sind unseres Erachtens:

- Die Patienten der Gruppe drei sind deutlich kritischer und wechselfreudiger in Bezug auf den Vertragspartner, wenn ein anderer Anbieter ein besseres Paket anbietet. Damit erhält der Service bei diesen Kunden insgesamt einen höheren Stellenwert.
- Diese Art Beziehung zwischen Kunden und Pharmaunternehmen existiert bereits heute und wir können aus der Beobachtung dieser Beziehungen lernen.

Beispiel Multiple Sklerose-Therapie:
Bei MS ist der Patient für den Rest seines Lebens an Medikamente gebunden. In diesem Fall nimmt der Patient seine Mitspracherechte viel stärker wahr. Oftmals stehen dabei nicht wissenschaftliche Ergebnisse zur besten Wirksamkeit im Vordergrund, sondern die Akzeptanz des Patienten/Kunden bezüglich einer bequemen und angenehmen Darreichungsform und der Vermeidung von Nebenwirkungen. Dieses gilt erstaunlicherweise auch für eine lebensbedrohliche Krankheit wie MS. Beispiel ist hier das Produkt Avonex von Biogen in den USA. Das Produkt wird von vielen Experten in Bezug auf die Wirksamkeit nur für das zweitbeste Präparat am Markt gehalten. Avonex hat sich allerdings mit guten „Sekundär-Tugenden" wie zum Beispiel die wöchentliche Anwendung im Gegensatz zur zweitägigen der Konkurrenzpräparate zum Marktführer entwickelt. Sicherlich können solche Effekte durch ein aggressives Marketing verstärkt werden, sie können aber nicht neu geschaffen werden.

„Life-Style-Drug"-Anwender

Neben diesen klassischen Kundengruppen wird es eine weitere sehr fordernde und schwierige Kundengruppe geben, die als Nutzer sogenannter „Life-Style-Drugs" wie Viagra, aber auch von Haarwuchs- und Schlankheitsmitteln, Muskelpräparaten o. ä. schon von ihrem Anspruch und ihrem Motiv her anders als übliche Patienten auf das Pharmaunternehmen zukommen werden. Wer schon bei einem Hamburger für ca. Euro 1,3 eine weltweit gleichbleibende Qualität erwartet, wird von einem Pharmaprodukt, das für den zehn- bis hundertfachen Preis erworben wird, noch sehr viel mehr erwarten. Dieser Trend wird durch den erheblich größeren Anteil freiverkäuflicher Arzneimittel (OTC-Präparate) noch verstärkt. Insbesondere bei OTC-Präparaten werden sich deshalb die Pharmaunternehmen stärker in die Richtung von Markenartikel-Herstellern verändern müssen.

3.1.4 Krankenkassen als Kunden

Aus Sicht der Pharmaunternehmen wie auch der Patienten ist der am stärksten problematische Einkäufer die Krankenkasse, da diese aufgrund der großen Anonymität den Bedürfnissen des einzelnen Nutznießers am wenigsten gerecht werden kann. Der Einfluß der Krankenkassen im Gesundheitssystem wird in vielen Ländern in den nächsten Jahren auch weiterhin wachsen. Schon heute steuern Krankenversicherungen durch Erstattungssätze das Geschehen am Markt mit. Ob allerdings jemals eine Auswahl der Präparate durch Vorentscheidung einer Krankenkasse akzeptiert würde, ist zweifelhaft. Die Versicherten sind aufgrund der bereits erwähnten Veränderungen in der Gesellschaft immer weniger bereit, steigende finanzielle Mittel in Form von Krankenkassenbeiträgen in ein „schwarzes Loch" zu investieren, das sie nicht kontrollieren können. Die Folge wird ein wachsender Druck auf die Kostenverursacher im Gesundheitswesen, zu denen die Pharmaindustrie gehört, sein. Darüber hinaus erwarten wir keine wesentlichen Beiträge der Versicherer auf den Änderungsbedarf der Pharmaindustrie. Es ist dabei unserer Ansicht nach unwichtig, ob dieser Kostendruck direkt oder indirekt ausgeübt wird oder Systemunterschiede zwischen verschiedenen Staaten bestehen. Letztlich sind diese für eine generelle Aussage nicht von Bedeutung.

3.2 Einflußgrößen

Aus der bereits erwähnten Erwartung, daß der Pharmamarkt sich in den kommenden Jahren zu einem normalen Markt entwickeln wird, ergeben sich die typischen Anforderungen und Einflußgrößen, die auch bereits auf anderen Märkten beobachtet werden.

Kosten

Die Kosten sind eine sehr wichtige Einflußgröße bei der Kundenentscheidung, dies ist jedoch stark abhängig von der Frage, wer für die anfallenden Kosten aufkommt. Danach entwickelt der Kunde ein mehr oder weniger starkes Kostenbewußtsein. Wir haben oben gezeigt, daß der Anteil und der Einfluß des einzelnen auf den Preis zunimmt und damit auch die Kosten im Gesundheitswesen stärker zur Entscheidungsgrundlage werden.

Trotz der länderspezifischen Unterschiede der Gesundheitssysteme bleibt immer die klassische Kundenforderung nach den denkbar günstigsten Herstellungskosten vorhanden (Ausnahme: Patentschutz). Der tatsächliche Abgabepreis bleibt dabei wie bei anderen Produkten auch von weiteren Faktoren wie dem lokalen Gesetzesumfeld abhängig.

Mit zunehmendem Wettbewerb in der Pharmabranche ist aber zukünftig für alle Produkte ohne Patentschutz mit erhöhtem Preisdruck zu rechnen. Und die Preise werden die Entscheidung des Kunden zunehmend dominieren.

Einfache Bestellsysteme

Wie wir bereits diskutiert haben, wird der Kunde gerade dann, wenn er stärker als bisher an den Kosten beteiligt ist, einen besseren Service erwarten. Dazu gehört mit Sicherheit, daß in Zukunft eine akut kranke Person sich nicht mehr bei Regen oder Glatteis auf den Weg zur nächsten Apotheke machen wird. Dieser Trend wird die Einführung und Verbreitung von einfachen Internet-basierten Bestellsystemen wie beschrieben stark unterstützen.

Liefergeschwindigkeit

Hier gilt analog das bereits Gesagte. Der mündige Patient erwartet sofortige Hilfe. Dazu kann die Pharmaindustrie auf bereits vorhandene Logistikdienste zurückgreifen.

Qualität des Produktes

Die allgemeinen Merkmale der Qualität, die in den 1990er Jahren für fast alle Produkte Anwendung gefunden haben, sind bereits oben erwähnt worden. Hinzu kommen spezielle Forderungen für Pharmaprodukte wie:

1. Haltbarkeit/„Frische"
   Die Forderung nach „frischen" Produkten könnte zukünftig stärker als bisher Kundenforderung werden. In Einzelfällen wird diese Thematik aktiv angegangen wie bei Produkten mit geringer Haltbarkeit (z. B. Radiopharmazeutika oder biotechnologische Produkte).

2. Versorgung mit aktuellen Informationen
   Z. B. Information über aktuelle Studien in einer gesonderten Beilage.

3. Länderspezifische Aufmachungen
   Die Unterschiede, die aus einer unterschiedlichen Zahl von Dosierungen oder der Auswahl bestimmter Hilfsstoffe für einzelne Länder resultieren, nehmen voraussichtlich mit der Entwicklung moderner Formulierungen ab. Die Zahl der Aufmachungen in der jeweiligen Landessprache nehmen dagegen zu, wie das Beispiel der GUS-Staaten zeigt, wo bis Mitte der 1990er Jahre noch fast einheitlich die russische Sprache zur Kennzeichnung verwendet wurde.

4. Individuell abgestimmte Produkte
   Die stärkere Individualisierung führt zu einer größeren Produktvielfalt, da der Patient ein für ihn genau passendes Produkt erhalten möchte. Als einleuchtendes Beispiel kann an dieser Stelle die orale Kontrazeption angeführt werden. In diesem Fall kann man sich neben einer altersabhängigen Pille auch eine gewichts- und typabhängige Dosierung vorstellen.

Image

Die Patienten, die sich langfristig an ein Pharmaunternehmen binden, werden ihren Partner auch zu einem erheblichen Anteil nach dem Image des Unternehmens auswählen. Das Thema Marketing erhält damit eine neue Bedeutung, die bis heute so in der Pharmaindustrie nicht vorhanden war. Die Umsetzung ist bereits sehr deutlich im Gang, so sagt eine Studie von Gemini, Ernst & Young, daß bereits 34% der Life-Science-Unternehmen ihre Kommunikationsmaßnahmen direkt an die Patienten richten. Im Jahr 2003 wird erwartet, daß dieser Wert sich bereits auf 73% erhöht hat [*Braun* 2001].

Allgemeine Serviceleistungen

Noch klarer absehbar ist die zunehmende Forderung der Kunden nach hochwertigem Service. Im wesentlichen bedeutet dies, Zeit für den Kunden zu haben, um seine Bedürfnisse um das Produkt herum erfüllen zu können. Nicht das Gespräch über den Verkauf weiterer Chargen, sondern die erbrachte oder zu erbringende Gesamtdienstleistung steht im Vordergrund.

Insbesondere die Bearbeitung von Complaints (produktnaher Probleme) im Sinne eines echten Beschwerdemanagements bestimmt danach den Kundenkontakt.

Der Pharmareferent erhält den dazu notwendigen Freiraum erst dann, wenn er nicht unter dem Zwang steht, schon produzierte Fertigware verkaufen zu müssen.

Fazit:

Eine Supply Chain ist auf die Befriedigung der Kundenbedürfnisse auszurichten. Die Veränderungen der Kundenbedürfnisse und die Tatsache, daß die Kunden ihren Einfluß immer stärker nutzen, führt zunächst zu einem Verlust an Planbarkeit bei der Produktionsplanung für die Pharmahersteller. Schon heute haben wir das Problem, daß es den Pharmaunternehmen kaum noch gelingt, die Mengenanforderungen des Marktes vernünftig abzuschätzen. In der Praxis hat man bereits oft den Zustand entweder kurz nach Markteinführung auf überfüllten Lägern zu sitzen oder, was für das Unternehmen noch viel schlimmer ist, die Nachfrage nicht befriedigen zu können. Im letzteren Fall rächt sich die unflexible Produktion in der Pharmaindustrie mit Totzeiten von teilweise Jahren sehr bitter für die Pharmakonzerne. Hier besteht bereits heute dringender Bedarf nach einem Konzept, mit dem die Produktion schnell, flexibel und regulatorisch verträglich ausgeweitet werden kann und mit dem innerhalb einer optimierten Supply Chain die Marktversorgung jederzeit gesichert ist. Als Auswirkungen der bestmöglichen Erfüllung der Kundenbedürfnisse (Zielsetzung des neuartigen Systems) sollten in letzter Konsequenz die Wünsche der Kunden die Verbesserungsprozesse am Produkt steuern, sogar die Ausrichtung von Nachfolgepräparaten bestimmen. Ein Produktionsauftrag sollte außerdem erst durch die Bestellanforderung des Kunden ausgelöst werden.

Verschiedene Kundentypen erfordern auch auf sie individuell zugeschnittene Systeme. Deshalb haben in einer kundenorientierten Unternehmung die Bedürfnisse des Kunden erheblichen Einfluß auf die Struktur der Organisation.

Wenn wir uns wirklich dem Kunden und seinen Bedürfnissen zuwenden, werden neben den klassischen Bedürfnissen – nämlich solchen, die heute schon vom Markt abgedeckt werden – auch neue noch „schlafende" Anforderungen an Produkte und Serviceleistungen geweckt. Langfristige Kundenbindung wird aber nur erreicht, wenn das einzelne Produkt alle wichtigen Kundenbedürfnisse berücksichtigt. Eine erzielte langfristige Kundenbindung ist dann oftmals ein Garant für dauerhaften Erfolg.

Analyse

Geistige Leistung ist die einzige Quelle, aus der noch strategische Wettbewerbsvorteile erwachsen können.

Lester Thurow

4 Charakteristika industrieller Prozesse in einzelnen Branchen

4.1 Virtuelles Benchmarking

Im ersten Teil haben wir bereits gezeigt, daß die Pharmaindustrie vor einem Umbruch steht. Das Ziel ist es, im Rahmen dieses Buches ein denkbares Konzept aufzuzeigen, wie die Pharmaindustrie sich den zukünftigen Herausforderungen besser stellen kann.

Dazu wollen wir im zweiten Abschnitt die Industrien betrachten, die einen ähnlichen Veränderungsprozeß bereits begonnen haben. Anhand der dort vollzogenen Anpassungen sollen Rückschlüsse auf die zu erwartenden Veränderungen in der Pharmaindustrie gezogen werden. Die Grundidee entstammt dem Benchmarking [Watson 1993]. Unter Benchmarking versteht man die kontinuierliche Suche nach und die Anwendung von effizienten Praktiken, die die Wettbewerbsfähigkeit wesentlich verbessern. Wir haben hier das Benchmarking nicht praktisch durchführen können, da wir keinen Vergleichspunkt innerhalb der Pharmabranche haben. Deshalb wird der von uns verfolgte Ansatz folgende Elemente beinhalten:

1. Analyse von Prozessen und Strukturen der Supply Chains anderer Branchen und Vergleich mit der Situation in der Pharmaindustrie.
2. Transfer der Ergebnisse anderer Branchen in ein virtuelles Pharmaunternehmen.
3. Benchmarking bestehender Unternehmen bzw. Unternehmensbereiche gegen das idealisierte Bild eines solchen virtuellen Unternehmens.

Zur begrifflichen Abgrenzung gegenüber dem bisherigen Verständnis von Benchmarking werden wir unsere Vorgehensweise mit dem Begriff „virtuelles Benchmarking" beschreiben. Das virtuelle Benchmarking soll zudem nicht zu detailliert durchgeführt werden. Bei zu detaillierten Analysen besteht die Gefahr, daß die Vergleichbarkeit von Strukturen und Prozessen leidet. In der Folge gerät man dann bei der Diskussion von Ergebnissen in Rechtfertigungszwänge. Dieses schmälert beim Betrachter nicht nur erheblich die Glaubwürdigkeit, sondern wirkt letztlich auf jede Vision tödlich. Wir möchten daher die Ebene des Vergleichs von generellen Prozeßprinzipien und Geschäftsmodellen nicht verlassen. Aufgrund der unterschiedlichen Geschäftsmodelle in den betrachteten Industrien werden wir zudem unterschiedlich detailliert auf die verschiedenen Branchen eingehen und spezielle Themen, die das Pharma-Business nicht betreffen, unberücksichtigt lassen. Auf der Basis der Ergebnisse eines virtuellen Benchmarkings versprechen wir uns ein vielversprechendes Ergebnis – nämlich die Entwicklung einer unabhängigen Vision für die Zukunft der Pharmaindustrie. Visionen sind der Antrieb des Fortschritts. Allerdings müssen sie in realisierbare Strategien umgesetzt oder in bestehende Strategien integriert werden.

4.2 Bedeutung von Supply Chain-Prozessen in der Zukunft

Die Strategien zahlreicher Branchen fokussieren inzwischen auf die Versorgungskette, bestehend aus Beschaffung, Herstellung und Distribution (Supply Chain). Der Fokus begründet sich durch die steigende Komplexität der Teilschritte der Supply Chains, die aus einer immer stärkeren internen und externen Arbeitsteilung entsteht. Die Wettbewerbsfaktoren drängen deshalb auf die Neuentwicklung von Wertschöpfungsketten (z. B. e-Business) und die Schaffung von Wertschöpfungsnetzen, in denen Unternehmen und Mitarbeiter zu gleicher Zeit Kunde und Lieferant sind.

Viele der einzelnen Aktivitäten verlieren dabei an Wert, während die Wertschöpfung des Gesamtnetzwerkes erheblich steigt. So sieht Netscape-Gründer Marc Andreessen z. B. den Wert des eigentlichen Herstellungsprozesses eines Produktes gegen Null gehen. Hinter dieser Aussage steht die prinzipielle Idee, daß in Zukunft die Frage, wie viele Produkte verkauft werden können, durch die Frage, wie viele Kunden gebunden werden, ersetzt werden wird [*von Mutius* 2000].

Aber selbst wenn der Wert verschiedener Prozeßschritte sinkt, kann ihr Ausfall erhebliche Auswirkungen auf das Gesamtnetzwerk haben. Deshalb bedarf es einer ganzheitlichen Betrachtung und einer zuverlässigen Steuerung der Supply Chain.

Als Beispiel für diesen Ansatz kann die Energiekrise in Kalifornien im Frühjahr 2001 gewertet werden. In dieser Region der Erde, in der Bits und Bytes die Menschen reich gemacht haben, ist sehr schnell klar geworden, wie wenig die modernen Welten ohne Strom wert sind. Auch Computer-Schrott wird sich nicht in virtuellen Mülldeponien lagern lassen und die Forderung nach wirklich realen Stoffkreisläufen wird sich bald durch die Knappheit an wichtigen Rohstoffen einstellen.

Im Kapitel 2 haben wir erläutert, warum uns insbesondere in der pharmazeutischen Industrie eine größere Beachtung der Supply Chain geboten scheint. Eine Konsequenz ist dann, ein virtuelles Benchmarking für die Pharmaindustrie entlang der Elemente der Supply Chain zu führen. Dies wollen wir durch eine Hypothese stützen, die als Ausgangspunkt für das virtuelle Benchmarking dienen soll. Sie lautet:

Die Gesamtheit der Versorgungskette sowie deren Teilprozesse sind in der Pharmaindustrie weniger effizient und weniger kundenorientiert als die Versorgungsketten anderer produzierender Industrien.

4.3 Die Analyse

Vom Alleskönner zum Spezialisten

Zunächst wollen wir das Augenmerk auf die oben erwähnte Tendenz zur immer stärkeren arbeitsteiligen Erfüllung der Aufgaben in der Supply Chain richten. Dieser Trend wird auch durch die rasante informationstechnologische Entwicklung unterstützt. Wir werden darauf detaillierter in Kapitel 12.3 eingehen.

Segmentierung in der Computerindustrie

Ein besonders gutes Beispiel für eine hoch segmentierte Supply Chain findet sich in der Computerindustrie. Anfangs haben sich die Unternehmen noch mit der Entwicklung und Produktion der gesamten Prozeßkette beschäftigt. Intel war der Erfinder des integrierten Schaltkreises und zeitweise weltgrößter Ram-Speicher-Produzent. Immer wieder hat Intel auch versucht, Rechnerplattformen bis hin zu PCs zu entwickeln. Auch andere Firmen wie Hewlett Packard haben versucht, den gesamten Prozeß von der Entwicklung und Herstellung von Bauelementen hin zu Rechnern, Software und Service anzubieten.

Neben dem Zwang zu ständiger Innovation hat die Computerindustrie mit einem sehr schnellen Preisverfall zu kämpfen. Ein Produkt ist in der Regel nach 12 Monaten nur noch einen Bruchteil seines Verkaufspreises wert und schon kurze Zeit später nicht mehr verkäuflich. Durch das Fehlen jeder Art von Marktschutz waren die Computerunternehmen immer dazu gezwungen, sich sehr konsequent um die Herstellung des Produktes zu kümmern und nicht nur um die Innovation selbst.

Dies hat zu einer extrem optimierten Prozeßkette für ein komplexes und zugleich hochinnovatives Produkt geführt, deren Kernmerkmale eine Spezialisierung und Reduzierung der Fertigungstiefe sind. Die erfolgreichen Unternehmen sind zudem sehr stark am Marktgeschehen orientiert.

Das veranschaulicht auch der kurze Abriß der Supply Chain eines PCs:

- Experten für Bauelemente wie Speicherchips, Festplatten, Prozessoren etc. entwickeln und produzieren diese Elemente.
- Experten für die Montage von PCs wie Flextronics bauen Rechner für unterschiedlichste Kunden zusammen und unterstützen die Kunden beim möglichst kostengünstigen Design der Geräte.
- Experten für Vertrieb (bekanntes Beispiel ist hier Dell) nehmen Aufträge von Kunden an und geben sie an den Hersteller weiter. Eine weitere Kernkompetenz dieser Vertriebsexperten ist die Marktbeobachtung, um die Bedürfnisse der Kunden möglichst schnell in das Design neuer Produkte überzuleiten.
- Experten für Logistik liefern das Produkt aus.
- Experten für Service als sogenannte „Netzwerk"- oder „Channel"-Partner sorgen für die Reparatur oder den Service der Geräte, die der „Label-Hersteller" (z. B. Dell) nie gesehen hat.

Charakteristisch für eine so hoch segmentierte Supply Chain ist allerdings auch, daß der Kunde in der Regel nur einen Namen mit dem Produkt verbindet. Zentrale Aufgaben, die beim Namensgeber verbleiben, sind die Steuerung des Netzwerkes, die Sicherung der Qualität des gesamten Netzwerkes und das Image-Marketing. Andere Aufgaben hingegen wie die Qualitätskontrolle sind von Supply Chain zu Supply Chain in unterschiedlich starkem Maße auf die Partner verteilt.

Die Computerindustrie (inkl. Software-Branche) hat dabei aber auch die Gültigkeit des Ausspruchs „the winner takes it all" gezeigt. In Bezug auf den Gewinn erlaubt aber erst das effiziente Management einer Supply Chain, diesen Wunsch in die Wirklichkeit umzusetzen. Als Kernaussagen der hohen Supply Chain-Segmentierung der Computerindustrie bleibt festzuhalten:

- Vertrieb und Produktmarketing sind lebenswichtige Kompetenzen der Computerindustrie.
- Für die Namensgeber von Standardprodukten sind Vertrieb und Marketing sogar die wichtigsten Kompetenzen.
- Die erfolgreichen Unternehmen der Computerindustrie managen zusätzlich eine Supply Chain, die die Bereiche Forschung und Entwicklung mit einschließt.
- Die Fertigungstiefe ist in der Computerindustrie extrem niedrig, die Segmentierung der Supply Chain hingegen sehr hoch.
- Die Flexibilität gegenüber Bedarfsschwankungen ist aufgrund modularer Produktionsanlagen extrem hoch.

Dieses Beispiel aus der Computerindustrie läßt erkennen, daß ein hoher Wettbewerbsdruck bei gleichzeitig schnellen Innovationszyklen eine starke Spezialisierung und damit auch eine hohe Spezialisierung bei den einzelnen Teilschritten der Supply Chain fördert.

Vergleich zur Pharmaindustrie

Wenn wir im Vergleich dazu die Pharmaindustrie betrachten, werden schnell Unterschiede deutlich. Dort ist aus bisheriger Sicht eine Zerlegung des Entwicklungsprozesses nur bedingt möglich und sinnvoll. Dafür sollen im folgenden drei wesentliche Argumente angeführt werden:

1. Das pharmazeutische Entwicklungsprojekt spiegelt ein sehr komplexes Zusammenspiel sowohl aus technischen Aspekten (wie Herstellung und Formulierung eines Produktes) als auch aus Anwendungstests (präklinische und klinische Studien) unter einem gemeinsamen regulatorischen Dachkonzept wider.
2. Lange Entwicklungszeiten erschweren bisher massiv eine Koordination von sehr vielen externen Subeinheiten.
3. Wegen der bisher geringen Standardisierung ist der Erhalt der Produkteigenschaften bei der Übertragung vom Entwicklungsmaßstab in den Produktionsmaßstab gefährdet (z. B. durch neue Nebenprodukte bei konventionellen Wirkstoffen oder durch Definition als neues Produkt bei Verfahrensänderungen bei biotechnologischen Produkten).

Fazit:
Für die Pharmaindustrie der Zukunft lassen sich daraus folgende Punkte ableiten: Ohne eine wesentlich ausgeprägtere Standardisierung ist eine ähnliche Zersplitterung der Supply Chain wie in der Computerindustrie vorerst nicht zu erwarten. Allerdings ist ein zweiteiliges Modell kurzfristig vorstellbar. Darin kann eine erste Einheit aus Entwicklung und Produktion mit dem Ziel einer möglichst schnellen und kostengünstigen Entwicklung bestehen. Eine weitere Einheit sorgt dann als Vertriebsorganisation analog zur Computerindustrie mit geringer Fertigungstiefe und Spezialisierung auf Kundenbedürfnisse für Produktbereitstellung.

4.4 Elemente der Pharma Supply Chain im Vergleich zu anderen Industrien

Bevor wir die Ausgestaltung eines solchen zweiteiligen Modells weiter verfolgen, sind zunächst die einzelnen Bausteine einer Supply Chain noch genauer am Beispiel anderer Industrien zu analysieren.

4.4.1 Beschaffung

Zunächst ist in diesem Zusammenhang die Beschaffung zu nennen. Kaum ein anderer Bereich ist in den letzten Jahren so nachhaltigen Veränderungen unterworfen worden. Die Informationstechnologien haben es ermöglicht, die bisherigen Beschaffungsvorgänge zunächst einmal schneller und effizienter abzubilden (z. B. Nutzung von B2B-Einkaufsnetzen). Daneben sind aber auch neue moderne Formen von Beschaffung wie Internet-Marktplätze mit Auktionen (nachfrage- oder angebotsorientiert) entstanden.

Verschiedene Unternehmen in einer Branche haben sich zu Einkaufsgemeinschaften zusammengeschlossen, um ihre Marktmacht zu vergrößern. Derartige Zusammenschlüsse gibt es auch in der Chemie- und Pharmaindustrie. Das bekannteste Beispiel stammt jedoch aus der Automobilindustrie.

Beispiel virtuelle Marktplätze:

Mit der Gründung eines gemeinsamen virtuellen Marktplatzes schlugen General Motors, Ford und Daimler Chrysler ein neues Kapitel für die direkten Kontakte zu den Zulieferfirmen auf [McClenahen 2000]. Diese Internet-basierte Plattform, die allen Automobilherstellern und ihren Lieferanten offen steht, wird die Supply-Prozesse in der Automobilindustrie nicht nur aufgrund des dadurch steigenden Wettbewerbs zwischen den Zulieferern stark verändern. Durch ein ideales Zusammenspiel zwischen der virtuellen und der realen Welt soll ein Mehrwert geschaffen werden. Dabei wird ein Hauptvorteil dieser Internet-Plattform Covisint (www.covisint.com) in der Verbesserung und Beschleunigung der Prozesse gesehen. Im Idealfall würden beispielsweise sowohl alle intern beteiligten Abteilungen als auch alle externen Lieferanten sofort davon erfahren, wenn die Veränderung eines Produktes beschlossen würde, wodurch ein enormer Zeit- und damit Kostenvorteil entstünde.

Seit August 2000 wird bei Daimler-Chrysler zudem eine Einkaufsplattform für Bedarfsartikel wie Computer, Arbeitskleidung und Büromaterial benutzt, durch die amerikanische Händler bis zu 500 Dollar je Auto einsparen können [FAZ 10.10.2000].

Bei der Segmentierung von Versorgungsketten sind neue Wettbewerber entstanden, die häufig noch mit ihren ehemaligen Muttergesellschaften in einer engen strategischen Partnerschaft verbunden sind. Die informationstechnische Integration des Lieferanten ist teilweise weit fortgeschritten. Damit kann dieser den aktuellen Bedarf direkt aus den Bestandsdaten des produzierenden Unternehmens ablesen. Im Idealfall sitzt der Disponent des Lieferanten sogar mit am Planungstisch des Produzenten (Lean Production).

Alle diese Entwicklungen haben dazu beigetragen, die Supply Chain schneller und auch sicherer (in Bezug auf den Verlust von Informationen) zu machen.

Die z.T. bereits realisierte Vision ist ein Prozeß, bei dem die Bestellung eines bestimmten Produktes durch den Kunden im gleichen Augenblick auch einen Auftrag beim Lieferanten auslöst. Die besten Voraussetzungen liegen dann vor, wenn das Prinzip der Fertigung auf Bestellung verfolgt wird. Denn dann kann der Produzent sicher sein, daß der Auftrag an den Lieferanten fast ausnahmslos berechtigt ist. Bei Lieferungen aus Lägern und damit aus Beständen ist allerdings die Eröffnung eines Auftrages bei Lieferanten ein wichtiges Element der Bestandssteuerung und kann deshalb nicht ohne Freigabe durchgereicht werden. Solche Schnittstellen verzögern aber letztlich den Versorgungsprozeß und bilden potentielle Quellen für Fehlbestellungen. Zudem ist das System anfällig gegen Veränderungen in der Systemumwelt, da der Herstellungsprozeß und der Bestellvorgang entkoppelt sind und nie synchron laufen. Eine Alternative stellt hier das KANBAN-System dar, bei dem bei innerbetrieblichen Prozessen oder bei innerhalb von Toleranzgrenzen schwankenden festen Lieferverträgen Herstellung und Produktion von Teilprozessen vernetzt sind und somit immer Schwankungen beim Bedarf auch gleich zu Veränderungen in der Produktion führen [Details siehe *Imai* 1992].

Ein Trend, der sich vor allem in der Automobilindustrie beobachten läßt, ist die Verschiebung der Verantwortung für Lagerhaltung und -kosten auf die Lieferanten. Die Automobilhersteller erreichen damit neben einer Kostenreduktion auch eine deutliche Reduktion der Komplexität in der eigenen Herstellung. Sie unterstützen diesen Trend aktiv durch die Forderung nach einer immer kleineren Zahl sogenannter Systemlieferanten, die dann ein komplettes System (z.B. ein vollständiges Armaturenbrett) liefern müssen. Der erhöhte Kostendruck auf die Lieferanten seinerseits hat hier wieder zur Verbesserung der Abläufe dieser Unternehmen und in der Folge zu einer gestärkten Wettbewerbssituation geführt.

Die Automobilindustrie selbst hat zur Erhöhung ihrer eigenen Wettbewerbsfähigkeit die Anzahl der Varianten eines Autos deutlich erhöht. In der Praxis gibt es nicht mehr ein Armaturenbrett, sondern je eines für die Basisvariante, die sportliche Variante, die luxuriöse Variante etc. Um hier nicht neue Komplexität zu erzeugen, muß der Lieferant aktiv in den Fertigungsprozeß einbezogen werden.

Die chemische Industrie zeigt eine weitere Dimension der Komplexität, da hier vielfach Grundstoffe produziert werden, die in unterschiedlichsten Weiterverarbeitungsprozessen eingesetzt werden. Die Folgeprodukte werden immer stärker an die Bedürfnisse der Endkunden angepaßt. Der Kunde des Grundstoffs stellt daher ständig wechselnde Anforderungen an die Spezifikationen des Produktes. Deshalb können selbst Grundstoffe wie Polymere nicht mehr hoch standardisiert hergestellt werden. Dieser Trend wird künftig noch zunehmen und geht einher mit dem Abbau von Lägern für Zwischenprodukte. Die Hersteller von Grundstoffen in der chemischen Industrie reagieren darauf mit der Flexibilisierung ihrer Produktion und bei Bedarf durch Investitionen in neue Anlagen.

Beschaffung in der Pharmaindustrie

In vielen Bereichen finden sich für die Pharmaindustrie gleiche Voraussetzungen wie für andere Industrien. Einerseits sieht man aus den Stücklisten eines Produktionsbetriebes der Pharmaindustrie eine ähnliche Vielfalt von Einzelteilen wie bei einem Automobil. Andererseits werden in völliger Analogie zur Chemieindustrie zu einem erfolgreichen Produkt immer Varianten entwickelt, die letztlich dazu führen, daß es für gewisse Zwischenstufen immer mehrere Abnehmer gibt.

Es gibt allerdings auch in der Pharmaindustrie den Trend, z. B. verschiedene Teile der chemischen Synthese extern herstellen zu lassen. Somit wäre die Voraussetzung gegeben, daß Systemlieferanten etabliert werden könnten, die einen hohen Anteil an der Fertigungstiefe des Pharmaproduktes übernehmen.

Besonderheiten und insbesondere die Schwächen der bisherigen Strukturen bei der Beschaffung sind:

- oftmals „single supplier" für Spezialchemikalien/Hilfsstoffe,
- häufig individuelle Qualitätsanforderungen des Kunden (teilweise auch bei Kunden eines Unternehmens nicht einheitlich),
- stark schwankende Mengenabforderungen (von Entwicklungsmengen bis zum Produktionsmaßstab; von Produkt zu Produkt),
- wenige strategische Partnerschaften.

Fazit:

Aufgrund der hohen Analogie von Beschaffungssystemen in unterschiedlichen Branchen ist eher die Auswahl der richtigen Systeme für die Pharmaindustrie entscheidend. Die Angebote reichen dabei von der Beteiligung an Einkaufsplattformen bis zu strategischen Partnerschaften. Je nach Spezialisierungsgrad sind ganz unterschiedliche Modelle zu bevorzugen. Dabei ist die notwendige Flexibilität zu berücksichtigen und je nach Problemstellung die passende Lösung zu suchen.

Letztlich wird die Orientierung an Beschaffungssystemen aber von den verwendeten Fertigungsstrategien getrieben werden. Eine Pharmafertigung, die stärker analog zur Automobilindustrie organisiert wäre, zöge auch im Bereich der Beschaffungs- und Zuliefersysteme entsprechende Änderungen nach sich.

4.4.2 Produktion

Automobilproduktion als Prozeßtreiber

Das nächste zu untersuchende Element einer Supply Chain ist der Bereich Fertigung/ Produktion. In diesem Buch wird die chemische Produktion bzw. die Produktion von Wirkstoffen und von Arzneimitteln einen besonderen Platz einnehmen. Daran soll gezeigt werden, welche massiven Auswirkungen auf die gesamte Versorgungskette neuartige Produktionssysteme haben können. In einem historisch einmaligen Prozeß hat dies die Automobilindustrie vorgeführt [*Womack, Jones, Roos* 1991].

Beispiel Automobilindustrie:

Bei keinem Produkt des zwanzigsten Jahrhunderts sind Änderungen in der Produktion so konsequent umgesetzt worden, wie bei der Herstellung von Automobilen. Beginnend mit Henry Ford und seinem berühmten Modell T hat ein hoher Grad von Arbeitsteilung Einzug gefunden und seitdem ist das Fließband die gängige Produktionsmethode dieser Industrie. Bei diesem ersten Schritt der Automatisierung war das Ziel zunächst nur auf die Kostensenkung und nicht auf Kundenbindung hin ausgerichtet. Dies spiegelt sich auch in der Aussage von H. Ford zum Thema Farbe „Sie können jede Farbe haben, wenn es nur schwarz ist" wider.

Bereits kurz nach der Gründung von GM hatte dann A. Sloan in den 1930er und 1940er Jahren zwei weitere Komponenten eingeführt, die für unsere Gedanken heute noch wichtig sind:

1. Sloan hat den Kunden als wichtige Einflußgröße im Marktgeschehen entdeckt. Beim Automobil bedeutete dies eine zunehmende Individualisierung des Produktes zuerst durch unterschiedliche Farben bis hin zu heutigen Werbebotschaften, die besagen, daß es leichter ist, in der Lotterie zu gewinnen, als das gleiche Auto wieder zu treffen.

2. Sloan hat alle Elemente des Automobils standardisiert, die für den Kunden nicht von Bedeutung sind. Dazu gehörten zunächst die Motoren und alle Blechteile. Heute sind die Konzepte zu Plattform-Strategien weiterentwikkelt, die es beispielsweise dem Ford-Konzern ermöglichen, speziell auf den Kunden abgestimmte Fahrzeuge wie einen Ford Mondeo, einen Volvo S60 und einen Jaguar X-type mit der gleichen kostenoptimierten Plattform herzustellen.

Neben dem reinen Skaleneffekt zeigt die Geschichte von GM auch noch einen zweiten wichtigen Aspekt der Produktionskostenoptimierung. Konzerne wie Ford und GM haben sich über lange Zeit mit der Verbesserung des Produktionsprozesses selbst beschäftigt. Wenn man erst einmal große Stückzahlen hat, wird es plötzlich möglich, sich geeignete Werkzeuge selbst zu entwickeln oder entwickeln zu lassen. So hat die Automobilindustrie neben dem Militär die Entwicklung von Präzisionswerkzeugmaschinen eingefordert und durch die Umsetzung von innovativen Konzepten gefördert.

Im Gegensatz dazu wird in Industrien wie der Pharmaindustrie immer wieder darauf verwiesen, daß die benötigten Stückzahlen an Geräten zu klein sind, um die Gerätehersteller zur Entwicklung von „Spezialanlagen" (auf eigene Bedürfnisse zugeschnittene Anlagen) zu bewegen.

Ein weiterer Trend, der durch die Automobilindustrie ausgelöst ist, ist die Veränderung der Zielsetzungen in der Fabrikautomatisierung. Wollte man früher aus Kostengründen möglichst vollständig automatisieren und sprach bereits von menschenleeren Fabriken, so hat sich dieser Trend inzwischen als zu wenig flexibel und zu langsam erwiesen. Die derzeitigen Schwerpunkte legen vielmehr Wert auf einen vernünftigen Mensch-Maschine-Mix [*FAZ* 24.9.2001]. Ziel dieser Konzepte ist es, die Produktion möglichst schnell hochfahren zu können, wenn der Bedarf nach einem Produkt steigt. Dies ist aber nur mit diesem Mensch-Maschine-Mix realisierbar.

Fazit:

Sicherlich ist zusammenfassend festzuhalten, daß die Automobilindustrie über lange Zeit eine Vorreiterrolle in der Optimierung der Produktionsabläufe inne hatte und noch hat. Sie umfaßt Aspekte wie Arbeitsteilung, Automatisierung, Standardisierung, kontinuierliche Fertigung und nicht zuletzt Flexibilisierung.

Folgende übergeordnete Fragen sollten wir also in Bezug auf eine zukünftige Supply Chain lernen und deshalb auch in einem modernen Produktionsmodell beantworten:

1. Wie kann eine hohe Standardisierung der Prozeßschritte und der Produktteile erreicht werden, bei denen die Fertigung für den Kunden nicht sichtbar wird?

2. Was ist das für den Kunden wahrnehmbare und damit wichtige Produkt und wie kann eine starke Individualisierung des Produktes oder einzelner Produktkomponenten, soweit diese für den Kunden sichtbar sind, erreicht werden?

Über die Adaption der angesprochenen Fertigungsstandards in anderen Branchen wird in den nächsten beiden Abschnitten berichtet.

Kontinuierliche Produktion vs. Batch-Produktion: Produktionsprozesse in der Chemie-, Lebensmittel- und Waschmittelindustrie

In Chemieunternehmen wie z. B. der BASF versucht man traditionell, die Economics of Scale zu nutzen. Aufgrund der fortschreitenden Globalisierung legt man dazu heute Produktionsstätten zusammen, um an einem Standort eine optimale Produktionsgröße erreichen zu können. Anders als in der Automobilindustrie finden sich in den der Pharmaindustrie verwandten Industrien wie Chemie-, Waschmittel- und Lebensmittelindustrie als Produktionsprozesse nicht oder nur teilweise kontinuierliche Prozesse.

In der Chemiebranche sind ca. 85% der chemischen Produktionsprozesse Batchprozesse und nur 15% der Prozesse kontinuierliche Produktionsprozesse. Selbst so produktionsorientierte Unternehmen wie die BASF haben noch einen größeren Anteil an Batchproduktion. Bei der Produktion von Spezialchemikalien mit stark konjunktur- und damit zyklusabhängigem Bedarf wird der Batchprozeß auch sicher zukünftig sinnvoll bleiben.

Die erzeugten Produktmengen und Werte von Batch- und kontinuierlichen Produktionsprozessen unterscheiden sich sehr deutlich von dem angegebenen Verhältnis 85:15 (VCI-Zahlen für Deutschland). Bei Produkten mit höherer Wertschöpfung wie Pflanzenschutzmitteln werden kleine Mengen von wenigen hundert bis etwa 1000 t Jahresbedarf noch im Batch-Betrieb hergestellt. Ab einer gewissen Größenordnung versucht man dann, von einem Batchprozeß zu einem kontinuierlichen Prozeß zu gelangen. Typische Größenordnungen für den Einsatz von kontinuierlichen Prozessen liegen z. B. bei der BASF bei Vitamin-Synthesen ab ca. 20 000 t Jahresbedarf (z. B. Vitamin E-Synthese).

Bei kontinuierlichen Produktionsanlagen denkt man zunächst an klassische Prozesse wie eine Ölraffinerie, eine PE- oder eine Methylmethacrylat-Produktion. Diese Produktionsprozesse haben eine sehr hohe Wirtschaftlichkeit bei geringer Flexibilität.

Es ist jedoch durchaus auch in Betrieben der Waschmittel- oder Lebensmittelindustrie möglich, solche kontinuierlichen Produktionsanlagen zu bauen, die eine Teilflexibilität für eine Produktgruppe ermöglichen, z. B. eine Herstellungsanlage für verschiedene feste oder verschiedene flüssige Waschmittel. Mit solchen Produktionsanlagen läßt sich dann ein hoher Grad an Wirtschaftlichkeit mit relativ hoher Flexibilität kombinieren.

Aus dem Beispiel der Waschmittelindustrie kann man zudem ersehen, daß bei kontinuierlichen Produktionsprozessen das Vorgehen beim Scale up von der Entwicklung in die Produktion gegebenenfalls zweigeteilt sein kann. Dabei wird zunächst noch eine Rezepturentwicklung im Batch durchgeführt. Hier wird ähnlich wie in der Pharmaindustrie Laboroder Technikumsequipment verwendet. Typische Größenordnungen für die Produktionsmengen liegen bei wenigen Kilogramm bis ca. 100 kg. Allerdings wird bis dahin noch keine Prozeßentwicklung betrieben. Das ausschließliche Ziel dieser ersten Ansätze ist die Herstellung von geeigneten Mengen des neuen Produktes für Testversuche. Nach den erfolgreichen Rezepturtests erfolgt dann das Scale up zur Prozeßentwicklung in einem kontinuierlichen Prozeß. Das Scale up verläuft von z. B. 50 kg für Rezepturtests über 2 t als erste Maßstabsvergrößerung und schließlich in einem weiteren Schritt in den tatsächlichen Produktionsmaßstab von z. B. 10 t pro Kampagne. Der wesentliche Punkt ist die klare Aufgabenteilung der Herstellung zwischen Batch-Verfahren für Versuchszwecke und der kontinuierlichen Produktion für Marktzwecke.

Produktionsprozesse in der Pharmaindustrie

Wie ist es nun um moderne Produktionskonzepte und -prozesse in der Pharmabranche bestellt? Neben der klassischen Pharmaindustrie müssen an dieser Stelle auch die Generika-Hersteller betrachtet werden, bei denen es sich im klassischen Sinne um Chemie- und Pharmaproduktionen handelt. Für den Bereich der pharmazeutischen Formulierung haben diese Unternehmen bereits heute die Rolle der Innovationsführer für die Produktion übernommen. Im Bereich der Wirkstoffproduktion gibt es einige Firmen, die darauf spezialisiert sind, durch chemische und technologische Innovationen auf dem Markt schon eingeführte Wirkstoffe preiswerter herzustellen und die daraus abgeleiteten Herstellungsmethoden dann zu vermarkten.

Trotzdem wird eine kontinuierliche Fertigung in der pharmazeutischen Industrie nur in Ausnahmefällen verfolgt, da die Produkte im Vergleich zu den vorher genannten Branchen in scheinbar zu kleinen Mengen produziert werden. Erschwerend kommt hinzu, daß für pharmazeutische Wirkstoffe oftmals sehr viele einzelne Synthesestufen bewegt werden müssen. Da die Entwicklungszeit durch die Patentlaufzeit des Wirkstoffs limitiert ist, versucht man deshalb normalerweise, bei der Verfahrensentwicklung Zeit zu sparen. Der nochmalige Wechsel vom Batch- zum kontinuierlichen Verfahren würde nur zusätzliche Zeit kosten.

Leider resultieren aus der bisher üblichen Vorgehensweise von Batch-Fahrweisen in Vielzweck-Anlagen (Multi-purpose) neue Bedingungen, die ökonomisch von Nachteil sein können:

● Die vorrangig verfolgte Betriebsgrößenersparnis bedarf immer wiederkehrender Ansatzvergrößerungen (Scale up). Dieser Prozeß zieht jedoch entsprechende Entwicklungskapazitäten und einen gewissen Zeitbedarf nach sich.

● Große Rührwerkskapazitäten führen spätestens bei Bedarfsrückgang zu Leerkosten, die wieder nur durch Nutzung als Multi-purpose-Anlagenbetrieb aufgefangen werden können, was besondere Reinigungsschritte erfordert und damit im Prinzip versteckte und erneute Leerkosten darstellt. Die Stabilität der chemischen Verfahren leidet an den wechselnden Bedingungen bei Ansatzgröße und Anlagenwahl. Dies drückt sich in entsprechenden Schwankungen von Ausbeute und Qualität aus.

Fazit:

Neben der schon erwähnten Standardisierung des Equipments ist zu prüfen, wie eine kontinuierliche Produktion oder ähnliche Produktionsmodelle auch für kleinere Wirkstoffmengen realisiert werden können.

Unterschiede zwischen Produktion von Chemie zu Pharma

Daß die Herstellkosten in den Bereichen Waschmittel oder Lebensmittel relativ zu Pharmazeutika niedrig sind, ist bekannt. Die oben beschriebenen Unterschiede in der Produktionssystematik von Batch zu Konti und in der Syntheselänge reichen aber nicht aus, die dramatischen Differenzen in den Herstellkosten zwischen 1 kg Waschmittel und 1 kg Tabletten zu erklären. Dieser Aspekt war für die Pharmaindustrie bisher wenig problematisch, da üblicherweise die Herstellkosten nur einen geringen Prozentsatz am Verkaufspreis ausmachten (Ausnahmen sind Kontrastmittel). Wir haben jedoch in Kapitel 2 ausführlich erläutert, warum hier wesentliche Änderungen zu erwarten sind.

Die Lebensmittel- und Waschmittelindustrie sind vordergründig mit der Pharmaindustrie gut vergleichbar. In beiden Industrien gibt es einen „Wirkstoff", diverse „Hilfsstoffe" und eine „Formulierung" bzw. „Rezeptur", die den Zweck hat, den Wirkstoff anwendbar zu machen. Die für die Lebensmittel- und Waschmittelindustrie festgestellten Themen scheinen somit denen der Pharmaindustrie sehr ähnlich zu sein. Es bleibt jedoch die Frage, wie weit die Analogie zwischen den oben genannten Branchen gezogen werden kann. Denn es gibt auch einige Besonderheiten, auf die im folgenden näher eingegangen werden soll:

Fünf strukturelle Unterschiede sind hier beispielhaft aufgeführt.

1. Einheit von Entwicklung und Produktion
2. Verfahrensoptimierung und technische Prozeßanpassung
3. Personalzusammensetzung
4. Regulatorische Anforderungen
5. Fertigungstiefe

Einheit von Entwicklung und Produktion

In der Lebensmittel- und Waschmittelindustrie besitzt die Produktion gegenüber der Pharmaindustrie einen sehr viel größeren Stellenwert im Vergleich zur Forschung und Entwicklung und insbesondere ist die Entwicklung viel stärker mit der Produktion verknüpft.

Während Pharmaunternehmen bis zu 20% ihres Umsatzes für F & E investieren, liegen die Zahlen bei den hier zum Vergleich angeführten Branchen gerade einmal bei 3 bis 4%. Die Gründe dafür liegen größtenteils in den hohen Kosten für klinische Studien. Zunächst ist aber festzuhalten, daß F & E der anderen Branchen sich nicht zum Selbstzweck erheben kann. Am F & E-Bereich der Le-

bensmittel- und Waschmittelindustrie fällt deshalb die sehr viel direktere Ausrichtung auf den Markt auf. Ein F & E-Mitarbeiter eines Waschmittelherstellers muß immer den Marketing-Kollegen überzeugen, daß seine Produktentwicklung verkäuflich ist. Letztlich entscheidet dieser, ob das Produkt weiterentwickelt oder eingestellt wird. Denn für die Lebensmittel- und Waschmittelindustrie ist eine extrem schnelle Reaktion auf neue Verbraucherwünsche und Markttrends essentiell, d.h. der Verbraucher beeinflußt sehr direkt und kurzfristig, an welchen Produktinnovationen in den Forschungs- und Entwicklungsabteilungen gearbeitet wird. In der Pharmaindustrie läßt sich diese Situation höchstens mit den sogenannten Life-Style-Drugs vergleichen, deren bekanntestes Beispiel sicher Viagra ist. Diese Life-Style-Drugs bekämpfen nicht nur wirkliche Krankheitssymptome, sondern ermöglichen darüber hinaus auch eine angenehmere Lebensweise, so daß sie von den Verbrauchern stark nachgefragt werden, was wiederum Forschungsaktivitäten in den Unternehmen auslöst. Insgesamt sind die Reaktionszeiten auf neue Trends in Pharmaunternehmen nicht zuletzt aufgrund der aufwendigen klinischen Studien sehr viel länger und auch die Entscheidungswege beim Einstieg in ein neues Forschungsgebiet sind im allgemeinen viel komplexer.

Ein Mitarbeiter in F & E ist in der Lebensmittel- und Waschmittelindustrie in der Regel zumindest für die Realisierung seiner Produktidee im Technikums-Maßstab verantwortlich, zum Teil sogar für den Start der Produktion. In Pharmaunternehmen haben dagegen Forscher unter Umständen noch nie einen Produktionsstandort gesehen. Dies führt zu einer völlig anderen Einstellung zum Produkt und zu einer völlig anderen Antwort auf die Frage, wodurch sich der F & E-Mitarbeiter als erfolgreich definiert. Folgerichtig schlägt sich dieses auch in der Standortgestaltung wieder. Während Pharmaunternehmen in der Regel am Sitz der Firmenzentrale oder an einem speziell ausgewählten Standort ihren F & E-Standort haben und damit den „Forschern" einen erweiterten Einfluß auf die Firmenpolitik gewähren (wohingegen die pharmazeutische Endfertigung heute weltweit verstreut ist), sind bei den Unternehmen der anderen Industrien F & E und Produktion viel stärker eine Einheit. Zum Teil sind diese Bereiche – dann aber beide – weit weg von der Firmenzentrale angesiedelt.

Gleiches gilt in groben Zügen auch für die Chemiebranche.

Zusammenfassend läßt sich festhalten, daß in der Pharmaindustrie die Forschung eine sehr starke Position besitzt, die Produktion relativ dazu schwach ist und beide Teilbereiche sich im Vergleich zu den anderen chemiebasierenden Branchen in einer geschützten Nische befinden.

Wenn man daraufhin die neu eingeführten Produkte in den Branchen vergleicht, müßte man folglich erwarten, daß in der Pharmaindustrie bei den Produkteinführungen der Schwerpunkt auf neuen chemischen Wirkstoffen liegen sollte, während in der Lebensmittel- und Waschmittelindustrie neuen Formulierungen und Anwendungen bekannter „Wirksubstanzen" größere Bedeutung zukommen sollte. Leider sind solche Zahlen von beiden Industriebereichen nur schwer zu bekommen. Die vorhandenen Informationen legen aber den Schluß nahe, daß in beiden Industrien der Schwerpunkt auf neuen Formulierungen, neuen Anwendungen und neuen Darreichungsformen liegt, wobei die Unterschiede zwischen der Pharmabranche und den anderen Industrien zwar in der angenommenen Richtung sichtbar werden, aber nicht die erwartete Größenordnung erreichen.

Verfahrensoptimierung und technische Prozeßanpassung

Zur Reduzierung der Herstellungskosten für neue Produkte beschäftigt man sich sehr intensiv mit der Modellierung und Optimierung von Produktionsprozessen [*Kussi et al.* 2000]. Das Ergebnis dieser Optimierungen ist in vielen Fällen die Transformation eines Batchprozesses in einen kontinuierlichen Prozeß. Die Optimierungstiefe hängt dabei von der Schwierigkeit der Produktherstellung und der Gewinnmarge ab. Bei einfachen Produkten wird auch in den Chemiebranchen keine generell neue Produktionsanlage konzipiert, sondern auf vorhandenes Standard-Know-how und -Equipment zurückgegriffen. Eine vollständige Optimierung des kontinuierlichen Produktionsprozesses findet nur in begründeten Fällen statt.

Der Scale up-Prozeß wird in der Regel von Forschung und Entwicklung parallel begleitet. Neben einem Technikumsleiter, der eventuell auch als Produktionsleiter verantwortlich ist, ist häufig der Forscher mit in das Scale up in der Produktion eingebunden.

In der Pharmaindustrie hat man hingegen in der Regel eine bestimmte Anzahl von Multi-purpose-Betrieben in der Produktion, mit denen man die chemischen Synthesen durchführt. Falls eine neue Synthese nicht mit dem vorhandenen Equipment durchgeführt werden kann, wird in der Regel das fehlende Teil (Gerät, Gebäude, Technologie etc.) mit dem Anspruch des künftigen Multi-purpose-Einsatzes hinzugekauft.

Personalzusammensetzung

Wir haben oben gezeigt, daß üblicherweise technische Produktionsprozesse systematisch an die besonderen Anforderungen des Produktes angepaßt werden. Um einen optimalen Herstellungsprozeß zu erreichen, müssen aber sowohl organisatorische Strukturen als auch die fachliche Basis der Mitarbeiter für diese Aufgaben berücksichtigt werden [*Stieler* 2001].

Auch hier besteht ein deutlicher Unterschied zwischen Chemie-, Waschmittel- und der Pharmabranche bezüglich der Personengruppen, die in den jeweiligen Branchen F&E sowie die Produktion betreiben. Während Pharma aus der Gesamtmenge der Hochschulabgänger in der Regel Spezialisten rekrutiert, sind zumindest die Unternehmen der Waschmittelindustrie stärker an Generalisten interessiert. Und während die Pharmabranche, insbesondere die F&E-Funktionen, noch von organischen Chemikern und Pharmazeuten dominiert wird, sind in der Chemiebranche neben den Chemikern sehr viel mehr Chemie-, Maschinenbau- und Verfahrenstechnikingenieure und Physiker an der Konzeption und Umsetzung von Produktionsanlagen beteiligt. In der Pharmaindustrie sind die Strukturen in den Entwicklungsabteilungen deshalb auch sehr stark auf die chemische Synthese bzw. die pharmazeutische Formulierung ausgerichtet, während die Verfahrenstechnik eher als eine Hilfsfunktion gesehen wird.

Es bleibt offen, ob diese übermäßige Rekrutierung von Spezialisten eine „Fordsche Produktion" zwangsläufig unmöglich macht. Unserer Ansicht nach ist der Bedarf an Spezialisten kein unüberwindbares Hindernis für eine ausgeprägte Produktionsorientierung. Als Gegenbeispiel möchten wir die Computerindustrie nennen, bei der Massenproduktion und die Innovationspotentiale von Spezialisten immer wieder zueinander finden. Wir sehen es deshalb eher als Herausforderung an das Management, für geeignete Organisationsstrukturen in der Pharmaindustrie zu sorgen, die eine ähnlich erfolgreiche Zusammenarbeit ermöglichen wie in der Computerindustrie.

Regulatorische Anforderungen

Ein weiterer Unterschied liegt in den regulatorischen Anforderungen.

Zunächst haben die Lebensmittel- und Waschmittelindustrie ähnlich große ethische Probleme bei Qualitätsmängeln ihrer Produkte wie die Pharmaindustrie.

Beispiel Qualitätsdiskussionen:

Hier seien nur die Diskussion über BSE-gefährdete Rindfleischprodukte und die Diskussion über Moschusöle in Haarpflegemitteln genannt. Daher gibt es auch für diese Industriezweige klare regulatorische Anforderungen, die wenn auch in etwas geringerer Ausprägung aber dennoch sehr ähnlich wie in der Pharma-industrie zu vorgeschriebenen Qualitätskontrollen und zu einer Auszeichnungs-pflicht auf den Verpackungen führen. Alle Inhaltsstoffe und Hilfsstoffe werden in-zwischen in der Kosmetik- und Waschmittelindustrie völlig analog zur Pharma-industrie in Pharmakopeia-Qualitäten eingesetzt. Neue Roh- bzw. Hilfsstoffe haben nur dann ein Chance, in ein Waschmittel- oder ein Kosmetikprodukt zu gelangen, wenn eine Beschreibung im Arzneibuch vorliegt.

Ebenfalls ähnlich wie die Pharmaindustrie müssen sich diese Industrien regelmäßigen Behördenaudits und Kontrollen der Produktion unterziehen. Ebenso scheint das Konzept von Major Changes im Zyklus nach mehrjähriger Produktion und Minor Changes von Produktionszyklus zu Produktionszyklus in den unterschiedlichen Industrien sehr stark ver-gleichbar zu sein.

Es gibt jedoch auch klare Unterschiede aus regulatorischer Sicht. Zum einen sind die Spezifikationen für den aktiven Wirkstoff z. B. in der Waschmittelindustrie häufig breiter als in der Pharmaindustrie. Daraus folgt ein erheblicher Unterschied beim Prüfaufwand in der Analytik. In der Lebensmittel- und Waschmittelindustrie werden zudem geringfügige Verunreinigungen nicht vollständig aufgeklärt. Sofern man annehmen kann, daß es sich um natürlichen Verschleiß an Maschinen o. ä. handelt, der dem Produkt und dem Kunden nicht schadet, wird das Produkt nur zu ca. 99,5% charakterisiert in den Verkauf gebracht.

Ein solches Vorgehen ist in der Pharmaindustrie nicht zulässig. Auch wenn hier keine detaillierten Informationen zur Verfügung stehen, darf davon ausgegangen werden, daß in der Pharmaindustrie derzeit sehr häufig an den Grenzen der analytischen Machbarkeit gearbeitet wird, was den Kosten- und Zeitaufwand enorm erhöht, wohingegen in den Chemiebranchen offenbar technisch sinnvolle Spezifikationen festgelegt werden, die daher auch mit vertretbarem Prüfaufwand geprüft werden können.

Ein weiterer wesentlicher Unterschied besteht in der Tatsache, daß ein neues Produkt nicht vor der Markteinführung durch die Behörden zugelassen werden muß. Der damit verbun-dene Aufwand in der Pharmaindustrie führt zu einem sehr starren Produkt-Portfolio, wo-hingegen in den Packungen der Waschmittelhersteller jedes Jahr ein anderes Produkt stek-ken kann, obwohl die Packung „seit 100 Jahren bewährt ..." ausweist.

Der Wechsel des Produktionsstandortes (site change) ist aufgrund des enormen regulatori-schen Aufwandes nur schwer möglich: Regulatorische Anforderungen machen vernetzte Produktionssysteme analog dem Produktionsverbund der BASF nahezu unmöglich. Als Alternative wird stattdessen versucht, mit Hilfe von Software-Simulationen den möglichst optimalen Standort für die Herstellung eines Produktes zu finden (z. B. Boehringer Ingelheim mit Simulationssoftware der Firma Wassermann [siehe auch *www.wasser-mann.de*]). Dies führt zu zwei kuriosen Effekten, nämlich daß

- die Chemie- und Pharmafertigungsstandorte an völlig unterschiedlichen Punkten in der Welt sein können und
- die Abstimmungsprobleme um so größer werden, je stärker das Produktwachstum über den Erwartungen liegt.

Fertigungstiefe

Der vierte deutliche Unterschied zwischen den betrachteten Branchen wird durch die Fertigungstiefe charakterisiert. Bei Lebensmitteln ist schon von Natur aus klar, daß sich die Unternehmen im wesentlichen auf den Formulierungsprozeß beschränken und damit eine geringe Fertigungstiefe vorliegt. Ein Wursthersteller wird in der Regel keine Viehherden besitzen und ein Schokoladenhersteller keine Kakao-Plantagen (von Spezialisten abgesehen, die gerade diese vertikale Integration als ihre Kernkompetenz gewählt haben und dafür bewußt auf Produktbreite verzichten, z.B. „Hohes C" von Eckes). Eine vertikale Integration z.B. in die Produktion hat sich aber letztlich in vielen Fällen als Selbstüberschätzung oder Selbsttäuschung herausgestellt und wird heute in der Regel als Geschäftsmodell nicht mehr verfolgt [*Karlöf* 1991].

Bei den Waschmittelunternehmen ist eine geringe Fertigungstiefe nicht völlig selbstverständlich. Sowohl Henkel als auch Unilever haben im Waschmittel-Bereich in den letzten Jahren auch Innovationen bei waschaktiven Substanzen hervorgebracht. Solche Innovationen sind für diese Branche ähnlich wichtig wie die Wirkstoffe der Pharmaindustrie und völlig selbstverständlich auch durch Patente geschützt, da Neuheiten am Markt immer auch Vorteile gegenüber Mitbewerbern bedeuten. Beide genannten Unternehmen betreiben folglich auch eine eigene Chemieproduktion. Dennoch haben in beiden Unternehmen die Chemieproduktionen nicht annähernd den gleichen Stellenwert wie in der Pharmaindustrie. Eine deutlich niedrigere Fertigungstiefe ist die eine Folge, die klare Frage nach den Kosten einer solchen Produktion und die viel deutlichere „make or buy"-Fragestellung ist eine weitere Folge. In letzter Konsequenz kann dies auch eine Ausgliederung der Chemieproduktion in eigenständige Unternehmen bedeuten, wie es von Henkel mit der Tochterfirma Cognis durchgeführt wurde.

Unabhängig von der Fertigungstiefe gibt es sowohl in der Lebensmittel- und Waschmittelindustrie als auch in der Pharmaindustrie eine direkte Kombination von Herstellungs- und Verpackungsprozeß. Dies ist in allen diesen Branchen notwendig, um einerseits die Auflagen an die Kennzeichnung und Etikettierung der Produkte unmittelbar zu erfüllen und andererseits deren Frische und Qualität garantieren zu können.

Verschmelzen von Wirkstoffproduktion und pharmazeutischer Produktion

In der Pharmabranche gibt es zunehmend Hinweise darauf, daß Wirkstoffproduktion und pharmazeutische Endfertigung stärker ineinander übergehen. Folgende Prozesse fördern eine beginnende Verschmelzung:

Regulatorisch geschieht dies durch Forderungen, die Endstufe der klassischen chemischen Wirkstoffsynthese den gleichen räumlichen Bedingungen zu unterwerfen, die auch für die pharmazeutische Endfertigung gelten. Deshalb werden für die Abfüllung von Wirkstoffen in der Wirkstoffproduktion Reinraumkonzepte etabliert.

Erstmalig werden auch Forderungen nach ready-to-use-Eigenschaften der Wirkstoffe laut. Dies kann auf verschiedenen Feldern gelingen, entweder durch Kristallisationen, die eine Mikronisierung erübrigen, durch Variationen bei der Sprühtrocknung oder durch die Übernahme von Granulierungstechnologien durch den Wirkstoffhersteller.

Auch organisatorisch bietet sich eine solche Verschmelzung in einer anderen Supply Chain-Organisation an, in der die Überwachung der Qualität beim Wirkstofflieferanten vor Ort erfolgt.

Wir sind deshalb der Überzeugung, daß die bisherige Abgrenzung an Trennschärfe deutlich verlieren wird.

Beispiel Biotechnologie:
Dieser Verschmelzungsprozeß ist weitestgehend in der biotechnologischen Produktion verwirklicht. Hier sind Drug Substance und Drug Product z. B. in Form eines Lyophilisats eins. Zudem läuft der Prozeß in vielen Fällen unter einem Dach.

Fazit:
Aus dem Vergleich ergeben sich eine Reihe von Maßnahmen, deren Umsetzung die Pharmaindustrie ähnlich effizient machen sollte wie die Chemieindustrie:
1. Eine stärkere Einheit zwischen Produktion und Entwicklung.
2. Die Schaffung eines Umfeldes, welches die regulatorischen Aufwendungen minimiert.
3. Die deutliche Reduzierung der Fertigungstiefe durch ein geeignetes Produktionskonzept.
4. Personelle Anpassungen in Richtung eines stärkeren Personalmixes.

4.4.3 Distribution

Nach den detaillierten Betrachtungen der Produktion verschiedener Branchen wenden wir uns nun dem letzten Baustein der Supply Chain zu, der Distribution.

Letztlich steht künftig die Entscheidung an, ob die Distribution direkt oder indirekt erfolgen sollte. Dabei erscheint zunächst die direkte Belieferung als die kostengünstigere Variante, da eine indirekte Belieferung immer bedeutet, daß auch ein Zwischenhändler daran verdienen will und einen Preisaufschlag machen muß.

Im Idealfall ist dann aber ein möglichst direkter Vertrieb auch mit einem effizienten Fertigungsprinzip verknüpft.

Beispiel Automobilindustrie

Für den Kunden bestehen zwei Möglichkeiten für den Kauf eines neuen Autos. Als erstes hat er die Möglichkeit, ein Standardfahrzeug vom Lager zu erwerben. Aus Sicht der Versorgungskette ist dieses Lager-Fahrzeug ein „potentieller Verschrottungsbestand", wenn der Hersteller keinen Käufer findet. Für den Hersteller und den Kunden gleichermaßen ist somit die zweite Variante vorzuziehen, daß der Kunde ein Fahrzeug nach seinen Wünschen direkt beim Hersteller ordert. Dieses Fahrzeug wird zumindest theoretisch speziell für den Kunden gefertigt. Die Herstellung eines Automobils dauert ca. 50 Arbeitsstunden, wobei die genaue Zahl, die auch vom Produkt selbst abhängt, nicht bedeutsam ist. Die Lieferzeit für ein speziell nach den Wünschen des Kunden gefertigtes Auto dauert durchschnittlich ca. 3 Monate. Bei einigen Modellen kann sie auch deutlich darüber liegen. Innerhalb der Automobilindustrie findet also zwar eine Fertigung auf Bestellung statt, die Lieferzeiten sind aber aus Kundensicht momentan noch völlig inakzeptabel.

Beispiel Computerindustrie

Die erfolgreichsten Vertreter der Computerindustrie bieten ihre Produktpalette zumindest teilweise auch über einen Direktvertrieb an. Dabei gibt es zwei Arten von Anbietern:

- die Anbieter für relativ hoch standardisierte Produkte und

- die Anbieter für die Lösung komplexer Herausforderungen.

Der erfolgreichste Vertreter der ersten Gruppe ist Dell, der der zweiten Gruppe IBM. Beide Anbieter arbeiten nach dem oben beschriebenen Muster. Es scheint uns wichtig festzuhalten, daß beide Marktführer PCs nicht mehr im klassischen Einzelhandel vertreiben, sondern nur noch im Direktvertrieb oder über Vertriebspartner, die aus Herstellersicht Großhändler sind. Der Kunde entscheidet nun, ob er ein stärker standardisiertes Produkt oder eine Problemlösung erwerben will und wird in beiden Fällen via Internet oder Telefon Kontakt mit dem potentiellen Lieferanten aufnehmen. Zur Vereinfachung wollen wir hier davon ausgehen, daß ein Standard-PC für ein PC-Netzwerk benötigt wird. In diesem Fall wird unser Kunde z. B. bei Dell anrufen und dort mit einem Vertriebsmitarbeiter direkt am Telefon seine Wunschkonfiguration zusammenstellen. Der Vertriebsmitarbeiter gibt die Wünsche des Kunden direkt in ein EDV-System ein, das die Produktion steuert. Erfolgt der Auftrag bereits in diesem ersten Telefonkontakt, wird der Produktionsauftrag damit gestartet. Der Kunde erfährt am Telefon, wann sein Rechner hergestellt wird und wann die Auslieferung erfolgt. Der Produktionspartner (z. B. Flextronics) verfügt über eine große Zahl von Produktionsstätten weltweit und kann somit nicht nur die Herstellung, sondern auch die relativ kurze Lieferzeit ermöglichen. Unter Umständen kann der Kunde bereits eine Woche später mit seinem neuen PC arbeiten.

Die extreme Marktorientierung wirft die zusätzliche Frage auf, was passiert, wenn eine Woche lang niemand bei Dell anruft oder plötzlich doppelt so viele Leute pro Tag anrufen und einen PC anfordern?

Wenn eine Woche lang niemand anruft, müssen die Partner in der Supply Chain die Produktion einstellen, da alle Aufträge abgearbeitet sind. Sie müssen in diesem Fall Werke schließen und Mitarbeiter entlassen. Diesem Problem versuchen die Produktionspartner in der Supply Chain zu begegnen, indem sie in ihren sehr flexiblen modularen Fabriken PCs für mehrere Hersteller und z. T. auch andere Produkte der Consumer-Elektronik-Industrie (z. B. Handys) herstellen. Die Anlagen selbst müssen für diesen Weg sehr hoch standardisiert sein. Zu Beginn einer Rezession findet dennoch genau das oben beschriebene Szenario statt. Es werden Fabriken geschlossen und Mitarbeiter entlassen, um das Gesamtsystem überlebensfähig zu halten. Bei ansteigender Konjunktur können diese Fabriken wieder eröffnet werden und den Markt schnell wieder beliefern.

Im umgekehrten Fall (doppelt so viele Kunden rufen an) wird der Produktionspartner zunächst Reserven nutzen, bei konstant hohem Bedarf jedoch relativ schnell weitere der hochstandardisierten Produktionslinien in Betrieb nehmen und den Ausstoß an dem benötigten Produkt schnell erhöhen. Die effiziente Supply Chain ermöglicht somit zu dem Zeitpunkt, an dem das Produkt stark nachgefragt wird, diesen Bedarf schnell zu decken.

Dieses Geschäftsmodell wird von Dell bereits außerordentlich erfolgreich umgesetzt. Mehr als die Hälfte seiner Rechner verkauft Dell bereits über das Internet. Allein durch geringere Ausgaben für Marketing, Auftragsbearbeitung und Lagerhaltung spart die Firma jährlich Milliarden. Zudem läuft das Unternehmen auch nie Gefahr, auf unverkäuflichen Geräten sitzen zu bleiben.

Die Konsequenzen des Onlineverkaufs insgesamt sind sehr weitreichend. Viele Experten sprechen bereits davon, daß die Digitalisierung die Produktionswelt so gründlich verändern wird wie einst die Einführung des Fließbandes dies getan hat. Bisher suchte sich das Angebot seine Nachfrage. Künftig paßt es sich im Extremfall bis zur kleinsten Schraube der Nachfrage an. Michael Mollenhauer, Vice President der Unternehmensberatung A. T. Kearny, beschrieb den sich vollziehenden Wandel folgendermaßen: „Das Zusammenrücken von Produktion und Konsum bringt so enorme ökonomische und soziale Vorteile, daß Historiker eines Tages von einer neuen Ära in der Entwicklung des Geschäftslebens sprechen werden."

Gelockt von diesen Aussichten nutzen bereits auch Firmen aus anderen Branchen die Möglichkeiten für die elektronische Abbildung ihrer Geschäftsprozesse sehr intensiv.

Beispiel Siemens:

Der Siemens-Geschäftsbereich Automatisierungs- und Antriebstechnik vertreibt bereits 80 000 seiner 100 000 Produkte online. Massenware wie Schalter und speicherprogrammierbare Steuerungen werden weiterhin auf Vorrat gefertigt; hochspezifizierte Produkte wie der Industrie-PC dagegen maßgeschneidert nach Wunsch des Kunden. Unter einer exklusiven Bestellnummer sind Rabatte, Kundennummer und Lieferadresse hinterlegt. Der Käufer erfährt umgehend Preis und Liefertermin. Die ganze Auftragsbearbeitung, die früher Tage in Anspruch nahm, dauert nur noch Minuten. Durch diese transparenten Abläufe konnten in dem Siemens-Geschäftsbereich die Bestände um 25% verringert werden. Auch die Kunden nehmen dieses Onlineangebot sehr gut an. So zählte der Siemens-Geschäftsbereich Anfang 2001 sechs Millionen Kunden im Monat.

Die Digitalisierung der Produktion erstreckt sich aber nicht nur auf den Vertrieb. Auch bei der Entwicklung neuer Produkte werden die Fertigungsspezialisten ebenso wie der Einkauf, Zulieferer und Fabrikplaner sofort mit einbezogen. Die Vernetzung erlaubt ein paralleles Vorgehen und dadurch kann laut Hans Josef Haepp, Produktionsplaner bei Mercedes-Benz, die Zeit von der Produktbeschreibung bis zum Serienstart um bis zu 40% verkürzt werden [Dürand, Kroker 2001].

Insgesamt läßt sich festhalten, daß bei Dell bereits ein erfolgreiches Modell zur Distribution verwirklicht wurde. In Bezug auf die Bedürfnisse des Pharmakunden sind die Lieferzeiten aber immer noch zu lang.

Beispiel Waschmittelindustrie:

Aus Kundensicht sind Wasch- und Lebensmittel „einfach da". In unseren Supermärkten kann sich ein Kunde nicht vorstellen, daß das Waschmittel, das er kaufen will, nicht verfügbar ist. Für die genannten Industrien bestehen somit aus

Supply Chain-Sicht zwei Varianten. Die Flexibilisierung der Produktion oder das Anlegen von Sicherheitsbeständen. Die genannten Industrien verfügen selbstverständlich über Sicherheitsbestände. Für einen Experten aus der Beratungsbranche mögen diese Bestände immer noch viel zu hoch sein. Viel wichtiger scheint aus unserer Sicht, daß die genannten Industrien ihre Produktionsplanung auf einen sehr kurzen Zeithorizont eingestellt haben. Die Umstellung von Produktionen auf standardisierten Anlagen erfolgt in wenigen Wochen. Die Lagerbestände müssen daher auch nur für den Zeitraum reichen, der zur Erfüllung der kurzfristigen Kundenerwartung notwendig ist.

Bei der Herstellung von Massenprodukten hat die Chemieindustrie offenbar das Dilemma Kosten versus Kundenwünsche zugunsten der Kosten entschieden. Bei dedicated Equipment in großtechnischen Anlagen besteht keinerlei Flexibilität mehr. Bei neueren Entwicklungen wie z. B. der Polymer-Division von Bayer hat die Chemieindustrie sich dieses Themas erneut angenommen. Durch Investition in Anlagen wird Flexibilität geschaffen. Für den Kunden bedeutet dies, daß er sein Produkt an seine Wünsche angepaßt relativ kurzfristig erhält. Aus Sicht von Bayer wird ein Split vorgenommen. Der Teil des Prozesses, der den Kunden nicht betrifft, wird kostengünstig in einer unflexiblen Anlage gefertigt. Für den Bereich des Kundeninteresses steht spezielles Equipment bereit, das vor allem auf Flexibilität ausgerichtet ist.

Distribution in der Pharmaindustrie

Entgegen der Ausrichtung in allen anderen hier diskutierten Industrien ist die Distribution in der deutschen Pharmaindustrie aufgrund gesetzlicher Bestimmungen (Verschreibungspflicht, AMG: Abgabe durch Apotheken) in den überwiegenden Fällen nicht direkt möglich. Diskussionen aus dem Bundesgesundheitsministerium (Deutschland) zum Jahreswechsel 2001/2002 machen jedoch deutlich, daß die noch gültigen gesetzlichen Limitationen zur Disposition stehen, wenn deutliche Einsparpotentiale locken. So ist im Zusammenhang mit den Beitragssteigerungen der Krankenkassen auch mehrfach die Option zum Versand von Arzneimitteln genannt worden.

Beispiel:

Einen vielversprechenden Zugang liefert die gemeinschaftliche Lösung von 7 großen Lieferanten für Krankenhauseinkäufe und -logistik, die sich unter dem Namen Vamedis in die Welt der Internet-basierten und effizienzverbesserten Vertriebsstrukturen vorwagt. Mit einem Marktvolumen von annähernd 1–1,5 Mrd. Euro, das etwa 30% des Krankenhausbedarfs in Deutschland abdeckt, bieten die Gründungsunternehmen beste Voraussetzungen. Denn im Gegensatz zu vielen technologiegetriebenen Start ups beschreiten hier etablierte Marktteilnehmer mit guter Kenntnis der Systeme und mit bestehenden Kundenbeziehungen neue Wege. Die Basisannahme ist, daß 10% der europäischen Krankenhäuser einem solchen innovativen Konzept sich anschließen werden.

Doch dieses wird erst der Beginn einer viel stärker an den Kunden orientierten Vertriebsstruktur sein. Und mit dem Patienten als Kunden ist der Siegeszug des Direktvertriebes auch in Deutschland nicht mehr aufzuhalten.

Beispiel Internet-Apotheke:

In Deutschland ist der Streit um den Internet-Handel mit Arzneimitteln voll entbrannt. Noch im Mai war ein Eilantrag des Deutschen Apothekerverbandes zu Lasten der niederländischen Internet-Apotheke DocMorris ausgegangen. Doch im Hauptsacheverfahren wurde im August dann der Europäische Gerichtshof angerufen [FAZ 11.8.2001]. Dies zeigt die Unsicherheit der Richter, ob das deutsche Versandhandelsverbot dauerhaft zu halten ist. Inzwischen hat auch die deutsche Gesundheitsministerin Ulla Schmidt erste Vorstöße zur politischen Unterstützung des Internet-Anbieters unternommen, da sie darin eine Möglichkeit sieht, die Krankenkassen zu entlasten. Und im Bundesland Niedersachsen akzeptieren seit kurzem neun Betriebskrankenkassen die Abrechnungen der Internet-Apotheke DocMorris [FAZ 8.12.2001].

Zusätzliche Komplexität erfährt der Vertrieb von verschreibungspflichtigen Arzneimitteln dadurch, daß die wesentliche Steuerung der Absatzmengen über den Arzt erfolgt. Da bei verschreibungspflichtigen Arzneien zumindest in Europa kaum direkte Werbung stattfindet, ist zumindest bisher der Einfluß des Patienten begrenzt. In Kapitel 3 haben wir erläutert, daß hier erhebliche Veränderungen zu erwarten sind. Der eigentliche Vertriebsweg läuft jedoch über einen anderen Vertriebspartner, nämlich die Apotheken. Ähnlich wie bei Wasch- und Lebensmitteln kann sich der Kunde nicht vorstellen, daß das von ihm benötigte Produkt nicht verfügbar ist. Der Kunde geht in die Apotheke und erwartet Bestand. Die Apotheken selbst sind z.T. unabhängige Einzelhändler oder in anderen Ländern Verkaufsketten. In jedem Fall finden sich hinter den Apotheken nachgelagert in allen Ländern Medikamentengroßhändler. Wie groß der logistische Aufwand gerade bei den Großhändlern ist, zeigt das Beispiel USA. Dort werden heute mehr als 250 000 Bestellungen mit über 10 Millionen Einzelposten von den pharmazeutischen Großhandelsorganisationen mit einer Genauigkeit von über 99% bearbeitet und am nächsten Tag an mehr als 125 000 lokale Versorger wie Apotheken und Krankenhäuser ausgeliefert. Dabei entstehen Verwaltungskosten von nur etwa 0,3 US-Dollar pro Bestellung, was nur durch die enorme Bündelung der Bestellungen und der Logistikaufwendungen möglich ist [*Julian, Millar* 2001].

Auch der Großkunde bestellt beim pharmazeutischen Hersteller und erwartet sofortige Lieferung.

Da eine internationale Distribution nicht mit einer Aufmachung möglich ist, haben auf der anderen Seite des „Vertriebskanals" die Pharmaunternehmen nationale Vertriebsorganisationen.

Bisher ist es aus den angeführten Gründen in der Pharmaindustrie in keinem Fall gelungen, die Produktion so flexibel zu gestalten, daß direkte Distribution in Kombination mit einer Fertigung auf Bestellung gelungen ist. Analog zur Waschmittelindustrie gibt es somit zwangsläufig auf jeder Stufe Lagerbestände. Die Pharmaunternehmen haben in unterschiedlichen Stufen unternehmenseigene Fertiglager, Bulk-Lager und Lager für diverse Stufen von Halbfertigprodukten. Jede der Stufen versucht mit minimalen aber sicheren Lagerbeständen zu arbeiten.

Es ist nachvollziehbar, daß im Gegensatz zur Waschmittelindustrie sich die Lagerbestände nicht auf Wochen, sondern in aller Regel auf ein Jahr und mehr belaufen. Diese Lagerbestände sind aber analog zur Automobilindustrie „potentieller Verschrottungsbestand".

Wie labil solche Systeme sind, ist im Rahmen intensiver Untersuchungen mit simulierten Biervertriebsorganisationen (Bierverteiler-Spiel) am Massachusetts Institute of Technology (MIT) mit Hunderten von Studenten nachgewiesen worden [*Senge* 1996].

Beim sogenannten Bierverteilerspiel werden drei Rollen verteilt. Die Rolle eines Einzelhändlers mit einem breiten Sortiment, die Rolle eines Biergroßhändlers und die eines Bierherstellers. Für den Einzelhändler bleibt der Absatz aller Produkte außer dem eines Bieres konstant. Der Verkauf der einen Biermarke wird in der 2. Runde um 100% erhöht. Die Bestellung wird aber erst mit einer Verzögerungszeit beim Hersteller zu einer Erhöhung der Produktion führen. In der Zwischenzeit erhöhen Einzelhändler und Großhändler jeweils ihre Bestellmengen, so daß die Bestellungen bald den tatsächlichen Bedarf dramatisch übersteigen. In den meisten Fällen führt dieses Spiel zum Konkurs aller drei Mitspieler.

In einem völlig neuen Ansatz, bei dem die Produktion als Gesamtheit optimiert wird, muß auch dieses komplexe System der Vertriebssteuerung angegangen werden. Die Lösung kann jedoch nicht einfach in der Reduzierung von Anzahl und Mengen von Lagern bestehen, sondern muß in einem qualifizierten Eingriff in den Produktionsprozeß unter Einsatz moderner Informationstechnologien aufgebaut werden.

Fazit:
- Es erscheint unumgänglich, daß auch in der Pharmaindustrie der Vertrieb direkter wird.
- Die gezielte Anpassung des technischen Produktionsprozesses an die besonderen Bedürfnisse des Produktes durch Simulationsrechnungen, chemische Optimierung und technische Speziallösungen senkt Herstellungskosten und bringt die Produktion näher an den Kunden heran.
- Es wird nicht nur ein Produkt, sondern eine umfassende Lösung zu einer Anforderung des Marktes verkauft. Die Wünsche des Kunden werden individueller bearbeitet.

4.5 Vernetzung von Supply Chains

Durch Internet-Technologien ist zu erwarten, daß der Kunde den direkten Zugang zu den „Stellschrauben" im Prozeß erhält und somit die gewünschten Eigenschaften eines Produktes mit seiner Bestellung direkt verändert. Dies stellt neue Anforderungen an das „agile Unternehmen", wie es jetzt genannt wird [*Poesche* 2000]. Ein „agiles Unternehmen" muß über vier Kernkompetenzen verfügen. Neben agilen Produktionstechnologien und -maschinen sind dies agile EDV- und Produktionssteuerungssysteme, die ein internes Wissensmanagement bezüglich der anlageninternen Produktionsprozesse und ihren Einfluß auf die Produkteigenschaften ebenso ermöglichen müssen, wie ein externes Wissensmanagement bezüglich der Rohstoffe, die ebenfalls Einfluß auf die Produkteigenschaften haben können.

In der chemischen Industrie gibt es analog zur Pharmaindustrie die Diskussion, daß bei innovativen Produkten die Kosten der Herstellung des Produktes als Wettbewerbsfaktor oft unberücksichtigt bleiben [*Poesche* 2000 (und dort zitierte Arbeiten)]. Daher wird an Konzepten zur Vernetzung mit dem Markt gearbeitet, die das Ziel haben, über eine bessere Kenntnis des Marktes eine bessere Optimierung der Produktion zu erreichen [*Poesche* 2000]. Am Beispiel des Polymer-Bereichs der Bayer AG kann dieser aktuelle Trend in der chemischen Industrie weg vom reinen Produzenten hin zum „Solution Provider" verdeutlicht werden. Bayer ist in vielen Bereichen der Polymerherstellung Marktführer. Dennoch hat man festgestellt, daß zwischen den Bedürfnissen der Kunden und den Produkten von Bayer oftmals eine Lücke besteht. Um diese Lücke zu schließen, wird bei Bayer konsequent auf eine e-Business-Plattform gesetzt, die eine bessere Vernetzung zum Markt hin ermöglichen soll. Im Hause selbst soll dann die Supply Chain zum Kunden geschlossen und konsequent gemanagt werden. Zur Realisierung der letzten beiden Punkte hat Bayer im Jahr 2001 ca. 1,4 Milliarden Euro in Anlagen investiert [*Process* 2001].

Besonders spannend wird dieser Ansatz immer dann, wenn die Hersteller an der Schnittstelle zum Markt die Produktdifferenzierung zur Anpassung an die Bedüfnisse des Kunden nicht mehr vollständig selbst vornimmt. Bei stark wechselndem Bedarf und bei Nischenprodukten werden z. B. verstärkt Mitarbeiter von Zeitarbeitsfirmen eingesetzt. Es ist aber auch teilweise der Fall, daß Mitarbeiter anderer Unternehmen einen Teil der Dienstleistungen für das ursprünglich beauftragte Unternehmen erbringen. Dies ist in bestimmten Branchen bereits übliche Praxis: Niemand würde innerhalb eines strategischen Rahmenvertrages bezüglich der IT-Services die Vororttätigkeit eines Mitarbeiters eines Hardwareoder Software-Lieferanten kritisieren, der dort für eine schnelle Umsetzung von Anforderungen sorgt.

Eine dichtere Vernetzung innerhalb der Supply Chain ist somit in der Pharmaindustrie ganz selbstverständlich, nur dann nicht, wenn das eigentliche Kerngeschäft betroffen ist. Dabei würden sich gerade hier interessante Perspektiven ergeben, wenn man an die Individualisierung von Verpackung und Vertrieb denkt. Andererseits besteht auch die Möglichkeit, bei nicht kundenrelevanten Produktmerkmalen durch Economics of Scale Kosten zu sparen.

In der Pharmaindustrie selbst hat in den letzten Jahren über zunehmende gegenseitige Qualifizierung und Kundenaudits ein Trend eingesetzt, der zur Verringerung der Fertigungstiefe und zur Verkürzung der Supply Chain bei gleichzeitiger Vernetzung führt. Dieser Trend wird sich fortsetzen. Dies ist aus Kostengründen und damit letztlich zum Wohle der Kunden auch wünschenswert. Die Zunahme der Komplexität in einem extrem trägen System muß allerdings auch kritisch hinterfragt werden.

Fazit:
Verkürzt lassen sich aus der Chemieindustrie für die Pharmaindustrie der Zukunft folgende Punkte ableiten:

- e-Business-Plattformen ermöglichen nicht nur einen engen Kontakt zum Kunden. Kundenwünsche können dadurch schneller erfaßt und der Kunde umfassend über die Produkte und die Bearbeitung seiner Bestellung informiert werden.

- e-Business ermöglicht zusätzlich die Vernetzung von Supply Chains mehrerer Unternehmen. Es besteht damit die Chance zur besseren Anpassung an die Bedürfnisse des Kunden und zur Kostensenkung.

4.6 Kernbotschaften aus den Erfahrungen anderer Branchen

Im folgenden sind die Kernbotschaften des Kapitels 4 nochmals zusammenfassend dargestellt.

Erste Botschaft: Die Spezialisierung von Teileinheiten führt zur Verbesserung der Wettbewerbssituation des Gesamtsystems

Erläuterung: In der Entwicklung der Computerindustrie haben wir eine interessante Beobachtung gemacht. Die Computerindustrie hat sich weitgehend gespalten in Experten für den „Wirkstoff" (Prozessor) und in Endgerätehersteller (PC-Hersteller). In diesem Fall finden wir auf der einen Seite bei der Prozessorherstellung massive Standardisierung und Kostenreduzierung und auf der anderen Seite bei den PC-Herstellern eine extreme Anpassung an die Bedürfnisse des Kunden. Beide zusammen im Verbund liefern das Produkt. Dieser Verbund hat zu einer enorm erhöhten Wettbewerbsfähigkeit geführt und kann damit als Modell für die Pharmaindustrie dienen.

Zweite Botschaft: Eine höhere Standardisierung verbessert die Wettbewerbsfähigkeit

Erläuterung: Sowohl in der Computer- als auch in der Automobilindustrie hat die Standardisierung von Herstellprozessen, Bauelementen und Equipment zu enormen Produktivitätsfortschritten geführt. Oftmals wurde eine höhere Standardisierung von Arbeitsprozessen und Herstellgeräten erst durch externe Zwänge schrittweise erzwungen. Branchen, die diesen Prozeß durch aktive Gestaltung vorangetrieben haben, erzielten größere Produktivitätsfortschritte als andere Industrien.

Dritte Botschaft: Der Aufbau der Organisation entscheidet über die Wettbewerbsfähigkeit

Erläuterung: In den verwandten Industrien (Chemie und Waschmittel) haben wir Strukturen und Prozesse gesehen, die in einem wettbewerbsintensivem Umfeld sehr kurze „time to market"-Zeiten ermöglichen. Das „Geheimnis" dieser sehr kurzen Innovationszyklen ist einerseits in sehr einfachen Strukturen und Prozessen und andererseits in sehr direkten Kontakten von der Forschung bis zur Marktversorgung zu finden. Beides unterstützt sich zudem gegenseitig.

Vierte Botschaft: e-Technologies erfordern eine gemanagte Supply Chain

Erläuterung: In allen Industrien sehen wir im Zusammenhang mit e-Business-Technologien die Notwendigkeit zur Ausbildung von klar organisierten und gut gesteuerten Supply Chains, da nur so die Erwartungen der Kunden erfüllt werden können.

Fünfte Botschaft: Bedarfsanpassungen müssen schnell umsetzbar sein

Erläuterung: Die einmal dem Kunden gegebene Zusage, ein Produkt termin- und bedarfsgerecht zu liefern, sollte unbedingt eingehalten werden. Ein neues Konzept muß daher auch die Möglichkeit zur flexiblen Kapazitätsanpassung unter Einhaltung aller Randbedingungen der Regulatorik und Kosten erlauben.

Sechste Botschaft: Ein Reengineering der Produktionsprozesse und Technologien kann die Wettbewerbsfähigkeit deutlich verändern

Erläuterung: Die Produktionsdauer und damit die Verweilzeit des Produktes in der Supply Chain ist in den betrachteten Industrien extrem unterschiedlich. Von 500 Tagen in der Pharmaindustrie über 100 Tage in der Automobilindustrie bis zu wenigen Tagen in der Computerindustrie. Sie hängt in hohem Maße von den zugrundeliegenden Technologien und Prozessen ab. Es stellt sich die Frage, inwieweit durch ein Reengineering der Produktionsabläufe die Durchlaufzeiten verbessert werden können und damit erst die Voraussetzungen für eine leistungsfähige Supply Chain erhalten werden.

Siebte Botschaft: Für Automatisierung und Investitionen müssen die notwendigen Kapitaleinsätze erbracht werden

Erläuterung: Die Automobilindustrie investiert Geld in flexible Automation und auch die klassische Chemie bringt enorme Summen für Anlagen auf, um den Ansprüchen der Kunden schnell Folge leisten zu können.

5 Bilanz für die Pharmaindustrie

5.1 Trends in Schlagworten

Wir haben ausführlich in Kapitel 2 und 3 über die Entwicklungen und Trends im Umfeld der Pharmabranche berichtet. Schlagwortartig sollen diese hier nochmals aufgeführt werden:

1. Die Zielrichtung für zukünftige Veränderungen wird aufgrund unserer Beobachtungen einerseits in
   - der Nutzung der „Economics of Scale" und andererseits
   - in der Bildung von kleineren unternehmerischen Einheiten liegen.

2. Die Erwartungen der Kunden an
   - Funktionalität, Qualität und Zuverlässigkeit einerseits und

   die Erwartungen der Investoren an
   - Gewinn und Wertsteigerung der Unternehmen andererseits

   werden steigen.

3. In einer globalisierten Welt muß ein Gewinn immer gegen die Konkurrenz von Billiglohnländern erreicht werden.

4. Im Rahmen der internationalen Zusammenarbeit der Behörden steigen die regulatorischen Anforderungen auf ein globales Maximum und werden immer stärker überwacht.

5. Die Gesundheitspolitik wird stärker als bisher die Kosten-Nutzen-Frage stellen und damit den Preisdruck erhöhen.

6. Steigende Kosten zwingen wiederum zur weltweiten Präsenz, damit die Märkte umfassender genutzt werden können. Allerdings gibt es dabei auch kostentreibende Aspekte wie z.B. eine größere Zahl länderspezifischer Produktvarianten.

Wir haben dann in Kapitel 4 versucht, die Stärken anderer Industrien zu analysieren. Ein wesentliches Fazit aus der Betrachtung anderer Branchen war, daß die Stärke im Supply Chain-Management in allen Branchen ein wichtiges Element der erfolgreichen Unternehmen ist. Dabei verfügen die erfolgreichsten einer Branche offenbar über die niedrigste Fertigungstiefe und die stärkste Segmentierung. Bei der Betrachtung verschiedener Industrien haben wir

- das Beschreiten neuer Wege zu einer abgestimmteren Beschaffung – insbesondere durch die Integration der Lieferanten in die eigenen Prozeßabläufe – feststellen können,
- das Verschmelzen von Produktionstechnologien und Informationstechnologien zur Ausbildung einer durchgängigen Supply Chain gesehen und
- einen stärker werdenden Trend zur direkten Distribution registrieren können. Dies wird ebenfalls durch die modernen Informationstechnologien unterstützt.

Für uns war es überraschend festzustellen, daß auch andere Autoren [z. B. *Pisano* 1997] ähnliche Beobachtungen zu den künftigen Herausforderungen der Pharmaindustrie machen. Trotzdem hat bisher kein uns bekannter Autor das System von Entwicklung und Produktion in der Pharmaindustrie in Frage gestellt. Es ist daher an dieser Stelle notwendig zu erklären, warum wir den Zeitpunkt für eine Neuausrichtung der Pharma Supply Chain gekommen sehen. Später müssen wir die Frage beantworten, was diejenigen erreichen können, die sich den Herausforderungen stellen bzw. mit welchen Auswirkungen jene rechnen müssen, die den notwendigen Veränderungsprozeß unterlassen oder zu spät einleiten.

Konzentrationsprozesse in der Pharmabranche

Die Antwort auf die erste Frage, warum jetzt der Zeitpunkt gekommen ist, hat mit dem typisch mittelständigen Charakter der Pharmaindustrie noch vor zehn Jahren zu tun. Damals war den Autokonzernen bereits klar, daß nur überleben wird, wer im Jahr 2000 über eine globale Struktur verfügen würde. Zu diesem Zeitpunkt hatten die größten Pharmakonzerne der Welt eine Größe, die gemessen an den größten Autokonzernen bei 10 % des Umsatzes und der Mitarbeiterzahl lag. Alle waren quasi Nischenanbieter und betrachteten sich mehr oder weniger wohlwollend in ihren Nischen. Erst in der zweiten Hälfte des letzten Jahrzehntes sind durch „Mergers and Acquisitions" aus einigen Pharmaunternehmen Weltkonzerne geworden. Erst jetzt, nachdem die meisten Schwachen gekauft sind, stellt sich für die neu entstandenen Konzerne mit ihrer globalen Präsenz die Frage nach globalen Konzepten für die gesamte Supply Chain.

5.2 Zukünftige Erfolgsfaktoren

Ziehen wir eine erste Bilanz aus den Trends, so lassen sich im wesentlichen zwei Faktoren benennen, die zukünftig einen wesentlichen Anteil an einer Optimierung der Pharma Supply Chain haben werden. Die Faktoren sind:

- Verbesserung der Kostenstruktur und Flexibilität der Supply Chain
- Klare Kundenorientierung in allen kundennahen Bereichen

Im folgenden wollen wir beide Faktoren näher erläutern. Die Abbildung 5.1 zeigt die Grundstruktur der Supply Chain.

Verbesserung der Kostenstruktur und Flexibilität der Supply Chain

Wir haben erwähnt, daß die forschenden Pharmaunternehmen bei steigenden F & E-Kosten und gleichzeitig weniger innovativen Produkten in eine Zwickmühle geraten sind. Deshalb nimmt in der Pharmaindustrie der Kostendruck zu. Diesem Kostendruck versuchen auch jetzt schon alle Pharmaunternehmen durch Verbesserungen entlang der gesamten Prozeßkette zu begegnen. In den meisten Fällen greifen die Pharmaunternehmen dabei auf altbekannte Ansätze zurück. So versuchen sie z. B. durch Optimierung der vorhandenen Batchprozesse dem Kostendruck zu begegnen. Typische Beispiele dafür sind die Optimierung von Abfüllungen [*Mühlenkamp* 2001] oder die Automatisierung von Analysenverfahren. Das Problem der Pharmaindustrie scheint zu sein, daß sie aufgrund der starken Innovationsorientierung nur geringe Kompetenz in der Produktionskostenoptimierung auf-

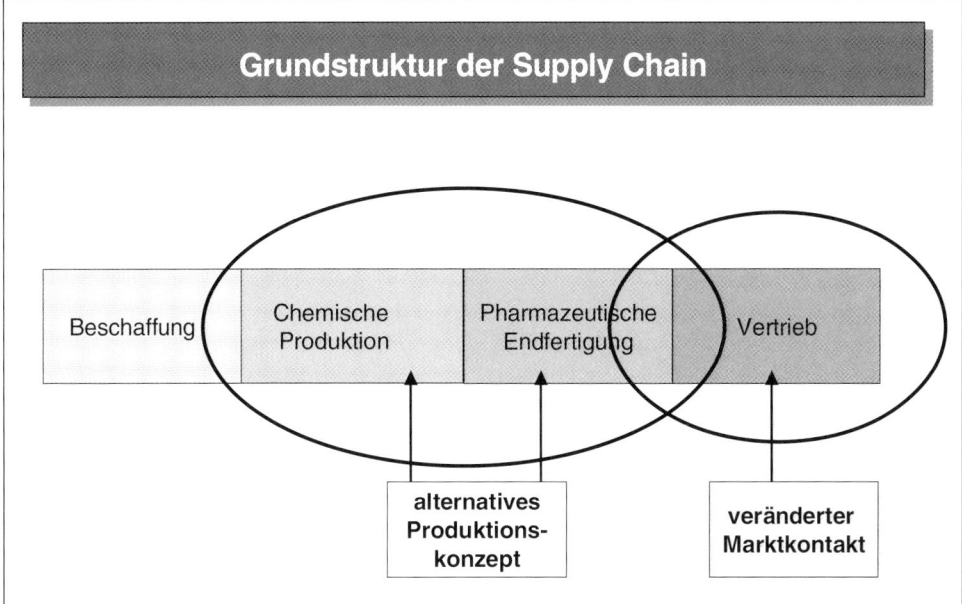

Abbildung 5.1 Die Grundstruktur der neuen Supply Chain mit den beiden Erfolgsfaktoren und ihrer Zuordnung im Prozeß.

weist und bisher in der Geschichte keine radikalen Veränderungen erlebt hat. Eine besonders gute Chance wird mittel- und langfristig daher für die forschenden Pharmaunternehmen darin bestehen, die Marktführerschaft bei allen Kernprozessen zu erringen. Dabei erscheint es wenig relevant, ob man die Kostenführerschaft in einzelnen Bereichen im Unternehmen oder im Verbund mit Supply Chain-Partnern erreicht.

Beispiel:

Wie drastisch schon heute die Potentiale im Bereich Kosten sein können, hat die kleine Pharmafirma Rhein Biotech in den letzten Jahren vorgeführt. Rhein Biotech verkauft neben eigenen Produkten auch sein Nachahmer-Präparat Hepatitis-B-Vaccine. Der Preis beträgt nur ein Sechzigstel (1/60!) dessen, was die Firmen Aventis und GlaxoSmithKline fordern. Rhein Biotech macht offenbar damit immer noch gute Gewinne [Manager Magazin 2001]. Auch wenn Rhein Biotech hierfür eine andere Technologie nutzt, wie sie von uns vorgeschlagen wird, so hat dieses Start up-Unternehmen sehr eindrucksvoll vorgeführt, daß keineswegs nur die Innovation auf der Seite der Wirkstoffindung zum Erfolg eines Pharmaunternehmens beiträgt.

Nach dem Ablauf des Patents besteht im wesentlichen der Unterschied in den Kosten der Supply Chain. Eigentlich sollte das vom Patentablauf bedrohte Pharmaunternehmen sich aufgrund des Know-hows bei Entwicklung und Produktion in einer sehr guten Ausgangssituation befinden.

Und während diese Unternehmen in der Forschung immer wieder die Frage stellen, was man braucht, um eine Herausforderung bewältigen zu können, so wird in der Produktion und auch in der Entwicklung oft nicht entsprechend gehandelt. Dort richtet sich der Blick allzu oft nur auf das, was zur Verfügung steht, um die Herausforderung bewältigen zu können. In anderen Industrien ist dieser Dogmenwechsel zu einer bewußteren Einstellung zur Produktion als Wettbewerbsfaktor bereits vollzogen worden.

Dabei wird deren Fokus nach dem bereits Ausgeführten ganz entscheidend auf einer verbesserten Kostenstruktur liegen. Auch der Verweis auf die besondere Komplexität des Fertigungsprozesses wirkt nicht länger überzeugend. In vielen Fällen haben die Hersteller anderer Produkte mit anderen Komplexitäten zu tun. Die Autohersteller z. B. müssen die Autos heute in einer Unzahl von Varianten produzieren. Und selbst bei der Polymerproduktion wird der Hersteller künftig mit ständig wechselnden Anforderungen an z. B. physikalische Eigenschaften des Produktes operieren müssen. In der Pharmaindustrie hat man eine sehr komplexe Synthese, dafür aber ein sehr stark standardisiertes Produkt. In allen Fällen möchte der Kunde der Zukunft sein Produkt sehr schnell geliefert bekommen. Doch ein Bestandssystem, wie es derzeit noch in der Pharmaindustrie zu finden ist, oder sogar ein weiterer Ausbau der Lagerhaltung wird dann durch den zunehmenden Preiskampf nicht mehr rentabel sein.

Eine tragfähige Perspektive für die Pharmaindustrie besteht deshalb darin, eine kostengünstige Produktion mit beherrschbarer Komplexität zu erreichen. Diese muß darüber hinaus auch eine flexible Anpassung an den jeweiligen Marktbedarf leisten können. Dies wird jedoch ohne einen Wandel in der Einstellung zur Produktion nicht möglich sein. Die Zeit für den Wechsel ist deshalb gekommen.

Klare Kundenorientierung in allen kundennahen Bereichen

Der Kunde wird in Zukunft einen besseren Service voraussetzen. Er erwartet künftig, daß er entweder direkt beim Arzt Hilfe erhält oder die Arznei zu ihm direkt geliefert wird.

Aus Sicht der Supply Chain bedeutet dies, daß nicht mehr wie bisher Krankenhäuser oder der Pharmagroßhandel als Kunde der Pharmaindustrie gesehen werden können, sondern der einzelne Patient wird für die Pharmaindustrie und somit für jedes einzelne Unternehmen wichtig. Die Patienten sind auch künftig durch die Fortentwicklung der Informationsgesellschaft besser informiert und werden das, was technisch möglich ist, auch einfordern.

Zusätzlich interessant wird der Vergleich mit der Automobilindustrie aus unserem Blickwinkel, da es sich beim Automobil ähnlich wie beim Pharmaprodukt um ein sehr emotionales Produkt handelt. Die persönliche Betroffenheit z. B. bei Versagen des Produktes ist als sehr hoch einzuschätzen. Auch wenn die Automobilindustrie und die Pharmaindustrie von unterschiedlichen Positionen ausgehen, so ist doch das mittelfristige Ziel für beide Industrien gleich. Es muß ein persönliches oder gar individuelles Produkt für den jeweiligen Kunden hergestellt werden, das dennoch bezahlbar bleibt. Auf dem Weg dahin scheint die Automobilindustrie aber einen erheblichen Vorsprung gegenüber der Pharmaindustrie zu haben.

5.3 Sondersituation Pharmaindustrie?

Spätestens an dieser Stelle wird in Diskussionen mit Managern aus klassischen Pharmaunternehmen häufig auf die Einzigartigkeit der Prozesse in der Pharmaindustrie hingewiesen.

Trotz aller Unterschiede stellt man aber fest, daß in vielen der unterschiedlichen Industrien die gleichen Basis-Tools benötigt werden, die grundsätzlich auch allen gleichzeitig zur Verfügung stehen. Wir möchten daher zunächst mit zwei einfachen Argumenten die generelle Gültigkeit der von uns oben extrahierten Beobachtungen andeuten:

- Die Vernetzung mit Lieferanten und Markt findet immer durch Internet-Technologien statt. Die Anforderungen und der Nutzen dieser Technologien ist in allen Industrien gleich (z. B. Internet-Auktionen für Rohstoffe, Methanolkauf von ...).

- Auch die langfristige Kundenbindung durch zusätzlichen Service, die Pflege von Marken in globalen Märkten bei gleichzeitig möglichst niedrigen Kosten wird für alle Branchen immer wichtiger.

Anhand dieser Aussagen sieht man, daß die Pharmaindustrie sich nicht in einer speziellen Situation befindet, sondern lediglich spät, aber doch unübersehbar von einem generellen Wandel erfaßt wird. Wir sehen daher den Zeitpunkt gekommen, diesen Wandel aktiver zu gestalten. Im nächsten Schritt sind die Bausteine, die sich für den Aufbau eines neuartigen Gesamtbildes der Pharma Supply Chain eines Pharmaunternehmens verwenden lassen, näher zu beschreiben. Wir sehen dabei die Notwendigkeit, uns auf diejenigen Punkte zu konzentrieren, durch deren Berücksichtigung in einem Modell für eine „neue" Pharmaindustrie sich deutliche wirtschaftliche Vorteile erreichen lassen.

Vision

Wenn ich dieses Unternehmen heute mit meinem jetzigen Wissen und beim gegenwärtigen Stand der Technik neu gründen müßte, wie würde es dann aussehen?
M. Hammer, J. Champy

6 Ein Blueprint für ein Pharmaunternehmen der Zukunft

6.1 Einführung in das Gesamtbild

Im letzten Abschnitt haben wir versucht, eine Bilanz für die Pharmaindustrie zu ziehen. Dies dient auch dazu, nochmals die Bedeutung einer effizienten Supply Chain zu unterstreichen. Es ist eine Erkenntnis, die inzwischen immer stärker von Unternehmensberatern aufgegriffen und über deren Publikationen verbreitet wird [*Kudlek, Wolf, Rochel* 2001]. Auch aus diesem Grunde beginnen viele Pharmaunternehmen mit ersten Schritten zur Optimierung ihrer Supply Chain. Leider zielt die Optimierung der Einzelprozesse wie Produktion, Analytik, Distribution usw. oftmals nur auf eine schnelle Kostenersparnis und erreicht dann vielfach nicht die gewünschte Nachhaltigkeit. Denn immer wieder ist festzustellen, daß Supply Chain-Ansätze, die nicht auf die Neudefinition der internen Prozesse ausgerichtet sind, nur kurze Verschnaufpausen erzeugen. In vielen Fällen erscheint angesichts der Erfahrungen aus anderen Branchen deshalb der Sprung als zu kurz. Es ist nun an der Zeit, die vorhandenen Systeme in einem Gesamtbild zusammenzuführen, um das Modell eines neuartigen Pharmaunternehmens zu entwerfen. Dazu ist im Wesentlichen die Betrachtung von Gesamtprozessen notwendig. Es sollen einerseits die Kommunikations- und Schnittstellenaspekte betrachtet werden, die typischerweise als Supply Chain-Optimierung bezeichnet werden. Darüber hinaus sollen jedoch die internen Strukturen und Abläufe von Grund auf neu gestaltet werden, um die Optimierung an den Schnittstellen des Unternehmens zu Markt und Lieferanten erst effizient zu machen.

Bei unserem Ansatz möchten wir uns von der Art von Vorgehensweise inspirieren lassen, die zum Erfolg des Fax-Gerätes geführt hat. Die Erfindung des Fax-Gerätes hat nämlich zweimal stattgefunden. Beim ersten Mal ist ein Gerät erfunden worden, das Kopien über hunderte von Kilometern machen konnte. Dieses Gerät zum Preis von 500 US-Dollar ist im Museum gelandet.

Erst als Panasonic die Frage stellte, ob Kunden bereit wären, für ein Gerät zu bezahlen, das die Kopie eines Briefs in weniger als einer Minute irgendwo auf der Welt erzeugen kann und dabei eine niedrigere Gebühr erfordert als der herkömmliche Transport durch die Post, begann der Siegeszug des Fax-Gerätes.

Wie beim Fax-Gerät wollen wir ebenfalls nicht eine neue Technologie erfinden, sondern bereits erfundenen (und eventuell im Museum befindlichen) Technologien zur Anwendung verhelfen, indem wir alte Dinge neu betrachten.

Unseren Gedanken wird dabei ein ganzheitlicher Ansatz zu Grunde liegen (Abbildung 6.1, S. 76):

- Bildung einer Einheit aus Entwicklung, Produktion und Vertrieb
- Bessere Fokussierung auf den Kunden

Lange Zeit standen wir mit einem solchen Konzept scheinbar im Gegensatz zum Branchentrend in der Pharmaindustrie und in verwandten Branchen. Aus Äußerungen von Topmanagern z. B. der Chemiebranchen ist allerdings zu erkennen, daß dort zunehmend ähnlich gedacht wird [z. B. *FAZ 19.06.2001*].

Am Ausgangspunkt unserer Betrachtungen sei daran erinnert, daß Produkte nach Analysen von Unternehmensberatern üblicherweise zu ca. 98% der Zeit in der Supply Chain ruhen [*Wassermann* 2001]. Es liegt deshalb auf der Hand, zur Steigerung der Effizienz der Supply Chain zunächst diese Liegezeiten in Angriff zu nehmen. Eine sinnvolle Anpassung der Supply Chain bedeutet aber nicht nur, diese Zeiten deutlich zu reduzieren, sondern die einzelnen Schritte auch besser auf die Bedürfnisse der internen und externen Kunden zuzuschneiden. Üblicherweise werden dabei bis heute vorrangig die Schnittstellen und Transferprozesse optimiert, aber nicht die eigentlichen Prozesse in Frage gestellt. Wir wollen über diesen Schritt hinaus gehen und zusätzlich den Bereich innerhalb der einzelnen Verantwortungsbereiche ansehen. Unser Ziel ist es, alle Liegezeiten zu betrachten. Dies ist dringend geboten, da in der Pharmaindustrie die Liegezeiten in den einzelnen Bereichen aufgrund der sehr komplexen Herstellungsvorgänge und der sehr hohen regulatorischen Anforderungen extrem hoch sind. Deshalb ergibt sich hier ein zusätzliches Potential, das nicht unerschlossen bleiben darf. In unserem Ansatz sollen dabei die „learned lessons" aus den vorangegangen Kapiteln eingearbeitet werden. Dies bedeutet:

1. Wir werden den Gedanken einer deutlichen Reduktion der Komplexität sowohl bei Vorgängen in der Entwicklung wie auch bei der Marktversorgung von Arzneimitteln aufgreifen

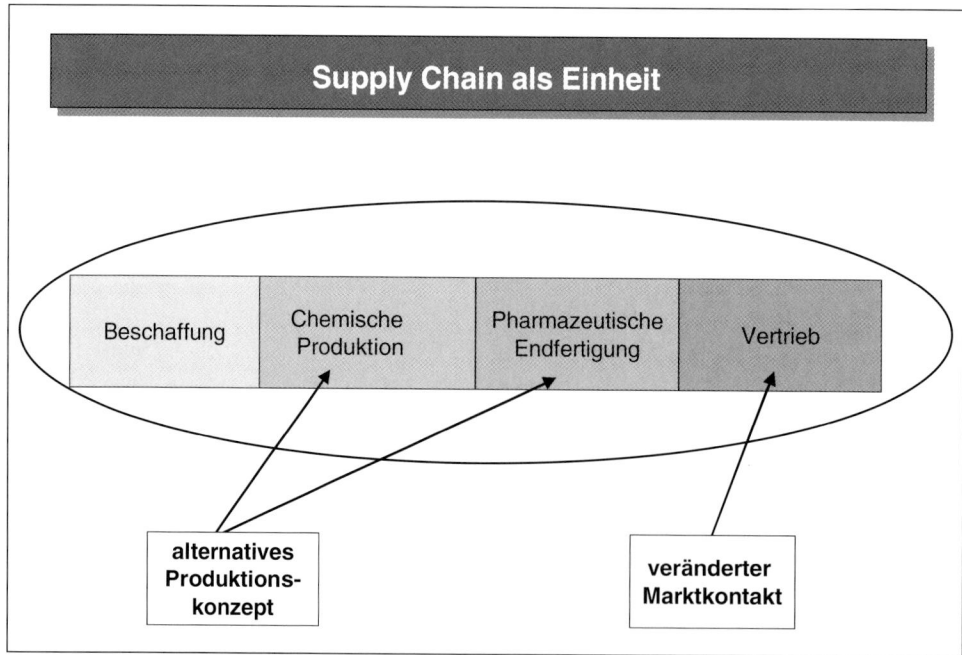

Abbildung 6.1 Die Grundstruktur der neuen Supply Chain.

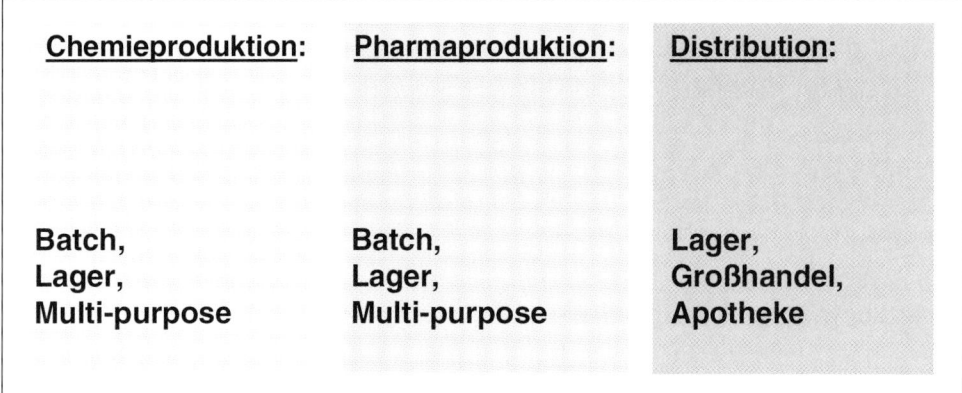

Chemieproduktion:	**Pharmaproduktion:**	**Distribution:**
Batch, Lager, Multi-purpose	Batch, Lager, Multi-purpose	Lager, Großhandel, Apotheke

Abbildung 6.2 Die Supply Chain der Pharmaindustrie und ihre Charakteristika heute.

2. Wir folgen der natürlichen Historie eines Produktes, d. h. wir beginnen mit der Entwicklung, folgen den Anforderungen an die Produktion und enden bei einer modernen Versorgungskette. Dabei soll der Übergang von Entwicklung zur Produktion möglichst ökonomisch gestaltet werden.

3. Unser Gesamtbild soll sich auch durch ein hohes Maß an Flexibilität auszeichnen, so daß vorhandene Marktunsicherheiten sogar eher als Chance dieses Unternehmensmodells gesehen werden können. Zugleich soll es offen für zukünftige (Kunden-) Anforderungen und technologische Weiterentwicklungen sein.

4. In der Entwicklung sollen getrennte Verfahrensentwicklung und Substanzversorgung gegenüber integrierten Lösungen bevorzugt werden, wenn dadurch in der Versorgungskette eine deutliche Beschleunigung der Entwicklung und letztlich in der Produktion die Verkürzung von Distributions- und Beschaffungswegen erreicht werden kann. Wir werden die Ergebnisse anderer Industrien einfügen, sofern dies möglich ist, aber auch eigene Lösungsalternativen anbieten.

5. Wir werden eine Kostenbetrachtung bewußt an den Schluß dieser Überlegungen stellen, um der Gefahr einer Suboptimierung der Gesamtheit zu entgehen, die sich durch Teiloptimierungen von einzelnen Einheiten ergeben könnte.

Wir verbinden die geänderte Blickrichtung mit drei Hauptzielen, nämlich:

1. Der signifikanten Verbesserung von Kostenstruktur und Fertigungszeit in der Produktion.
2. Der Erzeugung von neuen Serviceleistungen zur langfristigen Kundenbindung.
3. Der deutlichen Verkürzung der Entwicklungszeiten durch Komplexitätsreduktion.

6.2 Neuer Fokus der Supply Chain

Wie muß man sich diese Bildung einer Einheit aus Entwicklung, Produktion und Vertrieb und der stärkeren Fokussierung auf den Kunden vorstellen? Hierbei sollen uns die folgenden Abbildungen unterstützen. Die Abbildung 6.2 gibt zunächst in einem vereinfachten Schema den bisherigen Status der Supply Chain wieder.

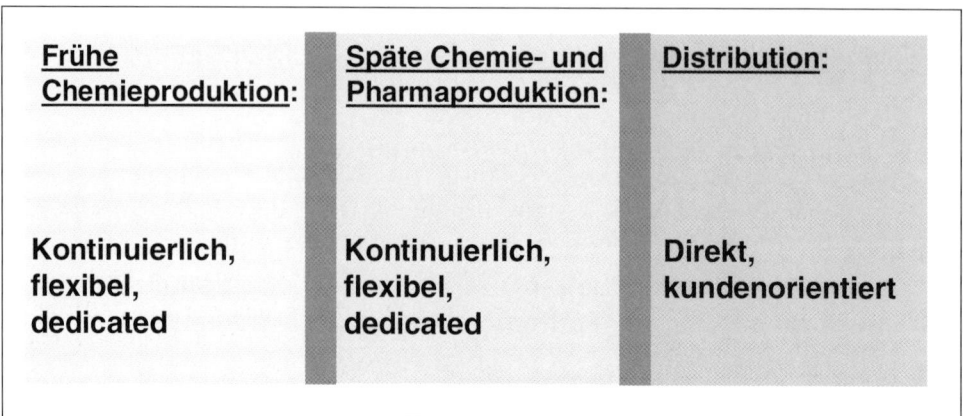

Frühe Chemieproduktion:	Späte Chemie- und Pharmaproduktion:	Distribution:
Kontinuierlich, flexibel, dedicated	Kontinuierlich, flexibel, dedicated	Direkt, kundenorientiert

Abbildung 6.3 Die Supply Chain der Pharmaindustrie in der Zukunft.

Es gibt drei wesentliche Teilbereiche, nämlich die Herstellung der Wirkstoffe, hier mit Chemieproduktion übertitelt, die Pharmaproduktion, in der aus Wirkstoffen Arzneimittel werden, und den Vertriebsbereich. Letzterer ist zwischen Pharmaunternehmen und Handelsorganisationen aufgeteilt. Zwar ist die Pharmaindustrie eine stark vertikal integrierte Industrie mit hoher Fertigungstiefe, jedoch operieren die wesentlichen Teilbereiche oftmals relativ eigenständig nebeneinander. Zum Beispiel verfügt jedes der Teilelemente der Fertigung über eigene Läger. Darüber hinaus sind unterschiedlichste Produkte in den Produktionsbereichen in aller Regel kapazitativ als Multi-purpose-Produktionen miteinander eng verzahnt.

Diese Konzepte der Pharmaproduktion entstammen, wie bereits erwähnt, einer Zeit, in der es einen Mangel an Pharmaproduktion gab und man durch möglichst vielfältig nutzbare Produktionsanlagen auf künftige Medikamente vorbereitet sein wollte. Die Kosten des Produktes waren durch den Patentschutz ohne Probleme in der Preiskalkulation abdeckbar. Der Kunde spielte so gut wie keine Rolle. Wettbewerb mit anderen Unternehmen fand in der Regel in der Forschung statt, bei der es darum ging, möglichst als erster neue Wirkstoffe aufzufinden. Nachdem die Anlagen in Chemieproduktion und Pharmaproduktion vorhanden waren, ging es hauptsächlich darum, diese möglichst kostengünstig auszulasten.

Die immer stärkere Kundenorientierung zwingt allerdings alle Industrien dazu, die Fertigungstiefe auf das für den Kunden gerade notwendige Maß zu reduzieren. Wir wollen deshalb das obige Bild im Sinne der Bildung einer Einheit dieser Teilbereiche modifizieren (Abbildung 6.3).

Die Versorgungskette der Pharmaindustrie der Zukunft sehen wir weiterhin dreiteilig, jedoch mit deutlich schwächer ausgeprägten Schnittstellen. Zum einen gelingt dies durch eine gemeinsame Ausrichtung von Chemieproduktion und Pharmaproduktion auf eine schnelle, aufeinander abgestimmte Produktion. Zum anderen verschmelzen die Interessen später Teilschritte der pharmazeutischen Produktion und der Distribution durch das gemeinsame Ziel einer klaren Kundenorientierung.

Dieser letzte Bereich wird nach unserem Modell analog zur Computerindustrie zum Kerngeschäft der Pharmaindustrie werden. Die Pharmaformulierung wird dann zum ersten

Supplier des Pharmaunternehmens, der Bereich der Chemieproduktion zum zweiten. Zumindest formal bleibt für die Supply Chain der Zukunft damit eine Teilung in drei Bereiche erhalten:

- die frühe Chemieproduktion,
- die regulatorisch relevanten Stufen der Chemieproduktion und die Pharmaformulierung,
- der kundenorientierte Bereich mit Marktkontakt (Drug Product Supplier/Health Care Supplier-Bereich), zuständig für Verpackung, Vertrieb und Service.

Für den von uns beschriebenen Prozeß ist es dabei unwichtig, ob sich die drei Bereiche in einer Organisation, z. B. unter dem Dach einer AG oder einer Holding befinden, oder ob es sich um drei tatsächlich getrennte Unternehmen handelt. Dies gilt insbesondere dann, wenn eine enge Abstimmung über integrierende IT-Systeme gewährleistet ist.

Bei einer Trennung in eigenständige Unternehmen würde sich sicherlich der bereits schon vorhandene Trend der Pharmaunternehmen zur gegenseitigen Lohnfertigung von Wirkstoffen und Lohnformulierung deutlich verstärken.

Die Trennung in unterschiedliche Unternehmen mit klarer Aufgabe und einer dementsprechenden Mission entspräche auch viel mehr den „Lean Production"-Konzepten der Automobilindustrie. Wenn man innerhalb der drei Unternehmen eine „just in time"-Vernetzung erreicht, erhält man eine Supply Chain, die auf den Kunden optimal ausgerichtet ist. Unter dem Gesichtspunkt der „just in time"-Vernetzung würde auch die Verbindung der drei Teilunternehmen der Prozeßkette mit anderen eventuellen Mitbewerbern möglich. So könnte jedes Unternehmen entsprechend dem eigenen optimalen Portfolio Wirkstoffe verkaufen und zukaufen, Formulierungen für andere Unternehmen in Lohnfertigung durchführen bzw. bei anderen durchführen lassen oder ganze Produkte ein- bzw. auslizensieren. Ein Nebeneffekt dieses Prozesses wäre auch, daß der Unterschied zwischen sogenannten Original-Präparateherstellern und den Generika-Herstellern bei Präparaten ohne Patentschutz weitgehend verschwände. Das spiegelt auch die Erwartungen der Pharmaindustrie selbst wider, die ja unabhängig von unterschiedlichen Detailperspektiven eine Zunahme des Kostendrucks erwartet [*Gutjahr* 2000].

In einem visionären Modell kann es für die Pharmaunternehmen sinnvoll sein, Produkte von Wettbewerbern in einer „Mehrpräparate-Box" zusammen mit eigenen Produkten zu vertreiben, wenn dies einen besseren Service für den Kunden darstellt. Besonders für Patienten mit Allergien, chronischen Krankheiten oder bei Langzeitanwendung von Arzneimitteln wie der oralen Kontrazeption kann sich für beide Seiten daraus ein Vorteil ergeben. Die Kunden profitieren in erster Linie von der Belieferung mit einer für sie persönlich zusammengestellten Box. Für das Unternehmen bedeutet ein auf diese Weise zufriedener Kunde eine feste Bindung an sein Produkt und damit einen Zuwachs an Planungssicherheit in einem ansonsten immer unsicherer werdenden Umfeld.

Die Veränderungen führen nach unserer Ansicht für den Wirkstoffherstell- und Formulierungsbereich und den Health Care-Bereich zu drastischen Veränderungen. Bei den Herstellungsbereichen sehen wir neben den Änderungen von Abläufen auch die Notwendigkeit zur Etablierung neuer Technologien.

Die drei Teilbereiche behalten in der Versorgungskette, wie im obigen Bild wiedergegeben, klar definierte Aufgaben. In der Produktion verschiebt sich jedoch der Fokus von der Batch-Produktion zu einer flexiblen, dann kontinuierlichen oder quasi-kontinuierlichen Produktion. Damit können erstmalig die Pendelausschläge zwischen einerseits hohen Bestandsmengen oder andererseits verspäteter Marktversorgung wirksam verhindert werden. In der Realität finden sich diese Ausschläge in

1. riesigen Lagermengen, in denen teilweise eine Jahresproduktion des Wirkstoffs als Sicherheitsreserve lagert, oder
2. in einer gedrosselten Pharmafertigung, bei der Vertriebsausweitungen (z.B. die Einführung des Produktes in einem neuen Land) nur verzögert möglich sind, um nicht in Lieferengpässe („out of stock") zu geraten.

Beide Varianten sind in der Pharmaindustrie offenbar tägliche Praxis, auch wenn dies offiziell so nicht bestätigt wird. In den Kapiteln 7 und 8 werden wir für die chemische bzw. für die pharmazeutische Entwicklung und Produktion ein konkretes Konzept vorstellen, mit dem sowohl die Entwicklung beschleunigt als auch eine flexible und kostengünstige Produktion ermöglicht wird.

Die letzten Teilschritte der pharmazeutischen Produktion sowie die Distribution werden auf der Basis dieses neuen Produktionskonzeptes die Voraussetzungen für einen völlig veränderten Marktkontakt liefern, bei dem im Idealfall erst nach Eingang der Bestellung produziert wird.

Bei der Erstellung unseres Konzeptes haben wir bewußt die Frage gestellt, inwieweit die technische Machbarkeit für eine solche grundsätzlich andere Vorgehensweise gegeben ist. Zusammenfassend läßt sich unser Geschäftsmodell in einem alternativen Ansatz formulieren, der auf der Basis bestehender Technologien einerseits ein neues Produktionskonzept liefert und andererseits den Marktkontakt eines sehr erfolgreichen Geschäftsmodells aus der Computerindustrie adaptiert.

6.3 Die Teilbereiche der Supply Chain

Die Bereiche bzw. „drei Unternehmen" der Pharma Supply Chain gilt es nun zunächst grob vorzustellen und dann im Verlauf der nächsten Kapitel zu präzisieren.

Die Chemieproduktion

In unserem Konzept entspricht die Funktion des Produzenten des Wirkstoffs der Aufgabe der Plattformtechnologie in der Automobilindustrie. Die Anforderungen an diesen Bereich sind daher ein Höchstmaß sowohl an Kosteneffizienz und wie auch an Fertigungsqualität sowie an Anpassungsgeschwindigkeit bei wechselndem Bedarf. Zudem soll der nachfolgende Schritt, die Pharmaformulierung, immer „just in time" frische Substanz geliefert bekommen.

Selbstverständlich wird bei steigendem Bedarf an Wirkstoffmengen eine gleichbleibende Qualität erwartet und geliefert. Jede Art von Kapazitätsanpassung soll außerdem zeitnah erfolgen.

Es muß das erklärte Ziel sein, eine Verdopplung der Kapazität in weniger als sechs Monaten zwischen dem Erteilen des Auftrages und der Produktion des ersten Produktbatches zu ermöglichen. In dieser Zeitvorstellung sind auch die Qualifizierung der Anlage und ein System-Eignungstest inbegriffen. Umgekehrt wird dann bei sinkendem Bedarf die Produktion schrittweise reduziert werden können, indem einzelne Anlagenlinien zunächst abschaltet und die freiwerdenden Anlagen gegebenenfalls für einen anderen Zweck verwendet werden.

Letztlich soll dieses alles bei erheblich kürzeren Durchlaufzeiten und unter weitgehender Vermeidung regulatorischer Hürden erreicht werden.

Aus unserer Sicht wird eine solche Art von Produktion sich mit Recht „schlank" nennen können.

In der Konsequenz ergibt sich aus all diesen Forderungen, daß das Pharmaunternehmen der Zukunft über hoch standardisiertes und auch „dedicated Equipment" verfügen muß. Für den Fall einer Produktionsausweitung folgt, daß die Multiplikation der Produktionsanlagen den bisherigen Scale up-Prozeß ersetzen wird. Ein wesentlicher Grund liegt darin, daß nur so eine konstante Qualität zu garantieren ist. Verzögerungen würden, wenn sie denn auftreten, eher durch technische Fehler als durch chemische oder regulatorische Probleme bedingt sein.

Durch diese neue Produktionssystematik wird z. B. die Herstellung von Wirkstoffen von zeitaufwendigen und kostentreibenden Bereitstellungsaktivitäten entlastet. So ist leicht vorstellbar, daß sich um ein solches Produktionswerk eine Anzahl von Zulieferern etablieren kann. Statt wie bisher selbst z. B. Extraktionslösungen bereitzustellen, fahren in regelmäßigen Abständen Tanklastzüge mit verschiedenen vorgefertigten Lösungen auf den Hof. Die Bestellung dazu erfolgt online, wenn in den Bereitstellungstanks ein bestimmtes Niveau unterschritten ist. Auch die Standard-Feststoffreagenzien werden separat verwogen und in Spezialbehältern geliefert, die einen schnellen Eintrag in die Produktionsanlagen erlauben. Den Anforderungen der cGMP-Regeln wird dabei durch einen Identitätscheck per NIR (Nah-Infrarot-Spektroskopie) und eine Gewichtskontrolle durch die Einfülleinrichtung entsprochen. Die Ansetzzeiten können so drastisch verkürzt werden.

In diesem Modell der flexiblen Produktion wird analog zu den aktuellen Entwicklungen in der Automobilindustrie ein ausgewogenes Zusammenwirken von Mensch und Maschine entscheidenden Einfluß haben.

Die Chemieproduktion im Unternehmen der Zukunft verhält sich damit wie ein RISC-Prozessor zum CISC-Prozessor. Vor allem Sun Microsystems hat mit seinen Erfolgen mit RISC-Prozessoren gezeigt, daß ein einfacherer Prozessor, der seinen Befehl sehr schnell abarbeitet und dafür die Ausführung dieses einfachen Befehlssatzes häufiger wiederholt, sehr viel effizienter arbeiten kann als ein sehr viel intelligenterer CISC-Prozessor (Intel), der dafür allerdings entsprechend langsamer ist. Die Erwartung ist, daß ein vereinfachter Ablauf öfter durchgeführt werden kann und das Gesamtsystem, obwohl in der Summe mehr Anlagen beteiligt sind, günstiger sein wird.

In diesem Zusammenhang wollen wir von einer modularen Pharmafabrik sprechen. Auch wenn dies zunächst schwer vorstellbar ist, erwarten wir bei den Kosten der Herstellung, daß die Kosten des Wirkstoffs in vielen Fällen sinken oder zumindest nicht höher sein werden. Insbesondere zur Zeit einer Übergabe von der Entwicklung an die Produktion Chemie erwarten wir einen besonders großen Anteil des Einsparpotentials. Dieser Bereich wird daher im späteren Teil des Buches entsprechend detailliert betrachtet (Kapitel 7).

Die Pharmaformulierung

Der Formulierer bzw. das Teilunternehmen mit der Kompetenz zur Formulierung soll uns in der Pharmawelt der Zukunft am ehesten an einen PC-Hersteller erinnern. Die Komponenten werden in kleinen Stückzahlen vom Bedarf weniger Tage bis zu einem Monat eingekauft und dann nach Anforderung des Marktes formuliert. Die typische Durchlaufzeit soll bei wenigen Tagen liegen. Auch dieses Unternehmen arbeitet nach dem Prinzip just in time-Fertigung mit dedicated Equipment. Hier soll aber im Gegensatz zum Chemieunternehmen redundantes Equipment vorhanden sein, da die Zeitachse für das Reagieren auf Marktveränderungen in völliger Analogie zu einem PC-Hersteller auch im Bereich von Tagen liegen soll. Damit ergibt sich auch automatisch, daß Pufferbestände in der „pseudo-kontinuierlichen" oder auch kontinuierlichen Supply Chain auf der Stufe des Wirkstoffs liegen. Dieser Formulierer erhält seine Aufträge vom Health Care Supplier.

Der Health Care Supplier-Bereich (Verpackung, Vertrieb und Service)

Wie auch immer der Markt der Zukunft aussehen wird: Wir sind sicher, daß das Pharmaunternehmen der Zukunft eine klare Schnittstelle zum Markt braucht. In anderen Unternehmen werden diese Bereiche inzwischen zum eigentlichen Kerngeschäft. Diverse Luxusgüterhersteller produzieren heute bereits nichts mehr selbst. Sie lassen fertigen und vertreiben und beschäftigen sich nur noch mit dem Design und der Vermarktung des Produktes. Für das Pharmaunternehmen der Zukunft ist dieser Bereich zumindest einer der Kernbereiche. Es ist davon auszugehen, daß es Unternehmen geben wird, die nur den Eingang der Bestellungen und die Zusammenstellung von Aufträgen für die Kunden als ihr Business betrachten. Diese Unternehmen erinnern uns damit am ehesten an Firmen wie Dell oder Nike. Mehrere Handy-Hersteller und einige Automobilhersteller entwickeln sich zu derartigen Unternehmen.

Die Aufgabe solcher Unternehmen bzw. Unternehmensteile besteht im wesentlichen darin, die Aufträge, die auf unterschiedlichen Wegen das Unternehmen erreichen können, weiterzureichen und für die Ausführung zu sorgen. Dieser Teil der neuen Pharmawelt ist auch für das Marken-Image verantwortlich. Dies wird künftig wichtiger werden, da wir davon ausgehen, daß Pharmaunternehmen künftig unter ähnlicher Kundenbeobachtung stehen werden wie heute z.B. Automobilunternehmen. Wir gehen davon aus, daß es bei allen Produkten, die nicht von staatlichen oder nach dem Solidarprinzip arbeitenden Organisationen bezahlt werden, erhebliche Preisunterschiede zwischen gleichwertigen Produkten geben wird.

Aus der Sicht des Health Care Suppliers ist der Formulierer sein erster Sublieferant und der Hersteller des Wirkstoffs der zweite Sublieferant. Diese Supply Chain ist aus der Sicht des Health Care Suppliers auch in Zukunft der wichtigste Teil, aber wie bereits mehrfach angedeutet nur einer unter mehreren Lieferanten. Für den Health Care Supplier besteht neben dem Produktmarketing die Aufgabe darin, die Informationen, die vom Markt kommen, möglichst schnell und unverfälscht an die anderen Teilnehmer der Supply Chain weiterzugeben. Zum Nutzen des Marktes wird dieser Teil der Versorgungskette versuchen, die Lagerzeiten der Zwischenstufen in der Supply Chain so kurz wie möglich zu halten. Dieses Ziel verfolgen alle Supply Chain-Konzepte. In unserem Konzept wollen wir dieses Ziel durch sehr flexible und schnelle Kettenglieder unterstützen. Zusätzlich zu den bestehenden Kettengliedern Wirkstoffproduktion und Formulierung werden durch unser Konzept weitere Kettenglieder entstehen, die in dem kontinuierlichen Produktionssystem von fertig bereiteten Lösungen bis zu halbfertigen Verpackungen Teile zuliefern, wie dies bisher nur in der Automobilindustrie mit Reifen, Autositzen oder ähnlichen möglich ist. Die Sicht der Welt des Health Care Supply-Unternehmens ist in Abbildung 6.4 dargestellt.

Die Steuerung dieses Unternehmens bzw. Unternehmensverbunds wird dann mit den vorhandenen Supply Chain-Management-Tools ermöglicht. Hier wollen wir auf vorhandene e-Business-Konzepte zurückgreifen, ohne im Detail darauf einzugehen.

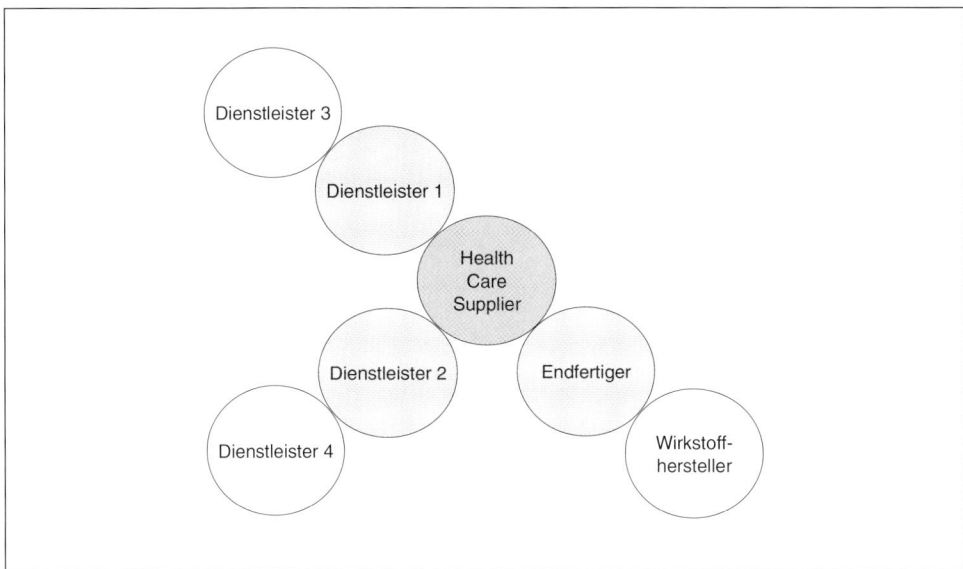

Abbildung 6.4. Die Pharmaindustrie der Zukunft aus Sicht des Health Care Suppliers.

Bereits hier sollte klar geworden sein, daß die Umsetzung einer solchen Vision weitreichende Veränderungen hervorrufen wird. Zunächst wäre davon in erheblichen Maße die Entwicklung und die Produktion betroffen. Später ist aber im gesamten Pharmaunternehmen mit signifikanten Veränderungen zu rechnen. Die Veränderungen werden sich zudem durch den Trend zur Globalisierung selbst verstärken, wodurch es sehr bald keine Nischen mehr geben wird. Für eine Industrie, in der viele Unternehmen sich daran gewöhnt haben, sich bei Schwierigkeiten einfach in eine profitablere Nische zurück zu ziehen, wird dies ein schmerzhafter Prozeß.

6.4 Der Marktkontakt

Drei Krankheiten, zwei Ärzte, sieben Medikamente, wer soll da noch durchblicken? Der Apotheker.

Dieser Werbespruch, der derzeit in einigen Apotheken aushängt, mag in der heutigen Situation noch „funktionieren". Dennoch ist er unseres Erachtens der Anfang des Kampfes um die Schnittstelle zum Markt. Die Apotheken sind dabei zwar in keiner schlechten Position. Allerdings ist das Problem, das der obigen Werbebotschaft zugrunde liegt, bereits heute alternativ technologisch lösbar und wir erwarten, daß die mündigen Kunden die Lösung dieses Problems einfordern werden. Das dazu benötigte Internet und die diversen e-Commerce-Aktivitäten haben inzwischen die Spielwiese verlassen. Unternehmen wie SAP und IBM haben das e-Business zu ihren Kernaktivitäten erklärt. Wir können also hier zweifellos davon ausgehen, daß die notwendigen Tools zur Verfügung stehen werden. Erste Experimente auf diesem Gebiet sind bereits (wie wohl kaum anders zu erwarten) in den

USA realisiert. Eli Lilly arbeitet mit einem direkten Zugang des Arztes zum Lager von Lilly und von vier Distributoren. Als zusätzlicher Service kann der Arzt über lillydirect mit seinen Patienten per e-mail Verabredungen und Medikamentenlieferungen vereinbaren [*lillydirect.com* 2001].

Wir haben bereits weiter oben erwähnt, daß wir mehrere Arten von Patienten unterscheiden wollen. Die folgenden drei Gruppen wollen wir hier diskutieren:

- den Gelegenheitskunden,
- den vorausschauenden Kunden und
- den chronisch Kranken.

Diese Kunden werden zwar unterschiedliche Anforderungen an die Prozeßkette stellen, es ist jedoch sicher, daß sich an der Schnittstelle zwischen Kunden und Markt deutliche Veränderungen hin zu höherem Kundennutzen einstellen müssen. Bevor wir uns auf die Ebene der technischen Machbarkeit begeben, möchten wir daher eine Vision aus Kundensicht näher beleuchten.

Bei den ersten Weltraumflügen wurden die gesündesten und jungen Kandidaten ausgewählt und durch jahrelange Fitnessprogramme geschickt, ehe der Flug ins Weltall begann. In den Jahren 2000 und 2001 haben ein amerikanischer Senator und ein Geschäftsmann, beide über 60, auf unterschiedlichen Wegen den Flug ins Weltall angetreten. Damit haben sich die Vorzeichen geändert. Nicht mehr nur wer fit ist, kann die Welt und ihre Grenzen erkunden, sondern die Technik sorgt dafür, daß dies auch der nicht ganz so „Junge, Gesunde, Beste" tun kann. Die Pharmaindustrie kann somit beim Marktkontakt nicht mehr davon ausgehen, daß der Kranke im Bett bleibt und sein Leiden erträgt. Vielmehr muß sie sich um die Bedürfnisse des Kunden kümmern, um ihm ein möglichst unbeschwertes Leben zu erlauben. Daraus ergibt sich eine neue Art Kundenservice.

Beispiel für den Kundenservice der Zukunft

Wie bereits erwähnt erwarten wir, daß das Pharmaunternehmen der Zukunft neben dem Medikament auch weitere Dienstleistungen anbieten muß. Dazu gehören neben der Beratung und Bereitstellung von Informationen auch die Beschaffung von Hilfsmitteln (das Spezialbett für den Bandscheibenvorfall ist bereits oben erwähnt) und die Zusammenstellung von unterschiedlichen Medikamenten zu einem „persönlichen Package".

Gehen wir davon aus, daß ein Gelegenheitskunde mit einer Grippe mit Fieber zum Arzt kommt. Heute wird der Arzt dem Kranken ein Rezept überreichen und den bereits gegen eine Virus-Infektion kämpfenden Patienten auf den Weg durch die bakterienverseuchte Umwelt zur Apotheke schicken.

Der gleiche Arzt wird künftig den Patienten nach der Nummer seines Handys fragen und ihn nach Hause schicken. Der Apothekenservice erhält den Auftrag des Arztes in elektronischer Form. Gegebenenfalls ermittelt der Dienstleister den Aufenthaltsort des Patienten anhand einer Handy-Ortung, wenn der Kunde dies wünscht. Zu dem Auftrag kann nun weit mehr gehören als nur die Auslieferung eines Rezeptes. Wenn der Arzt sich mit dem Patienten darauf verständigt hat, kann die Apotheke dem Kranken zusätzlich einen Kasten Mineralwasser mitbringen und, da unser Patient nicht über ein Fieberthermometer verfügt, am nächsten Tag zum Temperaturmessen vorbeikommen. Der Patient kann sich problemlos über einen Fingerabdruck oder ähnliches identifizieren. Wie der ADAC dies bereits heute tut, könnte der Arzt dem Patienten einen Service-Vertrag anbieten, der ihm bei der nächsten Grippe weitere Serviceleistungen und besseren Rundumschutz für eine geringe monatliche Gebühr bietet. Ein Werbegeschenk zum Einstieg in einen solchen Vertrag könnte man sich von den Herstellern von Diagnostika vorstellen, da zu Beginn ein gründlicher erster Check Up durchgeführt werden muß. Aus dem Gelegenheitskunden ist somit ein vorausschauender Kunde geworden.

Beim vorausschauenden Kunden und besonders beim chronisch Kranken wird die Perspektive für den Patienten sehr viel interessanter. Hier verfügen Arzt und Pharmaunternehmen über eine kontinuierlich wachsende Datenbank an Informationen. Diese elektronischen Tools werden immer leistungsfähiger. Unser Patient bekommt bisher immer nur sein Medikament auf Anforderung. In Zukunft wissen Arzt und Pharmaunternehmen, wann und, wenn der Kunde das will, per Handy-Ortung auch wo der Patient seine nächste Lieferung benötigt. Die Vorteile solcher langfristiger Beziehungen können aber erheblich weiter gehen. So muß man derzeit bei Dosierungen immer vorsichtshalber auf der „sicheren Seite" sein und dies bedeutet in aller Regel „vorsichtshalber" eine unnötig höhere Dosierung. Hier wird die Datenbank es dem Betreuungsteam aus Arzt und Pharmaunternehmen ermöglichen, immer möglichst nah an der Grenze der minimalen Belastung für den Patienten zu operieren. Dies ist ein erster Einstieg in eine individuelle Medizin. Zusätzliche Serviceleistungen lassen sich relativ einfach realisieren. Bei Patienten, deren Medikamentendosierung z. B. vom Klima abhängig ist, kann beispielsweise bei einer Urlaubsreise eine höhere Dosierung per Handy mitgeteilt werden. Da das Medikament unter dem Einfluß höherer Umgebungstemperaturen gegebenenfalls schneller verbraucht wird, wird automatisch nachgeliefert.

Für den Kunden ergeben sich verschiedene Optionen, von der zunehmenden Planungssicherheit des Herstellers zu profitieren.

Ein konkretes Beispiel für eine Verbesserung des Kundenkontaktes kann man sich bereits heute bei einer vertraglich festgelegten Langzeitanwendung von oralen Kontrazeptiva vorstellen.

Zur Aufbewahrung der Verpackungen kann man sich neben der heute üblichen Faltschachtel eine robuste und zudem optisch ansprechende Verpackung vorstellen, die der Kundin als Etui dient. Eine solche Verpackung wird heute in der Regel aus Kostengründen abgelehnt, da vielfach davon ausgegangen wird, daß ein solches Etui jeder Schachtel beigelegt werden müßte. Im Fall eines festen Vertrages mit einer Kundin könnte man jedoch einen solchen Bonus nur den vorausschauenden Kundinnen zukommen lassen und zudem nur bei realem Bedarf, in diesem Fall z. B. mit jeder 5. oder 6. Monatspackung.

Der Gelegenheitskunde wird wie auch ein Spätbucher bei einem Linienflug weiterhin den vollen Preis zahlen. Die anderen Kundengruppen, die dem Hersteller durch konstante Verträge Planungssicherheit geben, werden dafür einen Vorteil erhalten müssen. Dabei sind die bekannten Bonussysteme denkbar, die von besserem Service über Preisnachlässe bis hin zu speziellen Bonus-Packages wie einer passenden Körperpflege zur Therapie o. ä. gehen.

Für diesen Marktkontakt kann man sicherlich auch mit der derzeitigen Produktionstechnologie, einem aktuellen Logistik-System und der derzeitigen Lagerhaltung arbeiten. Sollte man dieses jedoch versuchen, dann entstünde für den Marketing-Manager eines solchen Pharmaunternehmens leicht der gleiche Eindruck, den ein Automobil-Manager vom Automobilmarkt hatte, als er sagte: „Am Markt herrscht Chaos". Dieses geschieht dann, wenn man einen sehr langsamen Produktionsschritt mit einem sehr flexiblen Marktauftritt verbindet. Wir sehen daher die Notwendigkeit und auch die Möglichkeit (!), die gesamte Kette aus Entwicklung, Produktion und Vertrieb auf das gleiche Niveau der Flexibilität zu heben.

In den folgenden Kapiteln wird diese Vision auf dem Gebiet der technischen Realisierung zunächst zu verfeinern sein. Dabei werden wir auf der Fachebene aufzeigen, daß schon heute die notwendigen Technologien zur Verfügung stehen, um einen solchen Ansatz zu realisieren.

Die durchzuführenden Maßnahmen bestehen in:

- einem Reengineering des Entwicklungsprozesses (unternehmensintern),
- einem Reengineering des Produktionsprozesses (intern) und
- der Erstellung einer neuen Supply Chain (Logistiknetzwerk intern und extern).

Für den Leser, für den der Beweis auf Basis der Fachdaten zur Neugestaltung der internen Prozesse zunächst nicht bedeutsam ist, bietet sich der direkte Sprung zu Kapitel 14 an. Dort werden wir ein Bild der Pharmaindustrie nach dem kompletten Prozeß aus Reengineering, Supply Chain-Optimierung und Neuausrichtung auf den Kunden aufzeigen.

Umsetzung

Planen ist probehandeln.   D. Dörner

Im folgenden Teil wollen wir zunächst schrittweise das neue Bild der Entwicklung und Fertigung eines Pharmaproduktes detailliert darstellen, bevor wir zum Vergleich zwischen alter und neuer Supply Chain kommen. Um die Darstellung verständlicher und nachvollziehbarer zu machen, werden wir zunächst an dieser Stelle ein fiktives Produkt einführen, das wir dann entwickeln wollen und schließlich produzieren und vertreiben werden. Unser Produkt soll dabei den Vergleich der bisherigen Multi-purpose-Prozesse mit den von uns verfolgten alternativen Prozeßketten einer modularen Produktion und der vorgelagerten Entwicklung veranschaulichen.

Manchem mag dabei der eine oder andere Aspekt dieser neuen Prozeßkette nicht unbekannt vorkommen. Wir verweisen deshalb ausdrücklich darauf, daß erst die Zusammenstellung zu einem Gesamtbild für Entwicklung und Produktion und ein Einbau in die Supply Chain den radikalen Wechsel ermöglichen. Das gilt insbesondere vor dem Hintergrund, daß zwar einzelne Probleme auch anders sinnvoll angegangen werden können, sich aber oftmals nicht in eine alternative Gesamtbetrachtung der Pharma Supply Chain im ganzen einpassen lassen.

Die Modellsubstanz soll über eine chemische Synthese erhalten werden. Die chemische Synthese stellt noch immer den typischen Weg zur Gewinnung von Wirkstoffen dar. Einerseits haben wir den Eindruck, daß sich dies nicht kurzfristig ändern wird. Andererseits würde z. B. eine biotechnologische Herstellung von Wirkstoffen noch viel stärker von unserem Konzept profitieren, da hier oft durch den Herstellprozeß das Verunreinigungsprofil und damit die Qualität der Wirksubstanz festgelegt wird. Ein Numbering up von Anlagen stellt hier teilweise den einzig realisierbaren Weg zur Marktzulassung des Wirkstoffs dar. Wir sind somit der Ansicht, den „Worst case" mit dem Beispiel der Chemieproduktion angenommen zu haben. Wenn unser Vorschlag somit für dieses Beispiel sinnvoll ist, wird eine Zunahme von z. B. biotechnologischen Produktionselementen unser Konzept nur weiter begünstigen.

Für unsere Modellsubstanz haben wir eine Reihe von Vereinfachungen vorgenommen.

1. Unser Wirkstoff wird in einer 10stufigen Synthese erhalten und soll zum Beginn der Betrachtung gerade von der Forschung an die Entwicklung übergeben worden sein. Die Forscher haben bisher nur ca. 25 g Substanz hergestellt. Bei jeder chemischen Stufe ist eine Ausbeute von 80% erhalten worden.

2. Alle hier durchgeführten chemischen Umsetzungen sollen nach anschließender Reinigung zu 100%iger Reinheit der jeweiligen Zwischenstufe bzw. des Endproduktes führen.

3. In der Entwicklung sollen ca. 100 kg Substanz benötigt werden, wobei die frühe Entwicklung zeitkritisch ist. In dieser Phase werden für Formulierungsversuche und die toxikologischen Untersuchungen insgesamt ca. 15 kg benötigt. Der spätere Marktbedarf soll mit ca. 500 kg Wirkstoff pro Jahr angenommen werden (geschätzter Marktbedarf für die ersten drei Jahre nach Markteinführung).

4. Die Ausbeute der einzelnen Stufen verbessert sich im Verlauf der Entwicklung mit jedem gleichartigen Ansatz der Entwicklung bis auf einen Maximalwert von 95% Ausbeute pro Stufe. Die Anfangssteigung der Lernkurve für die ersten fünf Wiederholungen sollen zu einer 2%igen Verbesserung der Ausbeute pro Wiederholung eines Schrittes führen. Die Verbesserung zwischen der 5. und 10. Wiederholung soll noch 1% betragen. Danach findet keine weitere Verbesserung

mehr statt. Bei jedem Scale up wird bei der erstmaligen Durchführung in neuem Equipment die Ausbeute um 10% schlechter. Danach setzt die übliche Lernkurve wieder ein.

5. Für den alten Prozeß stehen unterschiedliche Rührwerke üblicherweise in begrenzter Anzahl zur Verfügung. Beim neuen Prozeß werden Standardrührwerke in den Dimensionen 100, 250 und 1200 l in unbegrenzter Anzahl zur Verfügung gestellt.

6. Jede chemische Reaktion soll max. drei Tage dauern. Alle chemischen Reaktionen sollen in einer fünffachen Menge Lösemittel stattfinden.

7. Das Fertigprodukt entsteht aus der pharmazeutischen Formulierung als eine 10% wässrige Lösung unter Verwendung von zwei Hilfsstoffen. Die Formulierung soll in zwei Tagen erfolgen. Für die pharmazeutische Formulierung gilt analog, daß man bei jedem Wechsel des Equipments 10% der Ausbeute verliert. Als Anfangsausbeute soll hier 90% angenommen werden. Die Verbesserungen durch die Wiederholung betragen hier für die ersten fünf Wiederholung nur je 1% und ab dann je 0,5% für die nächsten fünf Wiederholungen.

8. Für die Reinigung der chemischen und pharmazeutischen Anlagen in der Entwicklung werden zwei Tage bzw. eine Woche angesetzt. Dedicated Anlagen in der Produktion werden zwischen den Ansätzen nicht gereinigt. Hier erfolgt lediglich eine Reinigung nach sechs Monaten.

9. Die Analytik von Zwischenstufen soll entweder online erfolgen, oder bei isolierten Zwischenstufen nach höchstens zwei Tagen abgeschlossen sein. Für die Prüfung der Endstufe (inkl. mikrobiologischer Freigabe) werden drei Wochen angesetzt. Die Zwischenproduktprüfung in der Formulierung soll entweder im Labor zwei Tage in Anspruch nehmen oder alternativ online durchgeführt werden.

7 Chemie

Von Multi-purpose zu Modularer Produktion

Wir starten mit unserem Modell unter Anlehnung an den am weitesten gehenden Vorschlag aus den Überlegungen zur Distribution von Arzneimitteln, nämlich der Etablierung einer Fertigung auf Bestellung. Einerseits bedeutet dies, die größten Herausforderungen an Geschwindigkeit und Flexibilität des Systems zu stellen. Andererseits ist eine Fertigung auf Bestellung aber auch das Modell, das zugleich höchste operative Planungssicherheit verspricht. Da die Effizienz einer Fertigung im wesentlichen von der Planungssicherheit abhängt, bietet dieses Modell die größten Chancen für die Zukunft.

Eine Fertigung so schnell und effizient wie möglich gestalten zu müssen, läßt sich wiederum nur durch „just in time"-Produktion erzielen. Es ist aber umstritten, ob „just in time" in gleicher Weise wie in anderen Branchen üblich auf die Herstellung von Pharmazeutika übertragbar und dort ökonomisch sinnvoll anwendbar ist. Insbesondere bei der Herstellung von Wirkstoffen sprechen die folgende Ausgangsbedingungen dagegen, nämlich die üblicherweise vielen Teilschritte mit hohem Zeitbedarf, die aufgrund des relativ geringen Mengenbedarfs auch durch wenige Ansätze in großen Anlagen abgedeckt werden können. Dies drückt sich dann in der Praxis durch eine kampagnenbezogene Produktion im Batch-Verfahren aus. In einer solchen Produktion wird eine Produktionsanlage jedes Jahr für 20 bis 50 verschiedene Produkte verwendet (Multi-purpose-Anlage) und muß dazu den besonderen Anforderungen all dieser Produkte und den Anforderungen künftiger Produkte gewachsen sein. Die Anlage ist damit zwangsläufig für keines der Produkte bzw. für keinen der Produktionsprozesse optimal ausgelegt (Abb. 7.1).

Im Gegensatz dazu werden in der Chemieindustrie großtechnische Prozesse für einzelne Syntheseschritte als kontinuierliche Produktion gestaltet.

Wir haben die Dauer von chemischen Prozessen und die Komplexität als eine der wesentlichen Argumente gegen eine Fertigung auf Bestellung aufgeführt. Deshalb wollen wir bei der Modifizierung des bisherigen Ansatzes zunächst eine Beschleunigung der Fertigung bei gleichzeitiger Reduzierung der Komplexität in den Vordergrund stellen.

Eine alternative Betrachtung der Durchlaufzeit

Unser Konzeptansatz versucht, eine Alternative zu der bisherigen Kampagnen-/Batch-Vorgehensweise aufzuzeigen. Wir wollen zunächst prüfen, ob eine signifikante Verkürzung der Durchlaufzeit (Zeit, die ein Molekül benötigt, um den gesamten Transformationsprozeß vom Rohstoff zum Endprodukt zu durchlaufen) und der Resonanzzeit (Zeitbedarf, um einen Substanzabfluß wieder auszugleichen) prinzipiell erreicht werden kann. Dazu werden wir einen 10stufigen Prozeß betrachten. Unter der Annahme einer Kampagne mit durchschnittlich einem Ansatz pro Stufe und jeweils 3 Tagen Bearbeitungszeit pro Stufe werden bei nur einer Anlage insgesamt 30 Tage benötigt (Abb. 7.2, S. 92).

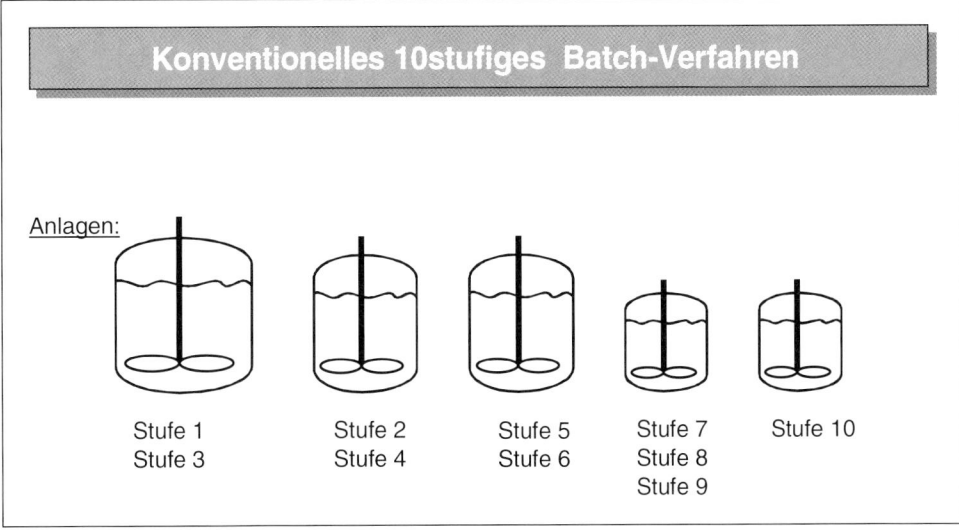

Konventionelles 10stufiges Batch-Verfahren

Anlagen:

Stufe 1	Stufe 2	Stufe 5	Stufe 7	Stufe 10
Stufe 3	Stufe 4	Stufe 6	Stufe 8	
			Stufe 9	

Abbildung 7.1 Schematische Darstellung eines Multi-purpose-Betriebs.

In der Realität entstehen jedoch beträchtliche Verschiebungen bei der Durchlaufzeit, da üblicherweise in versetzten Kampagnen produziert wird. Das bedeutet für eine 3er-Kampagne (Abbildung 7.2 [unterer Teil]):

1. Zwei Drittel der Substanz müssen liegen bleiben, das erste Drittel für sechs Tage und das zweite Drittel für drei Tage. Im Falle unseres schematischen Beispiels einer Kampagnenfahrweise erhöht sich in Anlehnung an ein reales Beispiel deshalb die Durchlaufzeit auf neunzig Tage.

2. Die Zwischenlagerung stellt zusätzliche Anforderungen an die Behandlung der Substanz, da erst diese Lagerung in vielen Fällen das Entfernen von Lösungsmittelresten erforderlich macht, um Abbaureaktionen, die zu einer verschlechterten Qualität führen, während der Lagerung zu vermeiden. Die dafür notwendige Zeit veranschlagen wir pro Ansatz mit einem Tag.

3. Darüber hinaus ist bei der Verwendung von „non-dedicated"-Anlagen, wie es hier für die kampagnenorientierte Vorgehensweise gilt, ein deutlich höherer Reinigungsaufwand beim Wechsel der Synthesestufen einzuplanen. Für den erhöhten Reinigungsaufwand nehmen wir nach den drei Ansätzen einer Stufe weitere zwei Tage in Anspruch.

4. Das macht in Summe für die 10stufige Synthese eine Durchlaufzeit von 118 Tagen (90 Tage + 10 Tage für Trocknung + 18 Tage für Reinigungen).

Unter der Voraussetzung, daß alle Schritte einer 10stufigen chemischen Wirkstoffsynthese gleichzeitig durchgeführt werden sollen, können alternativ auch zehn Ansätze in entsprechend vielen Teilanlagen ablaufen und damit synchronisiert durchgeführt werden. Wo die zehn Syntheseschritte zuvor nacheinander abliefen, ließe sich die gleiche Ausbringung in den zehn oben skizzierten Anlagen allerdings schon in einer Zeit von drei Tagen erreichen (Abbildung 7.3, S. 92).

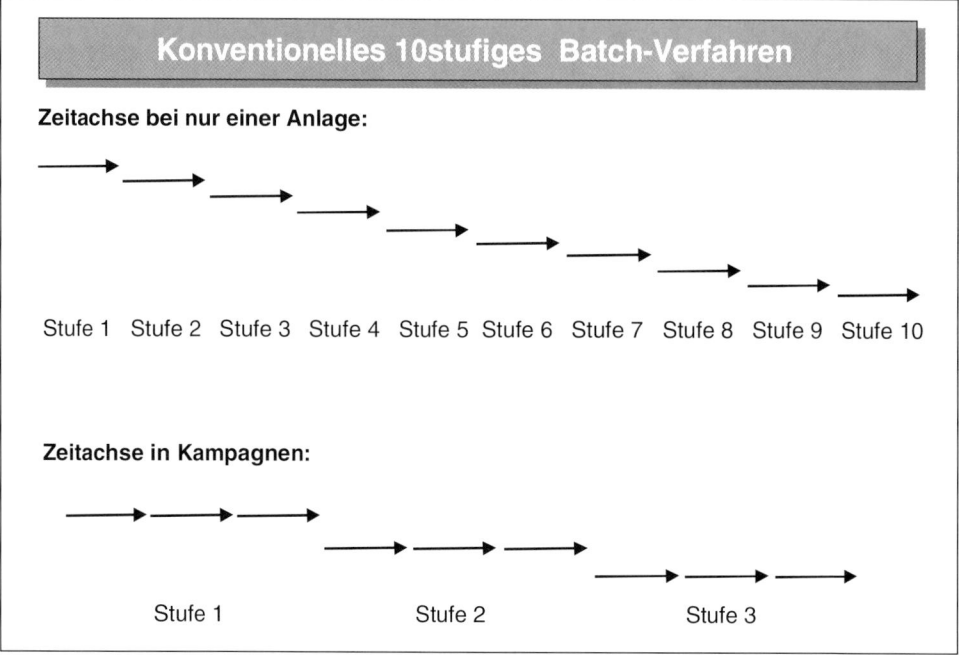

Abbildung 7.2 Theoretische Zeitachse einer 10-Stufen-Synthese (oben) und reale Zeitachse bei 3er Kampagne (nur 3 Stufen gezeigt!; unten).

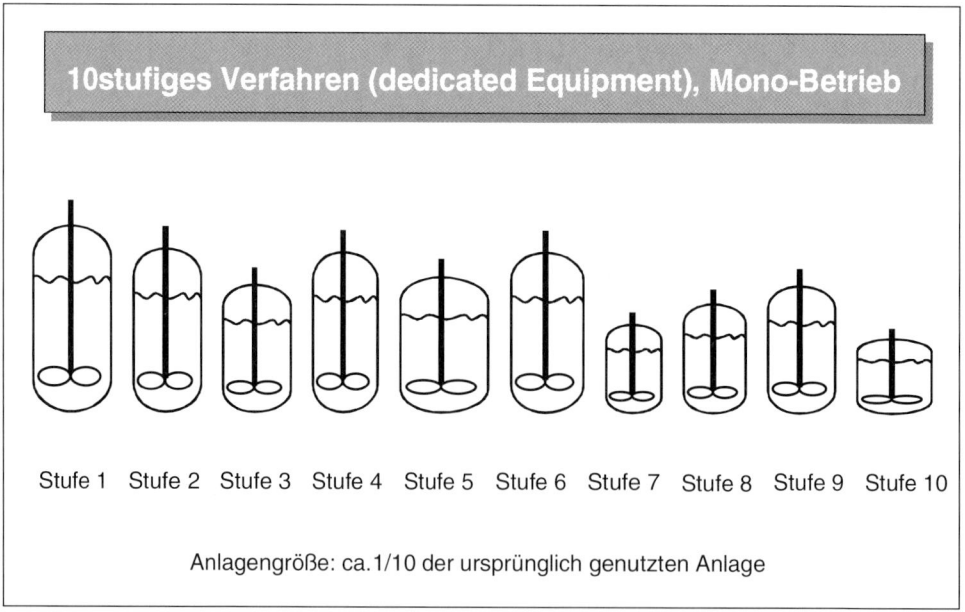

Abbildung 7.3 10stufiges Verfahren in einer Mono-Produktionsanlage.

Dabei ändert sich zunächst im Vergleich zum Idealbild (Abbildung 7.2 [oberer Teil]) jedoch nicht die Durchlaufzeit des einzelnen Substanzmoleküls, das in beiden Fällen jeweils dreißig Tage benötigt. Berücksichtigt man diese Veränderungen in einem synchronisierten Verfahren in zehn „dedicated"-Anlagen, so ergibt sich eine Durchlaufzeit von 31 Tagen (30 Tage + 1 Tag Trocknung). In einem solchen Vergleich stehen also in Bezug auf die Durchlaufzeit 31 Tage für eine synchronisierte Fertigung den 118 Tagen der konventionellen Vorgehensweise gegenüber.

Abbildung 7.4 zeigt auch sehr deutlich die Kontinuität des Prozesses. Nach dreißig Tagen wird in diesem Modell alle drei Tage eine neue Produktcharge erzeugt.

Flexibilitätsgewinn durch modularen Aufbau

Ein weiteres Problem der Substanzbereitstellung liegt in dem Mangel an Flexibilität bezüglich wechselnder Mengenanforderungen. Die absoluten Wirkstoffmengen schwanken je nach Wirkstoffsynthese in Abhängigkeit von der Wirksamkeit des Wirkstoffs – sprich der Dosierungsmenge – und von den Absatzmengen, die sich wiederum aus der Anzahl der zu

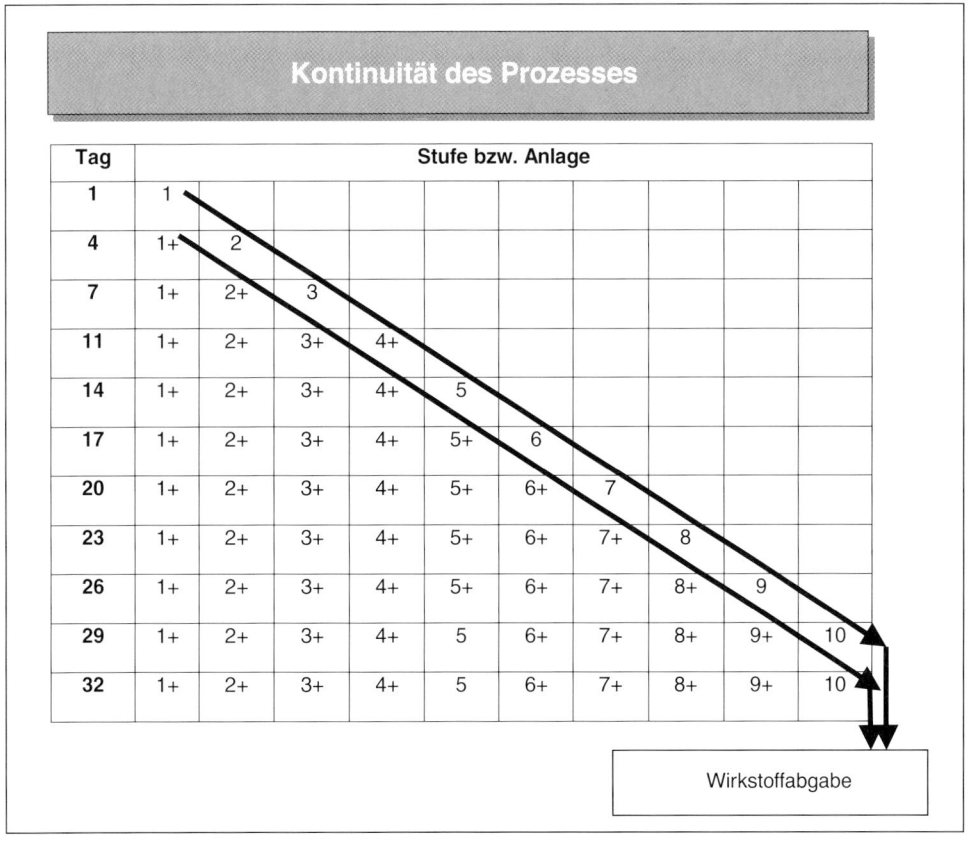

Abbildung 7.4 Kontinuität des Prozesses (Pfeile zeigen den Substanzfluß).

behandelnden Patienten oder dem Marktanteil des Arzneimittels ergeben. Eine sichere Abschätzung des zukünftigen Bedarfs, insbesondere in den Jahren vor und nach der Einführung, ist sehr schwierig. Deshalb werden für neue Produkte entweder vorausschauend entsprechend große Kapazitäten aufgebaut und zwischenzeitlich mit alternativen Produkten aufgefüllt oder zunächst nur kleinere Kapazitäten bereitgestellt und diese bei Steigerung des Bedarfs ergänzt. Beide Vorgehensweisen als Untervarianten der kampagnenbezogenen Batch-Fertigung bieten Vor- und Nachteile, die später ausführlich diskutiert werden.

Eine echte Alternative bietet jedoch nur der Wechsel auf kontinuierliche Verfahren, bei denen durch einfache Steuerung des Produktflusses die entsprechend notwendige Flexibilität erreicht werden kann. Wie uns aus Kapitel 4.2 bekannt ist, finden sich solche Möglichkeiten in den kontinuierlichen Prozessen der chemischen Großindustrie oder der Lebensmittel- und Waschmittelproduktion. Auch für die Produktion von Arzneimitteln sind teilweise solche Prozeßschritte etabliert. Ein Beispiel ist die Hochdruckflüssigkeitschromatographie (HPLC), bei der durch die ständig wiederholte Chromatographie von kleinen Einsatzmengen abhängig von der Prozeßdauer insgesamt sehr große Mengen eines Produktes gereinigt werden können. Hierbei handelt es sich um Abläufe, die durch permanente Wiederholung quasi einen kontinuierlichen Prozeß erzeugen. Eine analoge technologische Umsetzung ist für die Mehrzahl der Teilschritte einer chemischen Synthese in dieser Ausprägung bisher so nicht durchführbar. Jedoch kann das beim Chromatographieprozeß zugrundeliegende Prinzip auch auf alle anderen Prozesse angewandt werden. Eine Ansatzgröße von z. B. 8000 l kann ebenso durch vier Ansätze à 2000 l abgebildet werden.

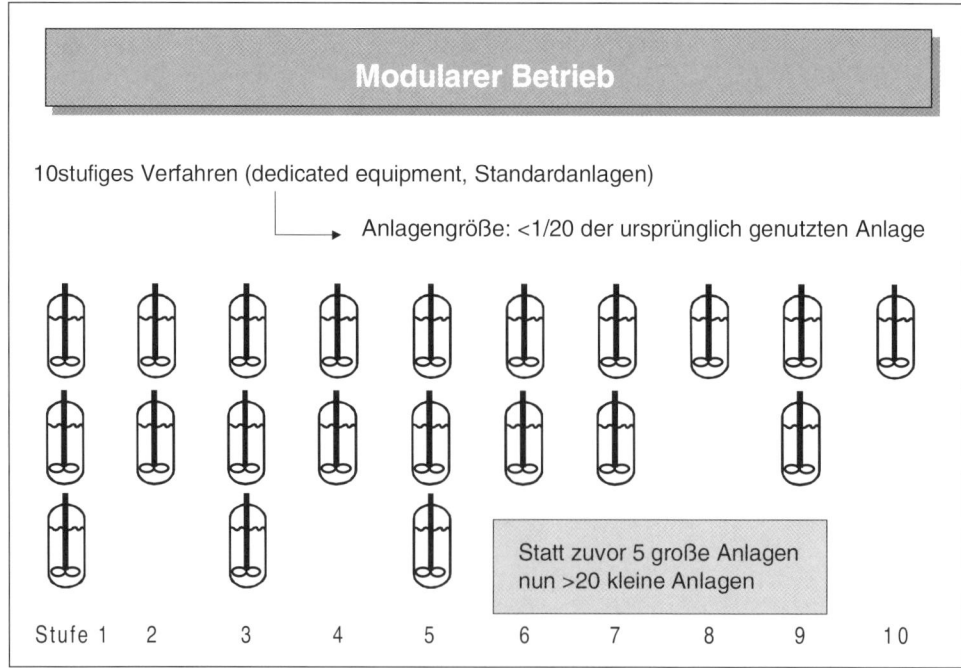

Abbildung 7.5 Quasi-kontinuierlicher Prozeß in einem modularen Betrieb.

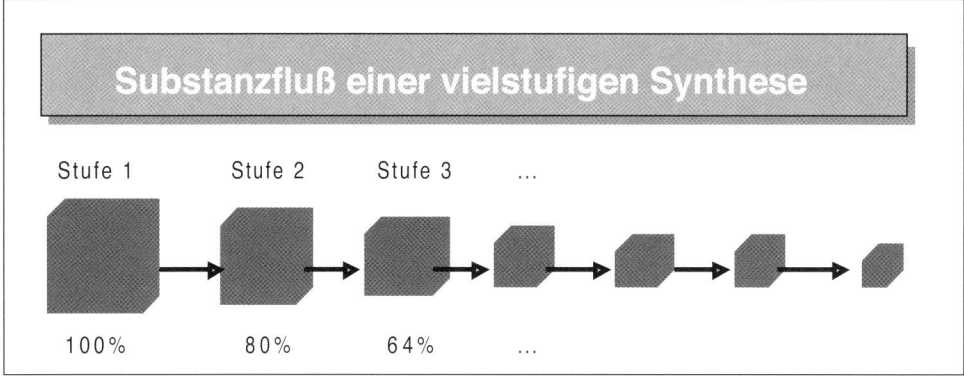

Substanzfluß einer vielstufigen Synthese

Stufe 1   Stufe 2   Stufe 3   ...

100%   80%   64%   ...

Abbildung 7.6 Abnehmender Materialfluß im Verlauf der chemischen Synthese von der ersten zur letzten Stufe.

Wenn diese vier Ansätze zeitlich so verschoben werden, daß der fünfte Ansatz in den Geräten des ersten Ansatzes erfolgt, entsteht ebenfalls ein quasi-kontinuierlicher Prozeß (Abbildung 7.5).

Für unser Ursprungsbeispiel der 10stufigen Synthese bedeutet dies dann einen Bedarf von vierzig Anlagen. In der realen Umsetzung wären es allerdings maximal vierzig (und wahrscheinlich sehr viel weniger) Anlagen, weil durch Ausbeuteverluste normalerweise die notwendige Anlagengröße abnimmt (Abbildung 7.6).

Es ist leicht nachvollziehbar, daß schnelle Kapazitätsanpassungen in einem solchen Modell von kleinen und dedicated genutzten Anlagen durch einfachen Anlagenanbau oder -abbau erreicht werden können. Damit könnte erstmalig ein effektives Instrument der Kapazitätssteuerung gefunden sein.

Veränderung der Resonanzzeit

Wir haben als Resonanzzeit die Zeit definiert, die benötigt wird, um einen Substanzabfluß wieder auszugleichen. Im Multi-purpose-Betrieb ist die beste Zusammenstellung von Kampagnen dann gegeben, wenn eine Kampagne eine möglichst hohe Losgröße besitzt. Die ideale Losgröße liegt aus Sicht des Produzenten dann vor, wenn ein Produkt nur einmal im Jahr zu fertigen ist. Daraus ergibt sich eine Resonanzzeit von einem Jahr und wegen notwendiger Sicherheitsbestände ein Bestandsaufbau für ca. anderthalb Jahre. Diese Produktionssystematik steht im Gegensatz zum Bemühen, die hohen Bestandsmengen zu reduzieren. Letztlich werden aber diese unter dem Gesichtspunkt einer vermeintlichen Sicherheit bisher von der Pharmaindustrie akzeptiert. Es handelt sich deshalb um eine vermeintliche Sicherheit, da bei fehlerhaften Produkten auch das halbe Jahr an Sicherheitsbestand kaum zur Wiederbeschaffung des nun fehlenden Produktes ausreicht. Zudem führt die dadurch resultierende Umstellen der Planung bei den anderen Produkten des Multi-purpose-Betriebes zu Verzögerungen, die wiederum zu Substanzengpässen bei anderen Produkten führen können. Da das Umstellen der Planung auch mit Kapazitätsverlust einher geht, ist bei knapper Gesamtkapazität (Resultat der Minimierung von Leerkapazitäten) der Weg in eine Eskalationsspirale vorgezeichnet.

Dieser Konflikt ist durch die quasi-kontinuierliche Fertigung lösbar. Denn nun wird jede Woche mindestens einmal Produkt ausgebracht werden. Das heißt: die Resonanzzeit bis zur nächsten Ausbringungsmenge verkürzt sich auf weniger als sieben Tage. Es ist also nachvollziehbar, daß eine synchronisierte Vorgehensweise deutliche Zeitvorteile erbringt.

Um dem Argument einer Explosion der Investitions- und Unterhaltskosten für die vergleichsweise große Anlagenzahl zu begegnen, sei auf folgende Aspekte kurz hingewiesen: Die hinter dieser deutlich höheren Anlagenzahl zunächst vermuteten ungeheuren Investitionen relativieren sich erheblich, wenn die Ansatzgrößen auf einen Standardanlagentyp normiert werden. Den hohen Investitionskosten für eine bisher individuelle Anlage ständen dann die Kosten für eine größere Anzahl von gleichartigen und relativ preiswerten Anlagen gegenüber. Ein zusätzlicher positiver Effekt ergibt sich beim Qualifizierungsaufwand, wenn eine exemplarische Qualifizierung einer Anlage stellvertretend für die restlichen Anlagen möglich wird. Bei der Verfahrens-Validierung ergäbe sich zumindest kein Mehraufwand.

Wir wollen das Prinzip der Herstellung in vielen kleinen dedicated Anlagen ab jetzt mit dem Begriff der Modularen Produktion bezeichnen.

Die Vorteile dieser Vorgehensweise auf Entwicklung und Produktion sollen in den folgenden Kapiteln erläutert werden. Wir werden das Prinzip dabei sehr detailliert für die chemische Entwicklung und Produktion zeigen, da der Ansatz in der Chemie als Gesamtkonzept bisher unveröffentlicht ist. Für den Teil der pharmazeutischen Entwicklung und Produktion werden wir auf den in Kapitel 7 vorgestellten Prinzipien aufbauen und für die Erklärung auf ein bereits veröffentlichtes Beispiel zurückgreifen [*Werani, Zimmermann* 2001].

Eine detailliertere Kostenbetrachtung soll jedoch erst später erfolgen (Kapitel 13).

7.1 Chemische Entwicklung

7.1.1 Aufgaben und Ziele der Chemischen Entwicklung

Für die chemische Entwicklung in einem Pharmaunternehmen gelten unabhängig von in weiten Bereichen variierenden Unternehmensstrukturen im Prinzip immer die gleichen Abläufe [*Manager-Magazin* 1999].

Auch wenn die Bedarfsmengen im Bereich der frühen Entwicklung durch neue Technologien (Lab on a Chip) geringer werden, so bleibt dennoch das in Abbildung 7.7 dargestellte prinzipielle Szenario für den Substanzbedarf von der Wirkstoffindung bis zur Marktbelieferung bestehen.

Für die gesamte Entwicklung eines Produktes in der Pharmaindustrie ergibt sich im Mittel über viele Unternehmen die in Abbildung 7.8 (S. 98) dargestellte Zeitachse.

An mehreren Stellen ist der Bereich der chemischen und pharmazeutischen Entwicklung hierbei zeitkritisch für die Gesamtentwicklungsabläufe. Vor allem der frühe Teil der Entwicklung ist durch häufiges Improvisieren gekennzeichnet. Deshalb befinden sich viele Pharmaunternehmen erst jetzt auf dem Weg von der „cottage industry" in die Neuzeit [*Marwick* 2001].

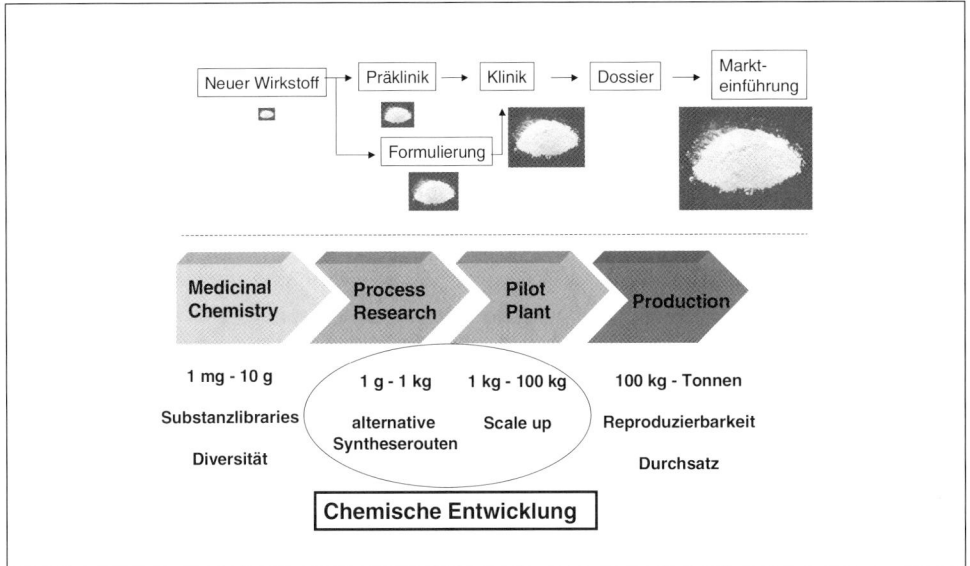

Abbildung 7.7 Aufgaben und Ziele der Chemischen Entwicklung.

Die chemische Entwicklung ist typischerweise an zwei Punkten (Belieferung der Toxikologie mit ersten Substanzmengen und Transfer in die Produktion) zeitkritisch und führt an diesen Stellen immer wieder zu Verzögerungen des Gesamtprozesses.

Zwei Grundprobleme gilt es zu bekämpfen:

Erstes Problem: Hohe Komplexität

Der Gesamtentwicklungsprozeß enthält eine enorme Komplexität, da mit wenigen Chargen aus der chemischen Entwicklung viele verschiedene Aufgaben in anderen Entwicklungsbereichen (Toxikologie, Pharmazeutische Entwicklung, Klinik etc.) abgedeckt werden müssen. Das System ist zudem wenig flexibel, da die wenigen großen Chargen in relativ wenigen Geräten hergestellt werden müssen. Bei unvorhergesehenem zusätzlichem Substanzbedarf in anderen Funktionen (z. B. größere Tierspezies in der Toxikologie oder Schwierigkeiten bei der Formulierung in der Pharmazie) ist die schnelle Herstellung einer weiteren Charge kaum möglich, da die großen Rührwerke und Apparaturen inzwischen wieder mit einer anderen Synthese belegt sind. Die Abbildung 7.9 (S. 98) zeigt ein typisches Beispiel für einen derzeitigen Entwicklungsablauf. Die grauen Pfeile im unteren Teil der Abbildung stellen hier die Herstellungskampagnen in der chemischen Entwicklung dar.

Ein Kernproblem besteht darin, daß in einer sehr frühen Entwicklung durch eine toxikologische Bewertung des Produktes die Qualität festgelegt wird. Alle Veränderungen am Prozeß müssen dann immer wieder zu der gleichen oder besseren Qualität führen, wie sie durch die toxikologische Studie abgesichert wurde. Neue Nebenprodukte, die im Verlauf der weiteren Verfahrensentwicklung durch Syntheseänderungen entstehen können und nicht in der ursprünglichen Tox-Charge enthalten waren, sind daher höchst problematisch und führen dann oftmals zu einer Wiederholung bestimmter toxikologischer Studien. Eine ein-

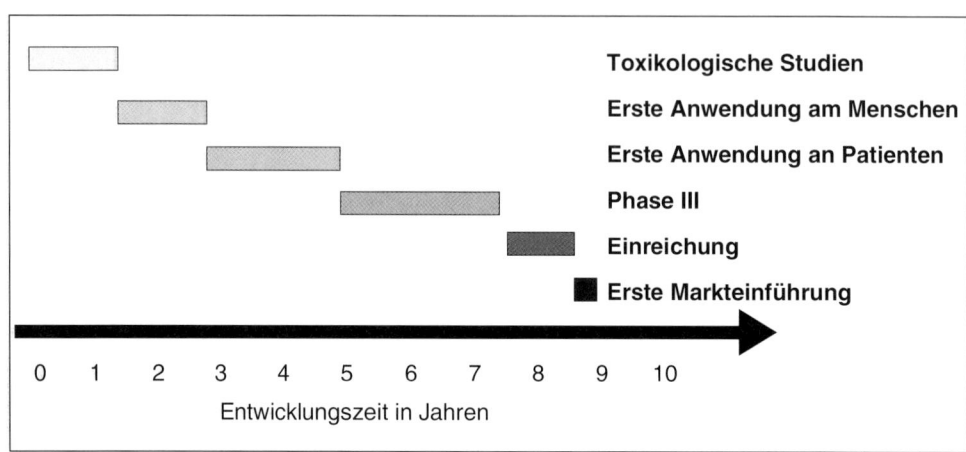

Abbildung 7.8 Typische Entwicklungszeiten für ein neues Produkt in der Pharmaindustrie (Mittelwert über ca. 130 Produkte aus ca. 25 Pharmaunternehmen).

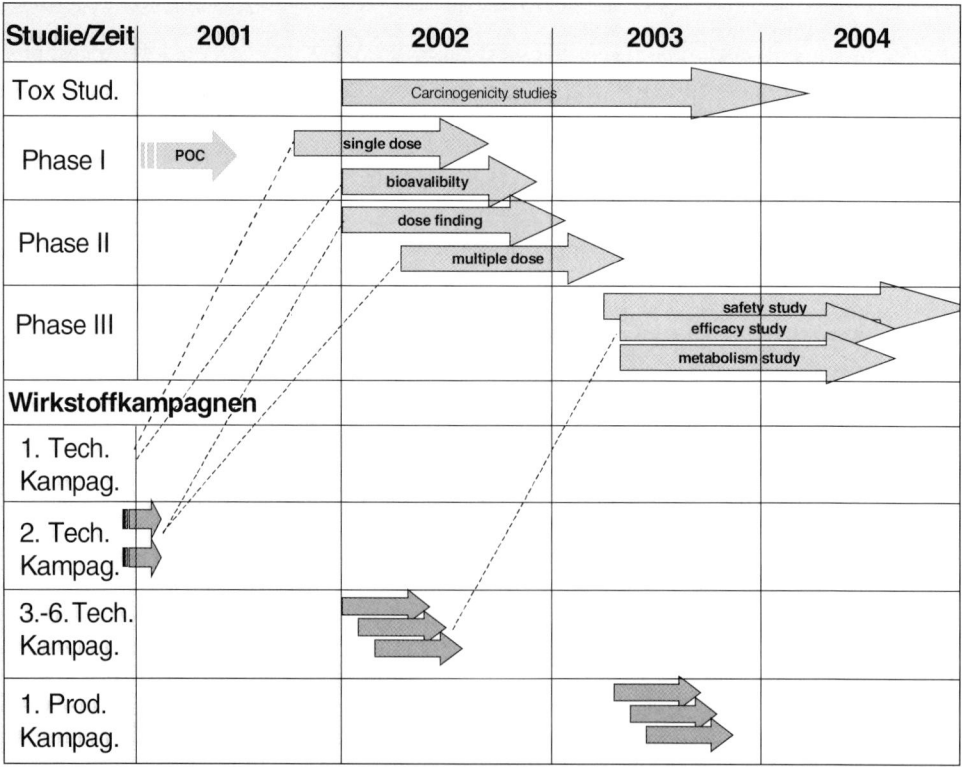

Abbildung 7.9 Herstellung und Nutzung der Wirkstoffmengen während der Entwicklung.

malige Wiederholung der Tox-Studie ist aus Kostensicht vertretbar. Bei dem derzeitigen Vorgehen wird jedoch der Prozeß an „einigen tausend Punkten" im Laufe der Entwicklung geändert. Deshalb stellt sich die Frage, wann man die Tox-Studie wiederholen sollte.

Es soll auch nicht unerwähnt bleiben, daß sowohl Wissenschaftler [Dörner 1992; Strohschneider, von der Weth 1993] als auch Unternehmensberater [Rommel u. a. 1993] immer wieder gezeigt haben, daß viele industrielle Prozesse so komplex sind, daß das menschliche Gehirn sie nicht mehr vernünftig verarbeiten kann und daher enorme Verbesserungen auftreten, wenn die Komplexität von Prozessen drastisch reduziert wird. Auch aus diesem Grund ist bei einer Vereinfachung des komplexen Gesamtprozesses durch eine Zweiteilung der chemischen Entwicklungsarbeiten in die Substanzversorgung einerseits und die Verfahrensoptimierung andererseits eine deutliche Verringerung der Fehlerhäufigkeit und damit eine bessere Qualität der Entwicklungsarbeit insgesamt zu erwarten.

In einer Reihe von Pharmaunternehmen ist das Problem der Komplexität der frühen Entwicklung ebenfalls erkannt. Es wird ein zweiter Ansatz zur Reduzierung der Komplexität verfolgt, mit dem v. a. in den frühen Phasen die Bedarfsmengen an Wirkstoff reduziert werden (z. B. durch den Einsatz von Trinklösungen für die Einmalanwendung am Menschen oder den Einsatz von Kapselformulierungen für Phase I). Bei solchen Unternehmen wird bereits heute in erheblichem Maße der Toxikologie- und eventuell der Phase I-Substanzbedarf im Labor hergestellt. Wir glauben, daß diese Wege unseren Ansatz der Trennung von Entwicklung und Substanzbereitstellung zusätzlich unterstützen werden. Wir möchten allerdings nicht nur auf den Kosteneffekt, sondern zusätzlich auf das Verbesserungspotential im Gesamtsystem eingehen.

Zweites Problem: Viele Scale up-Schritte

Nachdem in der Forschung ein Zielmolekül identifiziert wurde, beginnt die Entwicklung mit dem schrittweisen Scale up. Zum besseren Verständnis sollen zunächst die derzeitigen Scale up-Schritte beschrieben werden.

In der Abbildung 7.10 (S. 100) ist ein typisches Szenario für einen chemischen Entwicklungsprozeß skizziert. Man sieht, daß bereits im Labor ein bis zwei Scale up-Schritte durchgeführt werden. Bis zur Herstellung der Substanz für die ersten klinischen Tests an gesunden Probanden (Phase I) sind sogar teilweise bereits drei Scale up-Schritte vorgenommen worden.

Im Verlauf dieses Scale ups ist mehrfach das Equipment gewechselt worden.

Der typische Verlauf erfolgt dabei wie in Abbildung 7.11 (S. 100) gezeigt. Die Wirksubstanz, die im Forschungslabor in der Regel klassisch im Glaskolben hergestellt wurde, wird nun zunächst in einen etwas größeren Glaskolben, dann ins Glasrührwerk, ins Technikumsrührwerk und schließlich in den Maßstab des Produktionsrührwerks übertragen. In der Produktion erfolgt bei steigendem Bedarf der Transfer in noch größere Rührwerke oder in einen anderen Produktionsbetrieb.

Bei jedem der oben beschriebenen Scale up-Schritte sind Veränderungen am Prozeß nötig. Als Beispiel sei die Durchmischung der Reaktion durch Rühren genannt, die sehr oft einen extremen Einfluß auf die Reaktionsgeschwindigkeit und damit auf Ausbeute und Qualität des gewünschten Produktes ausübt. Im Glaskolben wird in der Regel ein Magnetrührer verwendet. Beim Übergang in den größeren Glaskolben kommt dann erstmalig ein mechanischer Rührer zum Einsatz. Dieser Typ wird im Betriebsmaßstab zwar beibehalten, jedoch verändert sich in aller Regel die Rührgeschwindigkeit und aufgrund der Veränderung des

Labor/Forschung (100 mg bis wenige Gramm)
⇩
Labor/Forschung: erstes Scale up für frühe Präklinik (10–50 g)
⇩
Entwicklungslabor: Scale up für erste Formulierungs- und
Analytikversuche (50–500 g)
⇩
Technikum: Scale up für Tox und Phase I (1–20 kg)
⇩
Technikum: Scale up für klinische Phase II/III und Chargen für
Stabilitätseinlagerungen (50–100 kg)
⇩
Produktionsbetrieb: Scale up für Marktbelieferung (>100 kg)
⇩
Produktionsbetrieb: evtl. Scale up für Marktausweitung (>1000 kg)

Abbildung 7.10 Typische Scale up-Schritte eines chemischen Entwicklungsprozesses.

1l Kolben → 25 l Glasrührwerk → 500 l Technikum → > 1000 l Produktion

Abbildung 7.11 Verfügbare Rührwerksgrößen und Scale up-Schritte in einem typischen Pharmaunternehmen.

Oberfläche-Volumen-Verhältnisses im Reaktionskessel sowie der Rührergeometrie auch die Durchmischung. Hinzu kommt noch, daß in den Versuchs- und Produktionsbetrieben Rührwerke häufig mit unterschiedlichen Rührern ausgestattet sind und somit weder reproduzierbare noch rational zu berücksichtigende Einflüsse hinzu kommen. Einhergehend mit den Veränderungen der Durchmischung gibt es zusätzlich beim Scale up eine Veränderung des Wärmeaustauschverhaltens. Bedingt durch die beiden sich überlagernden Effekte und die Tatsache, daß Rührwerke keine normierte Geometrie haben, sind die jeweiligen Veränderungen komplex und der Einfluß dieser Veränderungen auf Qualität und Ausbeute ist somit nicht einfach vorhersagbar. Obwohl man sich dieser Tatsache bewußt ist, führt der bereits geschilderte Zeitdruck in der frühen Entwicklungsphase scheinbar immer und überall zu dem hier beschriebenen Problem, daß jede Produktcharge in der Entwicklung eine völlig eigenständige Historie hat und in wesentlichen Punkten häufig nicht vollständig geklärt ist, warum im einen Fall ein chemischer Schritt funktioniert hat und ein anderer eventuell nicht.

Dieser Scale up-Prozeß ist in allen Pharmaunternehmen sehr ähnlich. Unterschiede ergeben sich beim Einsatz der Glasrührwerke und bei dem Zeitpunkt der Übergaben in die Produktion, sowie in der Betreuung der Technikumsansätze. Es gibt Unternehmen, die bewußt im Technikum mit 25 bis 50 l Glasrührwerken arbeiten, um mehr Erfahrung mit der Synthese zu sammeln. Andere lassen diesen Schritt bewußt aus und versuchen, direkt in das Technikum mit 100 bis 500 l zu übertragen, um Zeit zu sparen. Einige Unternehmen betreiben ein Technikum mit organischen Chemikern, die dann auch für die Ansätze verantwortlich sind. Andere Unternehmen betreiben das Technikum mit einer Betriebsmannschaft und einer Technikumsleitung. In diesem Fall sind die Laborchemiker, die die Synthese im kleinen Labormaßstab optimiert und die Vorschrift erstellt haben, für die Durchführung der Ansätze im Technikum verantwortlich. Der Übergang in die Verantwortung der Produktion findet je nach Unternehmen und Produkt zwischen dem 50 bis 100 l- und dem > 1000 l-Maßstab statt.

Aus diesem Ablauf ergeben sich eine Reihe von Problemen:

- Die Qualität ändert sich von Batch zu Batch, die Prüfverfahren der Analytik müssen analog ständig überarbeitet werden.

- Dies führt zu häufigem Wechsel der analytischen Spezifikationen der zu produzierenden Substanz hinsichtlich Art und Menge der auftretenden Begleitsubstanzen und damit zu einer erheblichen Komplexität der Charakterisierung der Wirksubstanz. Da sich Projekte multinationaler Konzerne in verschiedenen Standorten, die häufig über den gesamten Globus verstreut sind, in unterschiedlichen Entwicklungsstadien befinden können, folgt aus dieser Vorgehensweise bei der Maßstabsvergrößerung häufig, daß die analytischen Spezifikationen nicht rational festgelegt werden können, sondern immer komplexer werden, was mit erheblichem Zeit- und Kostenaufwand verbunden ist.

- Chemiker in der „Syntheseoptimierung bzw. Verfahrensentwicklung" sind ständig mit dem Nachstellen des Prozesses beschäftigt, um einmal gesetzte Spezifikationen nach Möglichkeit einzuhalten. Da die Dokumentation der chemischen Entwicklung Bestandteil der einzureichenden Zulassungsunterlagen ist, gehen die Behörden davon aus, daß ein Minimum an Verunreinigungen, welches während der Verfahrensentwicklung erreicht wurde, auch für die größeren Maßstäbe der Produktion gelten muß.

Problem: Fehlender Lernprozeß

Im Prinzip wäre dies nicht besonders problematisch, da im allgemeinen argumentiert wird, daß es sich bei den ersten Versuchen um einen überlagerten Lernprozeß handelt. Wie bereits beschrieben findet dabei allerdings eine ständige Veränderung des chemischen Prozesses statt. Die Statistik lehrt aber, daß die Bezeichnung eines Prozesses ohne Wiederholungen als Lernprozeß nicht zulässig ist. Reproduzierbarkeitstests sind notwendiger Bestandteil eines „Versuchsplans" [*Otto* 1996], um die „natürliche" Variationsbreite des Prozesses zu ermitteln. Dieser Reproduzierbarkeitstest wäre auf jeder Vergrößerungsstufe des Prozesses notwendig. Da „nie" reproduziert wird, ist auch die Existenz einer Lernkurze eher als sehr fraglich zu betrachten. Das Ergebnis dieser Vorgehensweise wird sichtbar, wenn man den Verlauf der Gesamtausbeuten einer Synthese über den Entwicklungszeitraum betrachtet.

In der Abbildung 7.12 (S. 102) ist an einem realen Beispiel gezeigt, wie die Ausbeuten der einzelnen Kampagnen beim Wechsel vom Labor in den Betrieb und bei der späteren Übergabe an einen anderen Bearbeiter zunächst einbrechen und dann erst wieder mühevoll auf das Vorniveau zurückgeholt werden müssen.

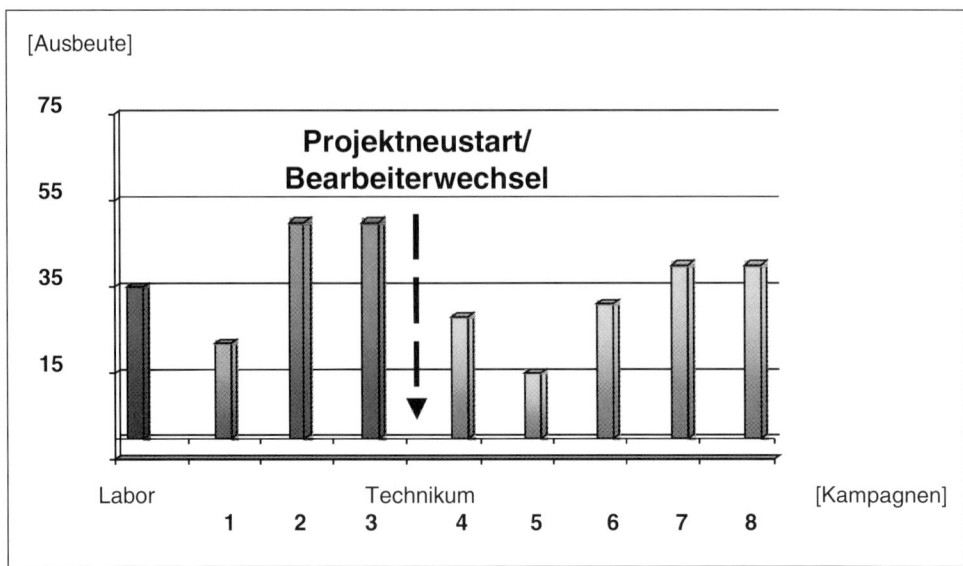

Abbildung 7.12 Lernkurve eines realen Beispiels eines Scale up-Prozesses über die Projektdauer von ca. fünf Jahren. Gezeigt wird die Gesamtausbeute eines chemischen Herstellverfahrens mit sechs chemischen Stufen.

7.1.2　Der neue Weg

Der häufige Wechsel der Apparate in der frühen Entwicklung und die häufigen Synthese-anpassungen sind die wichtigsten komplexitätserzeugenden Faktoren im Entwicklungs-prozeß. Man kann sich deshalb vorstellen, daß mindestens der Ausschluß eines solchen Faktors eine deutliche Vereinfachung und daher mehr Stabilität in die laufenden Prozesse bringen sollte. Als ersten Ansatz haben verschiedene Unternehmen mit der Segmentierung der Entwicklung begonnen. Zunehmend werden Arbeitsgruppen aufgebaut, die nur eine spezielle Aufgabe haben, z. B. die Substanzherstellung für frühe Entwicklungsphasen. Ein Beispiel für die bisherige Entwicklung der Organisationsstrukturen wird von Cimarusti von Bristol-Meyer-Squibb gegeben [*Cimarusti* 1999]. Idealerweise möchte man möglichst nie Apparate wechseln und möglichst auch keine Syntheseänderungen vornehmen. Beispielsweise kann man sich vorstellen, daß ein Chemiker in der Entwicklung mit vielen kleinen Rührwerken und einigen Labor- bzw. Technikumsmitarbeitern eine zum Produk-tionsszenario analoge „Fließband"-Produktion aufbaut und dort zunächst nach nur einem Verfahren permanent produziert. Dieser Chemiker würde schon für die Substanzbereit-stellung in der frühen Entwicklungsphase nahezu einen Idealzustand erreichen.

Die Situation ändert sich völlig, wenn man einen bewußten Schnitt in die Entwicklung ein-baut. Die beiden Phasen vor und nach dem Wechsel werden nicht miteinander verglichen. Erst in der zweiten Phase wird eine systematische Entwicklung eines Produktionsverfahrens mit statistischer Produktionskontrolle betrieben.

Reduktion der Komplexität

Die Alternative besteht also in der konsequenten Zweiteilung des Prozesses zur Reduzierung der Komplexität zu zwei einfacheren Prozessen. In einem ersten Prozeß wird die Herstellung der Substanz für die Durchführung der ersten Toxikologie-Studie, der ersten klinischen Studie und dem Proof of Concept mit einem möglicherweise noch wenig optimierten Laborverfahren durchgeführt. Unabhängig davon wird in einem zweiten Prozeß die Verfahrensoptimierung durchgeführt. Ein Scale up im Vergleich zu den in der Forschung üblichen Ansatzgrößen wird nur einmalig mit Blick auf die erwarteten Mengen für diese Entwicklungsphase durchgeführt. Die Produktion dieser Substanzmengen erfolgt dann durch permanente Wiederholung der Reaktionen im selben Equipment. Im Gegensatz dazu wird momentan das Scale up noch in mehreren Schritten durchgeführt und dabei neue Erkenntnisse über das Verfahren direkt eingebracht (Abbildung 7.13).

Der hier vorgeschlagene Weg bedeutet ein größeres erstmaliges Scale up, dafür wird dieser Prozeß dann aber anschließend stabil in immer gleicher Weise durchgeführt. Bisher versucht die chemische Entwicklung jedoch, mit jedem Arbeitsschritt immer „zwei Herren" zu dienen. So ist einerseits eine Maßstabsvergrößerung notwendig, um die Substanzversorgung zu gewährleisten, und andererseits wird versucht, das Verfahren weiter zu optimieren und dabei auch noch für das endgültige Scale up in den Produktionsmaßstab zu lernen. Die Wirklichkeit ist vermutlich eher durch die Tatsache gekennzeichnet, daß weder das eine noch das andere aus Kapazitätsgründen richtig gemacht werden kann. Ein Restrisiko der

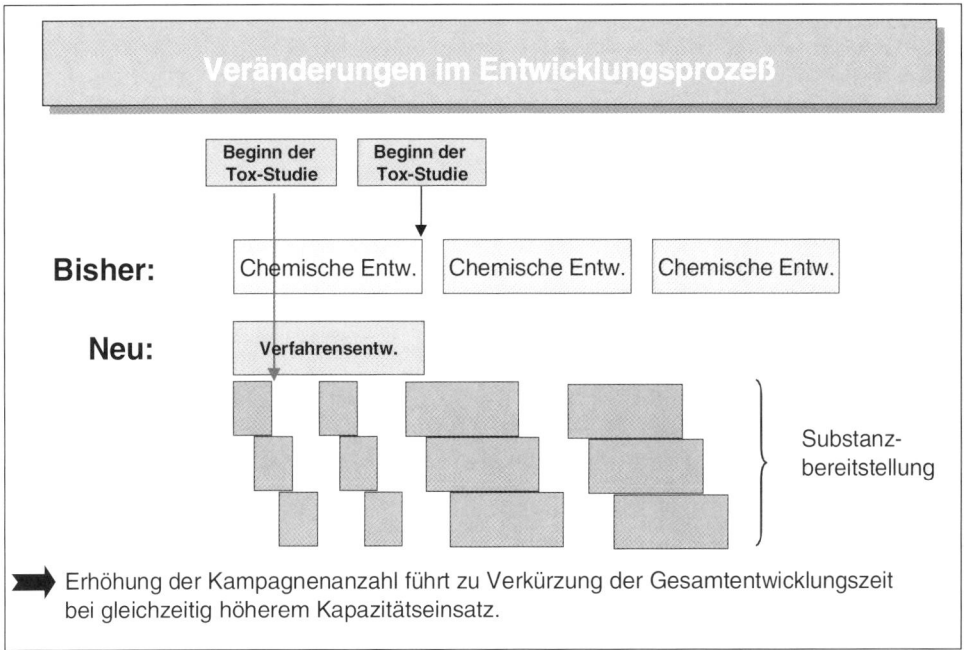

Abbildung 7.13 Vergleich des Zeitbedarfs in der chemischen Entwicklung für den neuen und alten Prozeßablauf. Am Beispiel der Bereitstellung der Substanz für die Toxikologie ist der Zeitgewinn dargestellt.

neuen zweigeteilten Vorgehensweise besteht jedoch darin, daß die Verfahren zu völlig unterschiedlichen Verunreinigungsprofilen führen können und eine toxikologische Neubewertung des zweiten Prozesses vorgenommen werden muß. Die Kosten, die hierbei entstehen können, sind jedoch in Ausnahmefällen vertretbar. Diese erneute toxikologische Bewertung findet zudem zu einem Zeitpunkt statt, zu dem keine Verzögerung der Gesamtentwicklung zu erwarten ist.

Was für Möglichkeiten ergeben sich aus der Trennung von Substanzbereitstellung und Verfahrensentwicklung?

Ein verfremdetes Beispiel eines realen Projektes aus einer frühen Entwicklungsphase soll dies verdeutlichen:

Aufgabe ist die Herstellung von 15 kg eines Wirkstoffs über 10 Stufen für eine toxikologische Studie (Tox). Die Herstellung für eine Tox-Studie unterliegt in der Pharmaindustrie nicht den GMP-Anforderungen. Bei allen Pharmaunternehmen ist dieser Schritt jedoch zeitkritisch, da zunächst abgewartet werden muß, bis die Substanz in ausreichender Menge zur Verfügung steht und die Tox-Studie selbst ebenfalls eine Dauer von mindestens einem halben Jahr in Anspruch nimmt. Es ist nicht zwingend erforderlich, die gesamte Substanzmenge zu einem festen Tag abzuliefern. Theoretisch ist es auch denkbar, kleinere Teilmengen jeweils just in time für die einzelnen Tests an den Versuchstieren bereitzustellen. In vielen Unternehmen wird allerdings die Herstellung in einer Charge gefordert, um das Verunreinigungsprofil über die gesamte Studie konstant halten zu können. Zudem will man das Risiko, die sehr teure Tox-Studie wegen Substanzmangel abbrechen zu müssen, nicht eingehen. Aus diesen Überlegungen heraus ist das derzeitige Vorgehen zur Substanzbereitstellung entstanden.

In einer Laborabteilung wird eine Syntheseroute für den Wirkstoff entwickelt und in der Regel im 1 l Kolben hergestellt. Eventuell wird man einen ersten Ansatz im ca. 25 l Glasrührwerk durchführen. Im Einzelfall lassen sich so bis zu 1 kg eines Wirkstoffes gewinnen. In der Regel wird jedoch an diesem Punkt bereits der Auftrag zur Herstellung der 15 kg Charge als eine Charge an das Technikum mit ca. 500 l Rührwerken übergeben.

Die Durchlaufzeit inkl. Verzögerungen durch Wartezeiten in einem solchen Betrieb liegen für eine ca. 10stufige Synthese bei ca. 6 Monaten. Da die Synthese erstmalig im zudem meist zu großen Equipment mit in dieser speziellen Chemie unerfahrenem Personal und oft mit Rohstoffen von neuen Lieferanten durchgeführt wird, hat man mit relativ niedrigen Ausbeuten zu rechnen. Die Kostensätze in einem Betrieb liegen aufgrund der Abschreibungskosten für die teuren Anlagen dagegen um den Faktor 2 bis 5 über denen der Laborentwicklung. Da die Entwicklungsbetriebe auf jeden Fall auch Material für die Anwendung am Menschen (d.h. unter GMP-Bedingungen) produzieren müssen, ist der Aufwand bei Reinigung und Dokumentation auch bei der Durchführung von Kampagnen für Non-GMP-Zwecke ebenfalls entsprechend hoch, da anschließend im selben Rührwerk ja direkt wieder ein GMP-Ansatz einer anderen Verbindung durchgeführt werden könnte und Kreuzkontaminierung unbedingt vermieden werden muß.

Die in der frühen Phase benötigte Menge von 15 kg könnte alternativ statt in einem großen Betriebsansatz auch in einem 25 l Glastechnikum in Form von 15 Ansätzen zu je einem Kilogramm hergestellt werden. Das erste Kilogramm wird dabei bereits deutlich früher (nach ca. 6 Wochen) erhalten. Wenn man annimmt, daß in diesem Fall drei Arbeitsgruppen parallel arbeiten, ist es möglich, innerhalb von ca. 7,5 Monaten die gleiche Menge an Substanz abzuliefern. Die drei Arbeitsgruppen haben die Synthese jeweils 5mal durchgeführt. Es gibt jetzt aus der Summe der Erfahrungen aus 15 Durchführungen einen erheblichen Informationsgewinn im Vergleich zu nur einem Betriebsansatz nach der alten Methode. Die Tox-Untersuchung könnte bereits deutlich früher mit der ersten Menge beginnen. Die anfallenden Kosten wären verglichen mit den Herstellkosten des bisherigen Ansatzes deutlich geringer (ca. ein Viertel der Kosten einer typischen Technikums-Produktion). Wir haben in diesem Fall zwar mehr Mitarbeiter-Kapazität eingesetzt. Die Kostensätze im Non-GMP-Labor sind jedoch niedriger als im Betriebsmaßstab. Zu den Vorteilen zählt zudem auch der gesammelte Erfahrungsschatz der Mitarbeiter, die diese Synthese durchgeführt haben. Jeder, der mit komplexen Fertigungsprozessen zu tun gehabt hat, weiß um das Ausmaß an Verbesserungen, die durch vielfaches Wiederholen eines Ablaufes erreicht werden können.

In der bisherigen Diskussion haben wir einen kritischen Punkt vernachlässigt. Das Labor, das die Bereitstellung der Substanzen für präklinische und toxikologische Studien vornimmt, muß selbstverständlich nicht den GMP-Anforderungen unterliegen. Sehr häufig ist aber die für die klinische Phase I benötigte Menge sehr klein. Daher könnte sie eigentlich Teil einer solchen Laborcharge sein. Die Bedenken vieler Kollegen gehen dahin, daß das Verfahren für diese Klinikcharge in einen Produktionsbetrieb transferiert werden müßte, um eine sehr kleine Menge von 50 g bis 1 kg herstellen zu können. Wir halten diese Befürchtung für ein großes Mißverständnis. Für das Material der klinischen Phase I werden keine Masterdokumente benötigt. Frühe Stufen, die keine Berührung mit dem Menschen haben, können relativ problemlos als Chemieproduktion betrachtet werden. Auch für die letzten Stufen sind keine unüberwindbaren GMP-Forderungen für uns sichtbar. Wir sehen gegenüber einem GMP-Inspektor sogar in der Argumentation einige Vorteile.

Wir können anführen:

- Das Equipment wurde vom gleichartigen Voransatz übernommen. Es besteht somit kein Reinigungsproblem.
- Die Tatsache, daß das Material dem fünfzehnten gleichartig produzierten Batch entstammt, gilt unserer Ansicht nach ebenfalls als Qualitätskriterium. Diskussion über die Qualifikation der Anlagenbetreiber sollten sich ebenfalls sehr leicht erledigen, da die Mitarbeiter durch die ersten Batches, die nicht in die Klinik gehen, gelernt haben.
- Eine umfassende Dokumentation muß auch schon deshalb gefordert werden, weil wir die Ergebnisse aus diesen Erfahrungen für das spätere Scale up benötigen.

Den Anstieg der GMP-Anforderungen im Verlauf der Entwicklung zeigt Abbildung 7.14 (S. 106).

Die Aufgabe der Entwicklungsabteilung besteht also nicht mehr im Scale up des Verfahrens auf „große" Dimensionen unter Beibehaltung des Verunreinigungsprofils der Synthese, sondern in der Transformation eines Batch-Prozesses in einen kontinuierlichen oder pseudokontinuierlichen Produktionsprozeß unter Berücksichtigung regulatorischer Forderungen an die Qualität pharmazeutischer Endprodukte. Das Ziel bisheriger Entwicklungskonzepte lag in der Festlegung einer Produktionsbatchgröße. Diese Batchgröße wurde den Behörden im Registrierungsdossier als Herstellungsprozeß genannt. Eine Änderung in der Ansatzgröße führte bisher häufig zu neuen Optimierungsaktivitäten, falls die notwendige Qualität nicht wieder erreicht werden konnte, auf jeden Fall aber zu einer Änderungsmeldung bei den Behörden. Ziel der künftigen Entwicklung wird die Festlegung eines Standardproduktionssystems sein. Zusätzlich zur Chemie wird nun auch die Produktionsgröße durch die Festlegung der Anlage, in der produziert wird, bestimmt.

Vermeidung von Scale up im Technikum

Die Verfahrensentwicklung baut nun auf diesem Wissen der frühen Entwicklung auf und wird konsequent nach modernen Produktionsmethoden durchgeführt. Hierbei wird auf die gleiche Technologie zurückgegriffen, wie sie in der Großchemie z. B. bei der BASF höchst effizient entwickelt ist. Der Unterschied besteht lediglich darin, daß die Pharmaindustrie aufgrund der geringeren Substanzbedarfsmengen auf kleinere Dimensionen setzt. Dazu beginnt eine Entwicklungsgruppe mit der systematischen Betrachtung der Prozesse. Nach der Problemdefinition findet zunächst computerbasiert eine Prozeßanalyse, eine Modellierung und anschließend eine Computersimulation eines optimierten Prozesses statt. Als

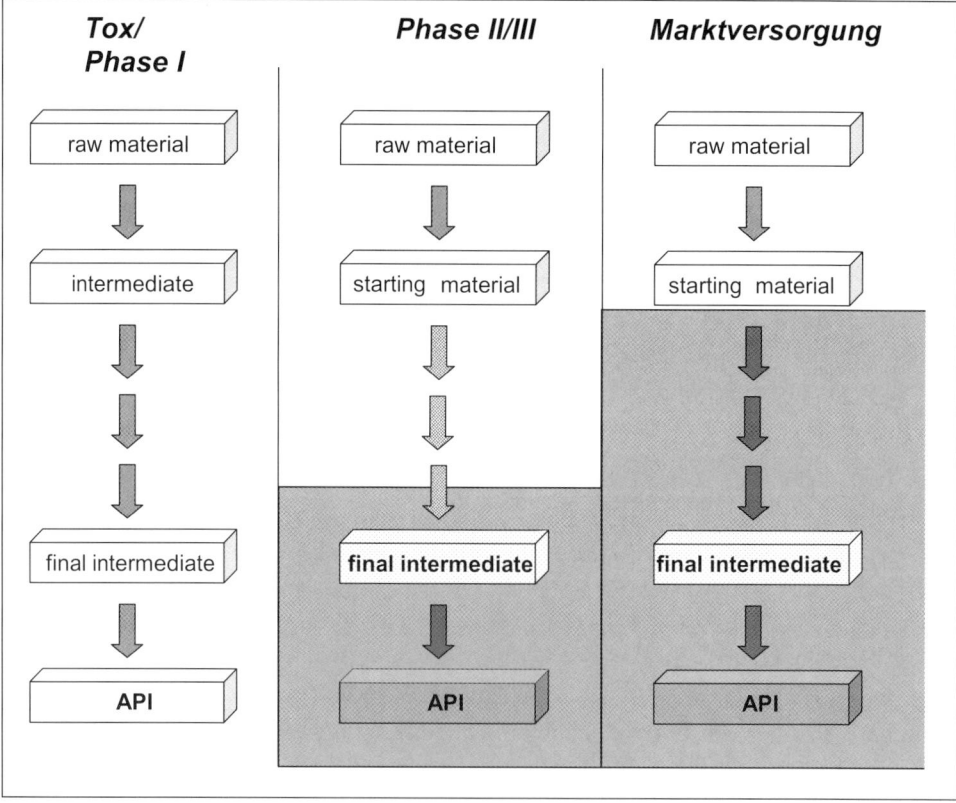

Abbildung 7.14 Anstieg der GMP-Anforderungen im Verlauf der Entwicklung. Je dunkler der Hintergrund ist, desto höher sind die Anforderungen an die Zwischenstufe und den Wirkstoff. Grau hinterlegt ist der von den ICH-Guides geforderte Bereich für die Anwendung des vollen GMP-Umfangs (Abbildung mit freundlicher Genehmigung der Schering AG).

Voraussetzung dafür müssen kalorimetrische Daten sowie Informationen zu den Transporteigenschaften der eingesetzten Substanzen ermittelt werden. Diese Kenndaten werden in weiten Bereichen der Pharmaindustrie bereits heute erhoben. Bisher steht dabei aber nur die Sicherheitsrelevanz z. B. bei stark exothermen Reaktionen im Vordergrund. Einfachere Systeme können mit Hilfe dieser Daten bereits heute direkt mit vorhandener Software modelliert bzw. simuliert werden. Da auf dem Gebiet der Prozeßsimulation ständige Fortschritte durch wissenschaftliche Arbeiten erreicht werden und auch die zur Berechnung komplexerer Systeme benötigte Computerhardware sich sehr schnell weiterentwickelt, können wir davon ausgehen, daß die nötigen Tools auch bald geeignet sein werden, die in der Pharmaindustrie typischerweise komplexeren Reaktionen zu modellieren.

Bei vielen Reaktionen wird man die heute übliche Rührwerksreaktion auch weiterhin als sinnvolle Variante betrachten. Zu diesem Zweck wird dann der Transfer in drei Standardrührwerksgrößen vorgenommen. Die Standardrührwerksgrößen haben 100 l, 250 l und 1200 l Rührwerksvolumen. In diesem Rührwerk werden ausschließlich Reaktionen durchgeführt. Für Aufarbeitungen werden entsprechende Ausrührgefäße u. ä. verwendet. Die Auswahl der Dimension erfolgt nach dem erwarteten Wirkstoffbedarf für die ersten drei Jahre nach Markteinführung. Als möglicher Produktionszeitraum werden 45 Wochen pro Jahr angenommen. Für die folgenden Phasen der Entwicklung wird man die benötigte Anzahl der Batches in diesem Equipment herstellen.

Bei der Konzeption dieses Aufbaus wird man an vielen Punkten anders vorgehen als bisher. Im derzeitigen Vorgehen sind Substanzisolierungen und Trocknungen wichtige Schritte, um eine Substanz lagerfähig zu machen. Dies ist notwendig, weil man in einem Multi-purpose-Betrieb einen ständigen Wechsel der Anlagen vornimmt und es dabei zu ungeplanten Kollisionen kommen kann. In solchen Situationen ist die kostbare Substanz in einer stabilen Lagerform sicher und kann in einem Tiefkühlraum solange gelagert werden, bis wieder geeignete Anlagenteile verfügbar sind, um die Reaktionssequenz fortsetzen zu können. Diese Lager- und Sicherheits-Mentalität ist in einem fließenden System nicht mehr notwendig. In vielen Fällen können daher Isolierungen und Trocknungen, teilweise sogar ganze Stufen entfallen.

Aus einem Plausibilitätsansatz ergibt sich, daß 100 l und 250 l Rührwerk zu den Standardrührwerken für viele Produkte werden könnten. Er beruht darauf, daß derzeit standardmäßig ein 4000 l Rührwerk in der Pharmaproduktion eingesetzt wird. Dieses wird in einer 3er Kampagne in der Regel dreimal pro Stufe verwendet. Es ergibt sich somit ein Volumen von 12 000 l. Da wir allerdings anstatt 3 Wochen maximal 45 Wochen produzieren, ergibt sich ein Volumen von ca. 260 l (12 000 : 45). In vielen Fällen wird jedoch der Bedarf für mehr als ein Jahr hergestellt. Daraus folgt, daß bei vielen Produkten das kleinere Standardrührwerk ein ausreichendes Volumen zur Verfügung stellt.

In Analogie zu Abbildung 7.8 ergibt sich nun ein Prozeß mit zwei definierten Scale up-Schritten (Abbildung 7.15, S. 108).

Beim ersten Schritt wird das Scale up des Verfahrens der Forschung durchgeführt. Ziel dieser Maßstabsvergrößerung ist es lediglich, die Substanzmengen für die frühe Entwicklung bereit zu stellen. Es wird keine Verfahrensentwicklung angestrebt. Beim zweiten Schritt findet der Transfer in den Produktionsmaßstab statt. Es ergibt sich nur an diesen beiden Stellen ein Know-how-Verlust. Beim zweiten Schritt ist dieser zudem klein, da dieser Schritt systematisch durchgeführt wird und auf einer deutlich höheren Wissensbasis aufgrund der bereits großen Zahl durchgeführter Ansätze erfolgt. Im Bereich der Entwicklung werden für die klinische Phase II/III, für Stabilitätseinlagerungen u. ä. Wirkstoffmengen

Labor/Forschung 100 mg bis wenige Gramm
⇩
Labor/Forschung: erstes Scale up für frühe Präklinik, mehrfache Durchführung des Verfahrens für Formulierungsentwicklung, Tox- und klinische Phase I-Material
⇩
Entwicklungslabor: Scale up für klinische Phase II/III, Stabi-Batches und Produktion, nach Transfer in Produktion, mehrfacher Aufbau der gleichen Anlage für Marktbedarfsdeckung

Abbildung 7.15 Verfahrensentwicklung nach Teilung in definierte Prozeßschritte.

benötigt, die ähnlich wie in der ersten Phase der Entwicklung nur in einer „relativ" großen Zahl von Ansätzen hergestellt werden können. Es ergibt sich damit eine neue Lernkurve auf dem Weg zum Produktionsprozeß (Abbildung 7.16).

Die Entscheidung, welcher Bedarf am Markt vorliegen wird, muß in aller Regel zum Zeitpunkt der Beendigung der klinischen Phase I vorgenommen werden.

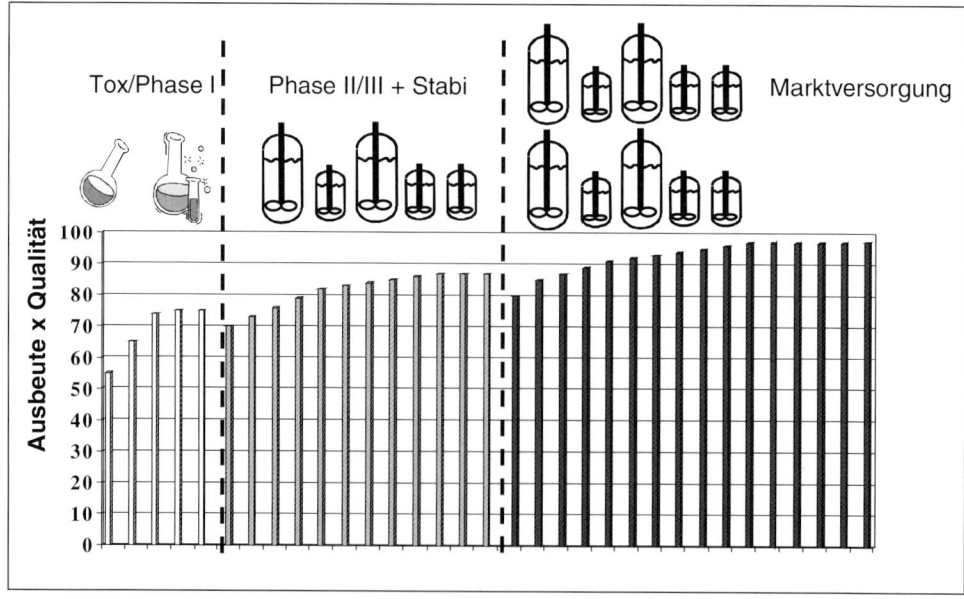

Abbildung 7.16 Lernkurve des neuen Prozesses.

Zu diesem frühen Zeitpunkt ist jedoch keine sichere Aussage möglich. Es kann daher nur der erwartete Marktbedarf in den ersten drei Jahren abgeschätzt werden und die Produktion in diesen Maßstab vergrößert werden. Steigt der Bedarf im weiteren Verlauf des Produktlebenszyklus, dann wird diese Anlage einfach repliziert. Wächst der Bedarf nicht gemäß den Erwartungen, wird eine Anlage im Extremfall für die gesamte Lebensdauer des Produktes ausreichen.

Aus ökonomischen Gründen sollte die Entwicklungsstandardanlage zwischen 10 und 50% des späteren Marktbedarfs produzieren können. Diese Anlage wird dann in der Produktion typischer Weise zwischen ein- und fünfmal nebeneinander aufgebaut und kann bei erfreulicher Marktentwicklung um weitere parallele Anlagen ergänzt werden.

Umsetzung mit vorhandenen Techniken

Der vorgestellte neue Prozeß hat sofort auch Konsequenzen für die praktische Umsetzung eines Entwicklungsprozesses in einen Produktionsprozeß. Bei den bisherigen Multi-purpose-Anlagen wurde die Rührwerksperipherie jeweils als Umrüstung am Tag vor dem Betriebansatz ans Rührwerk gefahren, mit Schläuchen angekoppelt, gereinigt und schließlich verwendet. Dieser Prozeß war nie durchoptimiert, eine feste Installation der Anlagen war auch nicht sinnvoll. Da im Multi-purpose-Equipment wegen des hohen Planungsrisikos auch nie sicher war, wann die nächste chemische Umsetzung stattfindet, bestand sogar ein starkes Interesse an der Überführung einer Stufe in eine feste Lagerform. In dem neuen Modell ist das nächste Rührwerk bekannt, der Zeitpunkt der nächsten chemischen Umsetzung sicher und somit eine deutlich vereinfachte Prozeßführung möglich. Die Abbildung 7.17 zeigt die Gegenüberstellung der Abläufe für beide Varianten mit heutigem Equipment.

Ein Vorteil eines modularen Ansatzes, der bisher nicht diskutiert worden ist, ist in der höheren Flexibilität des Modells für die Entwicklung zu sehen.

Bei der bisherigen Vorgehensweise wurde in relativ großen Mengen produziert. Eine Hoffnung der Pharmaindustrie besteht darin, daß neue Lab on a Chip-Konzepte den Substanzbedarf für frühe Entwicklungen deutlich reduzieren. Bei den bisherigen Konzepten würde dies ein Umdenken notwendig machen. Für das Konzept mit einer modularen Produktion würde die Konsequenz bedeuten, daß man in der Entwicklung lediglich eine geringere Anzahl von Ansätzen machen müßte. Auch andere technologische Veränderungen, die z.B. den Mengenbedarf auf der Zeitachse an anderer Stelle entstehen lassen, sind durch ein Konzept mit einer größeren Zahl kleinerer Ansätze deutlich leichter abzufangen.

Die technische Produktionslinie selbst wird sich gemäß unserer Erwartungen zu 80% aus Standardbausteinen und zu 20% aus speziellen Bauelementen zusammensetzen, da die verfahrenstechnischen Grundoperationen der Chemie sich auf eine relativ kleine Zahl beschränken. Beim Aufbau einer neuen Produktionslinie kann somit in der Regel auf vorhandene Elemente zurückgegriffen werden. Sollte tatsächlich der umgekehrte Fall auftreten, daß ein Marktbedarf zunächst völlig überschätzt wurde, wäre der zusätzliche Kostenaufwand für den Abbau einer Anlage damit noch vertretbar.

Als Nachteile der neuen Vorgehensweise sind zu nennen:
- Jede Änderung der chemischen Synthese kann zu einem völlig anderen Verunreinigungsprofil führen und damit die Wiederholung der Experimente in der Toxikologie zur Folge haben. Diesem Risiko soll jedoch durch die größere Erfahrung mit der Synthese aufgrund der höheren Zahl durchgeführter Ansätze (vgl. Lernkurve) entgegengewirkt werden. Dennoch bleibt dieser Punkt ein potentielles Risiko.

- Die Kosten der Entwicklung fallen bei parallel arbeitenden Abteilungen an. Sollte sich bei den klinischen Studien herausstellen, daß dieses Behandlungsprinzip nicht ausreichend tragfähig ist, muß durch ein effektives Kostencontrolling sichergestellt werden, daß die Arbeiten zu diesem Wirkstoff in allen beteiligten Abteilungen sofort konsequent eingestellt werden. Da hier parallel gearbeitet wurde, sind wahrscheinlich bereits in kürzerer Zeit mehr Aufträge abgearbeitet worden. Dies bedeutet aber bei einem Scheitern des Projektes auch, daß zu diesem Zeitpunkt möglicherweise bereits höhere Kosten entstanden sind. Insgesamt stellen sich hier neue Herausforderungen für ein effizientes Projektmanagement.

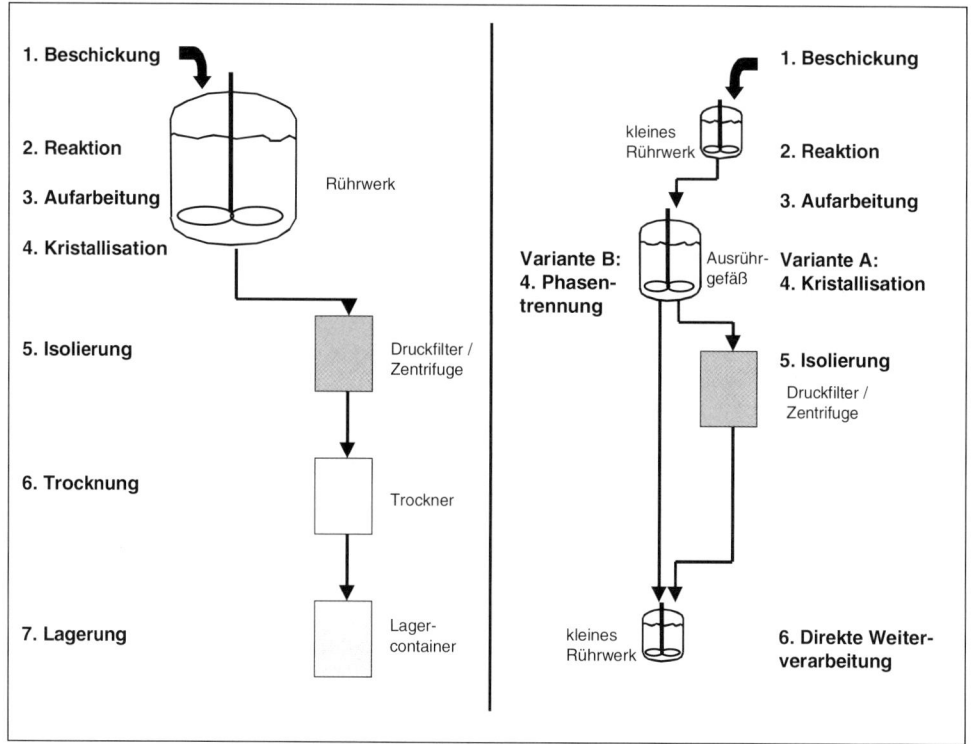

Abbildung 7.17 Vergleich zwischen Batch (links) und semi-kontinuierlichen Prozessen (rechts).

Fazit zum bisherigen Kap. 7.1:

Die Vorteile des hier diskutierten Ansatzes sind:

- Die Komplexität des Prozesses nimmt ab (Verringerung der Komplexität ist ein Merkmal fast aller erfolgreicher „Turnarounds", bei denen Unternehmen in wirtschaftlichen Schwierigkeiten saniert wurden [z. B. *Winter* 2000; über die Erfolge von W. Wiedeking bei Porsche]).

- Die Spezifikation für das Marktprodukt wird mit dem quasi-kontinuierlichen Prozeß zu einem Zeitpunkt eines weit besseren Kenntnisstandes festgelegt.

- Aus regulatorischer Sicht ist es leichter, einen Prozeß mengenunabhängig zu definieren. Die Vergrößerung der Produktion wird lediglich in der Addition einer weiteren „baugleichen" Produktionslinie bestehen.

- Die Analytik kann hier direkt in den Prozeß integriert werden. Bei auftretenden Schwierigkeiten, die zu einem nicht spezifikationskonformen Wirkstoff führen, wird eine Produktionslinie einfach abgeschaltet. Somit kann für das zu verkaufende Produkt die gleiche Qualität gesichert werden.

- Die Anpassung an veränderte Marktbedürfnisse ist relativ einfach durchführbar, da bei steigendem Bedarf die Replikation einer vorhanden Produktionslinie vorgenommen wird. Bei sinkendem Bedarf wird eine Linie abgeschaltet.

- Im Zusammenhang mit dem letztgenannten Punkt ist auch das Problem der Spezialprodukte mit sehr kleinem Mengenbedarf lösbar, die derzeit wenig rentabel produziert werden, da eine Charge in der Chemie für viele Jahre reicht und bis zu einer Neuauflage der Synthese regelmäßig Know-how verloren geht, das bei der Jahre später durchgeführten nächsten Produktionscharge kostenintensiv neu etabliert werden muß. Durch den kontinuierlichen Betrieb einer kleinen, an den Bedarf angepaßten Anlage wäre auch dieses Problem zu lösen.

- Mit einem zweigeteilten Entwicklungsansatz entfällt ein Teil der Vorlaufzeit in der chemischen Entwicklung, da ja praktisch die Forschungssynthese in größeren Rührwerken übernommen wird. Dadurch läßt sich der Start der Entwicklungsaktivitäten in verschiedenen Bereichen besser synchronisieren. Beispielsweise finden Formulierungsentwicklung in der pharmazeutischen Entwicklung und Stabilitätstest der ersten hergestellten Formulierungen derzeit aus Zeitgründen teilweise parallel zur Entwicklung der Prüfverfahren in der analytischen Entwicklung bzw. Qualitätssicherung und den dort durchzuführenden Streßtests statt. Dies geschieht, weil die chemische Entwicklung zunächst relativ lange für eine Syntheseoptimierung benötigt und dann versucht, diese Verzögerung wieder einzuholen, indem sie relativ große Substanzmengen zur Verfügung stellt. Für den Gesamtentwicklungsprozeß wäre allerdings die kontinuierliche Bereitstellung von kleineren Mengen besser, wobei erste Kleinmengen bereits nach kurzer Zeit verfügbar sind. – Hier wird die gesamte Entwicklung beschleunigt.

7.1.3 Das Beispiel

Zur Veranschaulichung wollen wir im folgenden die bis hierhin diskutierten Punkte auf unsere Beispielreaktion übertragen.

Im klassischen Ansatz wäre die 10stufige Synthese von der Wirkstofforschung an die chemische Entwicklung übergeben worden. Dort wird sie zunächst im Labor optimiert. Dabei erhält man die erwähnte Ausbeuteverbesserung auf 90% je Stufe. Dann überträgt man in den Entwicklungsbetrieb und verliert beim Scale up auf jeder der Stufen in etwa wieder das, was die Laboroptimierung erreicht hatte. Die benötigten 15 kg werden in einem Ansatz hergestellt. Alle Beteiligten sind glücklich und zufrieden, die benötigte Menge „in time" hergestellt zu haben. Insgesamt sehen jedoch alle das Defizit des Transfers in das größere Equipment.

Die Frage ist nun, wie sieht die Alternative aus?

Zunächst möchten wir die Frage der zu bewegenden Mengen beantworten. Die benötigten 15 kg werden zunächst in 10 Ansatzgrößen auf den jeweiligen Zwischenstufen zerlegt, die für die letzte Stufe eine Zielausbeute von 1 kg erbringen. Die Rechnung erfolgt auf Basis der bisherigen Forschungsausbeuten. Für den ersten Ansatz mit 80% Ausbeute je Stufe ergibt sich, daß in der ersten Stufe 7,5 kg Startmaterial eingesetzt werden muß. Im zweiten Schritt ist dann für jede errechnete Ansatzgröße auf der jeweiligen Stufe die jeweils günstigste Anlagenkonstellation zu reservieren. Die Obergrenze der Anlagenvolumina sollte sinnvollerweise 20 l nicht überschreiten, um die Reaktionen weiterhin in handelsüblichen Laborausstattungen betreiben zu können. Für die erste Stufe bedeutet dies, bei 7,5 kg Startmaterial und unter Berücksichtigung der üblichen angestrebten Konzentrationen zwei Ansätze in einem Glasrührwerk mit 20 l Volumen durchführen zu müssen. Schon nach wenigen Folgestufen wird allerdings aufgrund von Ausbeuteverlusten die Ansatzgröße von 20 l unterschritten. Die letzte Stufe wird mit 5 l Volumen in einem Ansatz in einem 10 l Rührwerk bearbeitet.

Zur Durchführung der einzelnen Stufen wird nun mit der ersten Anlage und der ersten Stufe begonnen. Sobald die gewonnene Zwischenstufe in die zweite Anlage zur weiteren Umsetzung in der zweiten Stufe übergeführt ist, beginnt in der ersten Anlage erneut die Umsetzung von weiterem Startmaterial. Bei einer Gesamtzielmenge von 15 kg ist deshalb für die erste Stufe mit insgesamt 30 Ansätzen (2 x 15 Ansätze) zu rechnen. In einem solchen Prozeß von vielen, direkt hintereinander geführten Ansätzen ist die Lernkurve jedoch

	80% Ausbeute pro Stufe (in kg)	95% Ausbeute pro Stufe (in kg)
Stufe 1	7,5	7,5
Stufe 2	5,9	7,2
Stufe 3	4,8	6,6
Stufe 4	3,8	6,2
Stufe 5	3	5,9
Stufe 6	2,4	5,6
Stufe 7	2	5,3
Stufe 8	1,6	5
Stufe 9	1,25	4,8
Stufe 10	1	4,5

Abbildung 7.18 Vergleich der Ausbeuten einer zehnstufigen Synthese mit 80 und 95% Ausbeute pro Stufe.

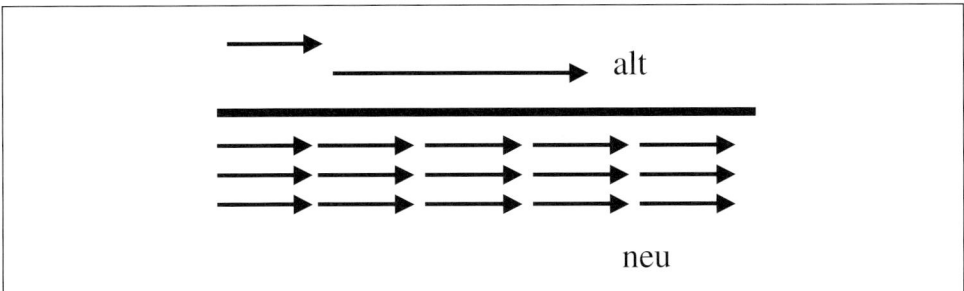

Abbildung 7.19 Schematische Darstellung der Zeitachse zur Herstellung des Wirkstoffs in der frühen Entwicklung. Jeder Pfeil stellt einen Batch dar, wobei die Substanzmenge unberücksichtigt bleibt.

leicht nachvollziehbar. Wir nehmen wie bereits diskutiert an, daß jede Wiederholung zu einer Verbesserung der Ausbeute führt. Dies führt beim 10. Ansatz zu einer Durchschnittsausbeute von ca. 95% pro Ansatz. Als Ergebnis ergibt sich aus der letzten Ansatzkaskade eine kumulierte Ausbeute von mehr als 4 kg statt der ursprünglichen 1 kg. In Abbildung 7.18 sind die Ausbeuten pro Stufe für den ersten und den letzten Ansatz für jede Stufe zusammengefaßt.

Mit der neuen Vorgehensweise erzielt man also deutlich mehr Substanz und gewinnt zusätzlich mehr Wissen über die Synthese. Selbst wenn die Annahmen hier als zu optimistisch angesehen werden sollten, ist der Effekt dennoch sehr beachtlich. Wir haben an diesem Beispiel zudem gezeigt, daß die Umsetzung dieses Konzeptes in einem typischen Glastechnikum selbst bei relativ großem Substanzbedarf für Präklinik und erste Klinikstudien machbar ist. Den Wechsel in ein „Technikumsequipment" wollen wir für unser Beispiel dann im folgenden Kapitel 7.2.3 zur Chemieproduktion erläutern.

Zur Abschätzung der Kapazität möchten wir wieder von unseren Annahmen ausgehen. Wir wollen drei Arbeitsgruppen parallel arbeiten lassen. Die Reinigung der Rührwerke findet erst zum Ende der Ansätze statt, da wir bis dahin immer wieder die gleiche Stufe im gleichen Rührwerk fahren werden. Analytik findet nur auf drei isolierten Stufen statt. Es werden somit 5 x 10 Stufen in Folge durchgeführt. Dies entspricht einer Kapazität von ca. 150 Arbeitstagen für die Herstellung, 18 Tagen für die Zwischenproduktanalytik. Die Reinigung am Ende ist nicht mehr relevant, da die Substanz zu dem Zeitpunkt bereits abgegeben ist. Für die Präklinik ist zudem keine mikrobiologische Freigabe erforderlich, wodurch sich auch die Endstufenfreigabe auf eine Woche verkürzen läßt. Dies führt zu einem Gesamtbedarf von ca. 174 Arbeitstagen. Inkl. der üblichen Feiertage ist die Bereitstellung somit in ca. 10 Monaten erfolgt. Die erste Substanz (3 kg) ist allerdings bereits nach dem 2. Monat an den nächsten Schritt im Prozeß abgegeben worden. Beim bisherigen Vorgehen würde zwar auch ein erster Laboransatz bereits nach ca. 2 Monaten einen ersten Batch abliefern. Danach würde aber für ca. 6 Monate kein weiteres Material geliefert, da im Technikum der Zeitbedarf aus den oben genannten Gründen erheblich höher ist. In dieser Zeit müßten die nachfolgenden Prozesse folglich warten (Abbildung 7.19).

Die Kosten der beiden Ansätze sollen im Rahmen der Betrachtung von Beispielen diskutiert werden.

7.2 Chemieproduktion

7.2.1 Systeme und Aufgaben der Chemieproduktion

Prinzipiell existieren drei verschiedene Produktionssysteme, die wir bei der Untersuchung eines optimalen Prozesses für die Pharmaproduktion der Zukunft betrachten wollen:

- Die Produktion in vorhandenem Equipment.
  In diesem Fall existieren große universell verwendbare Anlagen, die für einen kurzen Zeitraum (z.B. 4 Wochen) für die Herstellung eines oder mehrerer Batches einer Substanz „gemietet" werden. Dieses System wird in der Pharmaindustrie in vielen Fällen angewendet.

- Die Produktion in speziell für eine Synthese gebautem Equipment.
  Diese sogenannten Mono-Anlagen für nur einen Prozeß stellen das Optimum der Kostenrechner dar. Das Problem der mangelnden Flexibilität dieser Anlagen limitiert aber ihren Einsatz in der Pharmaindustrie.

- Der Einsatz von kleinen Anlagen.
  Dieser Ansatz wird mit dem Einsatz von Mikroreaktoren diskutiert, wurde allerdings bisher nur in wenigen Fällen realisiert [*Ehrfeld, Hessel, Löwe* 2000; *DeWitt* 1999]. Daß dies technisch und wirtschaftlich sehr attraktiv sein kann, wurde bei der Firma Merck AG bei der Reaktion eines Grignard-Reagenzes mit einem Keton zu einem tertiären Alkohol gezeigt. Die Laborausbeute (88%) und die Ausbeute des bisherigen Semibatch-Produktionsverfahrens (72%) konnte durch eine Optimierungsstudie im Mikroreaktor auf 92–95% gesteigert werden. Aufgrund dieses eindrucksvollen Ergebnisses wurde bei Merck eine Produktionsanlage aufgebaut, die 5 Minireaktoren mit einer Größe von 10^{-3} m^3 besitzt.

Die Variante von klassischen Reaktoren, die in „kleinen Einheiten" als „dedicated" für einen Prozeß eingesetzt werden und bei Bedarf dann repliziert werden, wird zwar z.B. im Bereich der Pharmaproduktion von der Firma Pharmadule (www.pharmadule.com) vertrieben. Solche Einheiten sind jedoch bisher für die Chemieproduktion nicht systematisch betrachtet worden.

Problem: Schnelle Kapazitätsanpassung

Beim Übergang von der Entwicklung in die Produktion stellt der schnelle Aufbau von Kapazitäten für die Pharmazeutische Industrie im alten Prozeß oftmals eine besondere Herausforderung dar. Bevor das Konzept einer zukünftigen Produktion vorgestellt wird, sollen anhand des folgenden, realen Beispiels die Probleme heutiger Produktionskonzepte aufgezeigt werden.

Dieses Beispiel zeigt, welche Umsätze einem Unternehmen entgehen können, wenn eine kurzzeitige Anpassung der Produktionskapazitäten nicht möglich ist.

> *Die Firma Immunex, an der der Pharmakonzern Wyeth (ehem. American Home Products (AHP)) eine 41%ige Beteiligung hält, erhielt im November 1998 für das Produkt Enbrel zur Behandlung von rheumatoider Arthritis die Zulassung durch die FDA. Enbrel ist ein natürliches Humanprotein, das zu hohe Mengen einer Substanz im Immunsystem – bekannt als Tumor Nekrose Faktor (TNF) – blockiert. Aufgrund der guten Wirksamkeit gehört Enbrel zu den am schnellsten im Umsatz wachsenden Biopharmazeutika überhaupt. Trotz dieser für Immunex*

durchaus erfreulichen Tatsache ist jedoch problematisch, daß die Herstellung der Substanz auf einem komplexen biotechnologischen Prozeß beruht. Zudem ist der Gesamtbedarf an Enbrel aufgrund der hohen Dosierung mit 182 kg/Jahr außergewöhnlich hoch (zum Vergleich: ca. um Faktor 1000 höher als bei der Behandlung von Multipler Sklerose mit dem Biotech-Präparat Avonex; um Faktor 100 höher als Amgens Epogen und Neupogen).

Aus diesem Grund überstieg die Nachfrage schnell das Angebot. Immunex mußte wegen des Produktionsengpasses die Umsatzerwartung in 2001 von ursprünglich 850 Mio. US-Dollar auf 750 Mio. US-Dollar zurücknehmen. Im August 2001 bekamen 70 000 Patienten Enbrel, zusätzliche 1000 Patienten befanden sich auf einer Warteliste. Von rheumathoider Arthritis sind alleine in Amerika jedoch 2 Millionen Menschen betroffen. Deshalb schätzen Analysten das Umsatzpotential von Enbrel auf ca. 2 Milliarden US-Dollar.

Die bei Boehringer Ingelheim, dem Lohnfertiger für Enbrel, verfügbaren Kapazitäten waren zu diesem Zeitpunkt schon seit fast einem Jahr völlig ausgelastet. Durch ein massives finanzielles Engagement in Höhe von 450 Mio. US-Dollar zur Ausweitung der in Rhode Island befindlichen Anlagen und eine Verbesserung der Ausbeuten um 10–30% bei Boehringer Ingelheim soll nun die Produktionsmenge verdoppelt werden. Allerdings ist dadurch keine kurzfristige Entlastung zu erwarten, da frühestens Mitte 2002 mit einer FDA-Zulassung für die Erweiterung auf Rhode Island zu rechnen ist. Hier zeigt sich, daß auch regulatorische Probleme einer schnellen Produktionsausweitung entgegenstehen können, da aufgrund des nicht standardisierten Produktionsequipments der Qualitätsnachweis für das in der neuen Anlage hergestellte Produkt wiederum erbracht werden muß.

Neben den entgangenen Einnahmen ist auch die Wirkung des Imageschadens in einer breiten Öffentlichkeit und der Zeitgewinn der Wettbewerber nicht zu unterschätzen. Sowohl Johnson & Johnson als auch Abbott erwarten den Markteintritt ihrer Konkurrenzpräparate für 2003.

Inzwischen gibt es erste Hinweise, daß Enbrel auch in der Indikation Psoriasis wirksam sein könnte. Parallel dazu wurde eine erneute Investition von 500 Mio. US-Dollar in eine weitere Produktionsstätte in Rhode Island bekannt, die bis 2005 betriebsbereit sein soll. Umgekehrt besteht das Problem, daß bei einem Vollausbau der Produktionseinheiten aufgrund der bis dahin auftretenden Konkurrenz möglicherweise Überkapazitäten aufgebaut werden, die sich zunächst in erhöhten „Sicherheitsbeständen" widerspiegeln. Die Sicherheitsbestände wiederum stellen lediglich „programmierte Verschrottungsbestände" [*Wassermann* 2001] dar und der Abbau von Überkapazitäten ist im derzeitigen Produktionskonzept genauso teuer wie der Aufbau zur Marktversorgung benötigter Kapazitäten.

Problem: Bestände und Terminsicherheit

In der Vergangenheit hatte man die Situation, daß teilweise Lagerbestände für mehr als zwei Jahre aufgebaut werden. Als Gründe dafür wurden angegeben:

- Dauer der chemischen Umsetzungen und Zeit für die Aufreinigung der Produkte (mehrere Tage vs. wenige Stunden im Automobilbau).
- Häufig geringe Stabilitäten der Produkte im Rohzustand (kaum Roh-Lagerung möglich).
- Hohe Reinheitsanforderungen und die Forderung nach Zwischenanalysen.

Bisher wurden einerseits die Anlagen für Verfahrensteilschritte konstruktiv möglichst einfach und allgemein einsetzbar gestaltet, um für möglichst viele Verfahren nutzbar zu sein. Andererseits wurden nicht für jeden Verfahrensschritt eigene Anlagen bereitgestellt. Die momentane Produktionsstrategie basiert also auf dem Multi-purpose-Konzept, während „dedicated Equipment", das heißt Anlagen, die für die gesamte Lebensdauer eines einzelnen Produktes nur zu dessen Herstellung genutzt werden, praktisch kaum Verwendung findet.

Um den unterschiedlichsten Mengenanforderungen gerecht zu werden, ist es deshalb erforderlich, Synthesen, die auf batchweise Umsetzung zugeschnitten sind, in Kampagnen durchzuführen und dabei die Wirkstoffmenge mindestens für die Dauer der nachfolgenden Kampagne bereitzustellen, um nicht die Marktversorgung in der Zwischenzeit zu gefährden. Die vorherrschende Meinung, daß die Chemieproduktion in der Pharmaindustrie sich gegenüber der Chemieindustrie in einer günstigeren Situation befindet, wird durch zwei wesentliche Argumente gestützt:

- Die gegenüber der großtechnischen Chemie vergleichsweise geringeren Tonnagen. Die langwierige Feinoptimierung ist für Produkte mit großer Ausbringungsmenge ökonomisch deutlich sinnvoller.
- Geringerer Preisdruck.

Die vermeintlichen Vorteile dieser Vorgehensweise der Kampagnenfahrweise von Batch-Verfahren in Multi-purpose-Anlagen sollen hier hinterfragt werden.

7.2.2 Der neue Weg

Der neue Weg basiert auf bisherigen Technologien. Umso erstaunlicher ist die Wirkung, die mit einer anderen Sortierung der bekannten Prozesse erreicht wird. In Kapitel 7.1 haben wir einen Scale up-Schritt nach der klinischen Phase I beschrieben. Für die weitere Entwicklung wird man diesen Prozeß weitere ca. 20mal durchführen. Beim Beginn der Produktion wird der Prozeß kontinuierlich reproduziert. In der Folge wird jede chemische Reaktion mindestens einmal pro Woche in dedicated Equipment durchgeführt. Anstelle eines weiteren Scale ups erfolgt die Erhöhung der Ausbringung durch die Erhöhung der Batchzahlen. Bei einer Wiederholung der Standardansatzgröße in 45 Wochen ergibt sich bei einer wöchentlichen Ausbeute von 11 kg eine Gesamtausbringung von ca. 500 kg.

Der Transfer an den Produktionsstandort oder in das Produktionsequipment erfolgt durch Aufbau der entsprechenden Anlage am Produktionsstandort. Die Anlage wird aus Standardkomponenten aufgebaut, deren Einsatzbereitschaft in ca. 6 Monaten zu gewährleisten sein soll.

Die Abbildung 7.20 zeigt ein Bild eines solchen Standard-Technikums, wie es heute bereits für die Verfahrensentwicklung verwendet wird.

Anlagen

Die Frage nach der notwendigen Anlage wollen wir mit der Frage nach den Produktmengen Wirkstoff pro Jahr bzw. pro Woche verknüpfen. Unser Ansatz soll dabei von einer einfachen Klassifizierung ausgehen.

Wir wollen die Produktionsmengen für Wirkstoffe in drei Klassen einteilen.

Abbildung 7.20 Bild des Innenlebens eines modularen Produktionsbetriebes (Abbildung mit freundlicher Genehmigung der Fa. Pharmadule, Schweden).

- Multi-Jahrestonnen-Produkte, Beispiel: Aspirin.
- Der Bereich zwischen 250 kg bis ca. 5 t pro Jahr (Beispiel Steroide für orale Kontrazeption).
- Der Kleinmengenbereich < 250 kg pro Jahr (Beispiel: Hochwirksame Chemotherapeutika in der Onkologie).

Innerhalb jeder Klasse soll die Kapazitätsausweitung durch Multiplizierung der Anlagen erfolgen.

Daraus folgt für unseren Gedankengang, daß wir

- eine Multi-Tonnen-Anlage benötigen,
- eine Anlage für den 500 kg Bereich und
- eine Mikroanlage für ca. 20 kg Jahresproduktion.

Die Multi-Tonnen-Standardanlage kann aus dem Bereich der Chemieproduktion abgeleitet werden. Für Unternehmen wie Bayer und BASF (hier Pflanzenschutzmittel) ergeben sich bereits heute die Chancen für enorme Synergiegewinne, wie sie typisch für Multisparten-Konzerne sind. Die Frage reduziert sich somit auf den Bereich der mittleren und kleinen Standardanlage.

Im Detail wird die Größe des größten und des kleinsten Rührwerks, das aus dem „Standard-Geräte-Park" entnommen und in der Produktionsanlage installiert wird, von der Synthese abhängen. Als Standardrührwerke sind, wie bereits erwähnt, ein 100 l Glasrührwerk, ein 250 l Rührwerk und ein 1200 l Rührwerk sinnvoll. Es ist durchaus denkbar, daß ein 1200 l Rührwerk, das typischerweise für eine frühe Stufe eines mittleren Projekts benötigt wird, bei einer sehr langen Synthese für die frühen Stufen eines Projektes mit kleinem Marktbedarf verwendet wird. Da es sich jedoch immer noch um das Standardrührwerk handelt, bleibt der positive Effekt für das Gesamtsystem erhalten.

Gebäude

Die Gebäude werden in Zukunft ähnlich unauffällig gestaltet werden wie heute bereits Technikum-Hallen. Das Gebäude wird ja nicht für eine Jahrhundert-Lebensdauer gebaut, sondern soll als möglichst leerer Installationsraum für eine Anlage dienen, deren Betriebsdauer mit 15 bis 20 Jahren angesetzt werden kann. Danach sollte man davon ausgehen, daß das Gebäude in seinem Innenleben deinstalliert wird und nach einer Basisrenovierung für eine oder mehrere neue Installationen Platz bietet.

Wirkstoffbestände als Puffer

Wir haben bereits weiter oben diskutiert, daß die Wirkstoffendstufe unsere natürliche Pufferstufe sein wird. Wenn wir zudem nun festlegen, daß wir einen Puffer auf der Stufe des Wirkstoffs anlegen, der die Größe des geplanten Bedarfs für ein Quartal enthält, müssen wir andererseits innerhalb eines Quartals die Produktionsmenge an den neuen realen Bedarf anpassen können. Dazu müssen die Produktionsanlagen aus flexiblen Standardkomponenten bestehen, die in wenigen Wochen zu einer kompletten Produktionslinie zusammengestellt werden können. Die Ansätze für standardisierte Module, die den Aufbau einer Fabrik der Zukunft nach dem Konzept der Zusammenstellung eines PCs ermöglichen sollen [*Lohf et al.* 2000], sind vorhanden. Bei steigenden Stückzahlen ist dann der Kostenaufwand, der mit der Bevorratung einer entsprechenden Produktionsanlage verbunden ist, klein verglichen mit dem Gesamtnutzen. Einen interessanten Punkt stellt zudem die Überlegung dar, daß wir nur drei Größenordungen von Produktionslinien in unserer Chemieproduktion sehen. Somit wird ein Reaktor, der sich im Reservelager befindet, nicht für eine spezielle Produktionslinie reserviert, sondern stellt eine Reserve für mindestens ein Dutzend Anlagen dar. Damit erreichen wir zwar nicht die Effizienz der Automobilindustrie, wo Toyota zeitweise nur einen Tankdeckel für alle Automobilreihen realisiert hatte. Es ergibt sich allerdings ein deutlicher Unterschied im Vergleich zum derzeitigen System, bei dem es bei einem analogen Detaillierungsgrad nur wenige gleiche Teile gibt.

Organisation

Ein nahezu klassischer Zustand in der chemischen Produktion der deutschen Pharmaindustrie ist, daß die Leitung von chemischen Produktions- und Entwicklungsbetrieben organischen Chemikern anvertraut ist. Die organischen Chemiker nehmen entsprechend nur solche Ideen an, die sie auch verstehen und das sind in der Regel klassische Laborarbeitsweisen aus der organischen Chemie. In den englischsprachigen Ländern sind die Betriebsleiter dagegen in der Regel Chemie-Ingenieure, dagegen werden die Process Research-Abteilungen dort von organischen Chemikern bestimmt. Obwohl hier die Chance bestünde, daß die Ingenieure neue Verfahrensweisen annehmen könnten, bekommen sie von dem ihnen vorgelagerten Prozeßschritt „nur" organische Synthesevorschriften ohne technische Umsetzungsvorschläge geliefert. Die Lösung dieses Dilemmas beginnt zwangsläufig mit der Umstrukturierung der Process Research-Einheiten zu interdisziplinären Teams, in denen Ingenieure und Chemiker gleichberechtigt, aber auch gleich verantwortlich für den Gesamtprozeß sein müssen.

Durch die parallele Produktion wird sich ein insgesamt leicht erhöhter Personalaufwand ergeben. Die Kosten dafür können jedoch, wie später diskutiert wird, in anderen Bereichen eingespart werden. Die parallele Produktion eröffnet darüber hinaus auch die Chance, neue Mitarbeiter gezielt an einer separaten Anlage bzw. Produktionslinie in den Prozeß einzuweisen und sie erst, nachdem sie die technischen und chemischen Besonderheiten des jeweiligen Prozesses beherrschen, an den Produktionsanlagen einzusetzen. Dieses in der Automobilindustrie als Lernwerkstatt erfolgreich angewandte Modell könnte auch in der Chemie- und Pharmaproduktion zu einem besseren Verständnis der Prozesse durch die Mitarbeiter und damit zu weniger Fehlern und einer daraus resultierenden höheren Qualität führen.

Fazit:

Die Vorteile lassen sich in wenigen einfachen Punkten zusammenfassen:

1. Die Reaktionen können optimiert werden, da nur ein sehr kleines und sehr gut definierbares Volumen sich unter den Reaktionsbedingungen befindet.

2. Standardreaktoren sind relativ preisgünstig herstellbar und können somit für den jeweiligen Prozeß „dedicated" hergestellt werden.

3. Entwicklung und Produktion haben ein klares Ziel für die gemeinsame Optimierung.

Der angestrebte Nutzen des neuen Weges läßt sich in folgenden Punkten zusammenfassen:

1. Verkürzung der Durchlaufzeit

2. Verkürzung der Resonanzzeit (Wiederbeschaffung)

3. Höhere Qualität durch kontinuierliche Verbesserung (Ausbeute, Reinheitsprofil, Prozeßsicherheit)

7.2.3 Das Beispiel

Im Kapitel 7.1.3 haben wir anhand unseres Beispieles erläutert, wie die Mengen bis zur Phase I sinnvoll auch im Labormaßstab hergestellt werden können. Der Mengenbedarf steigt während der Entwicklung jedoch ständig an. Ein Scale up ist deshalb unvermeidbar, soll jedoch möglichst nur einmal erfolgen. Deshalb wird anhand der bis dahin vorliegenden Daten über eine mögliche Dosierungshöhe, die Frequenz der Arzneimittelgabe und den zu erwartenden Marktanteil die zukünftige Marktmenge abgeschätzt. Hierfür können auch Vergleichsdaten schon im Markt befindlicher ähnlicher Produkte herangezogen werden. Wir nehmen für unser Beispiel eine Jahresbedarfsmenge an Wirkstoff von 500 kg an. Nach unserem Konzept müssen bei 45 Wochen Produktion und einem angenommenen Jahresbedarf von 500 kg des Wirkstoffes nur ca. 12 kg pro Woche ausgebracht werden. In dem unter 7.1 diskutierten Entwicklungsequipment haben wir aber mit einer Laborgerätezusammenstellung bereits 4 kg ausgebracht. Aus dieser Sicht ist nachvollziehbar, daß wir nur noch einen Scale up-Schritt im Verlauf der Entwicklung benötigen. In Abhängigkeit von der Art des Produktes kann man sich auch vorstellen, nach einer Kostenanalyse zu entscheiden, daß überhaupt kein Scale up durchgeführt wird und stattdessen nur durch die dreifach parallel reproduzierte Laboranlage die Produktion des Wirkstoffes sichergestellt wird.

Wenn aber ein Scale up-Schritt notwendig ist, dann sollte in den späten Entwicklungsphasen eine Anlagengröße gewählt werden, die den Anforderungen der Produktion genügt. In unserem Beispiel heißt das für die erste Synthesestufe: ein 20 l Glasrührwerk und 2 Ansätze für 7,5 kg Startmaterial führen zu 4 kg Wirkstoff. Daraus ergibt sich rechnerisch für 12 kg Wirkstoff ein Volumen von nur 60 l für die erste Stufe bei einer Produktionshäufigkeit von 2 Ansätzen pro Woche und 45 Wochen Jahresproduktionszeit. Wegen der Unsicherheit der Mengenabschätzung geben wir einen Sicherheitszuschlag und wählen eine Rührwerksanlage mit 100 l Volumen. Nominal reicht dies für eine Jahresproduktion von ca. 900 kg (20 kg/Woche) aus, wenn man weiterhin 2 Ansätze pro Woche annimmt. Für die folgenden Synthesestufen wären die Anlagen bestenfalls gleich groß oder kleiner zu wählen.

Dieses Beispiel erscheint manchem Betrachter sicherlich in der Dimension nicht ausreichend groß gewählt. Deshalb sei folgender Exkurs in einer anderen Dimension erlaubt: Für einen Jahresbedarf von ca. 10 t wären Anlagen mit einem Rührwerksvolumen von 1200 l zu wählen. Auch diese Anlagen entsprechen noch den üblichen Technikumsgrößenordnungen. Ideal wäre darüber hinaus noch die Wahl von zwei Anlagensträngen, damit bei einem mäßigen Erfolg des zukünftigen Produktes auch Flexibilität zum Kapazitätsabbau vorhanden bleibt. Damit sind auch 20–30 t Wirkstoff ohne Probleme abdeckbar. Zudem wird es auch einen deutlichen Lerneffekt bezüglich der Durchführungszeiten für einen Ansatz geben. Hier sind Durchsatzsteigerungen bis zu 50% aufgrund von verfahrenstechnischen Verbesserungen durchaus vorstellbar, da auch bereits bei der bisherigen klassischen Vorgehensweise hier immer wieder Optimierungserfolge in der Produktion erzielt werden können.

Doch zurück zu unserm Beispiel: In den späten Entwicklungsphasen wird in den bereitgestellten Anlagen insgesamt 10–20 Wochen „produziert". In den nicht genutzten Phasen steht dieses Equipment wie im herkömmlichen Multi-purpose-Betrieb für andere Synthesen zur Verfügung, bleibt aber (bzw. eine identische Anlage) gleichzeitig reserviert für weitere Substanzbereitstellungen. Innerhalb eines Technikums, das zukünftig mit Standardanlagen ausgerüstet sein wird, ist dies auch kein organisatorisches Problem. Die Übertragung der Synthese in die Produktion wird dann denkbar einfach. Entweder werden die bisherigen Anlagen direkt zum Produktionsequipment erklärt und nun „dedicated" für die Produktion genutzt, oder die Synthese wird in identische Anlagen am Produktionsstandort verlagert.

Je nach der Entwicklung der Bedarfsmengen kann dann Kapazität modular auf- oder abgebaut werden.

7.3 Ausblick

Zukünftige Chancen durch neue Technologien

Die meisten Reaktionen lassen sich nicht nur in großen Rührwerken sondern auch in miniaturisierten fließenden Systemen durchführen. Bei den typischen Aufarbeitungen lassen sich Prozesse aus der Chemie- oder Lebensmittelindustrie adaptieren. Einfache Beispiele sind Extraktionen oder Trocknungsprozesse, die in der Pharmaindustrie als Batchansätze gefahren werden, wohingegen die anderen chemie-basierten Industrien solche Prozesse kontinuierlich betreiben.

Die Abbildung 7.21 stellt eine typische Reaktion dar, bei der die kontinuierliche Durchführung große Vorteile gegenüber der klassischen Batchfahrweise besitzt:

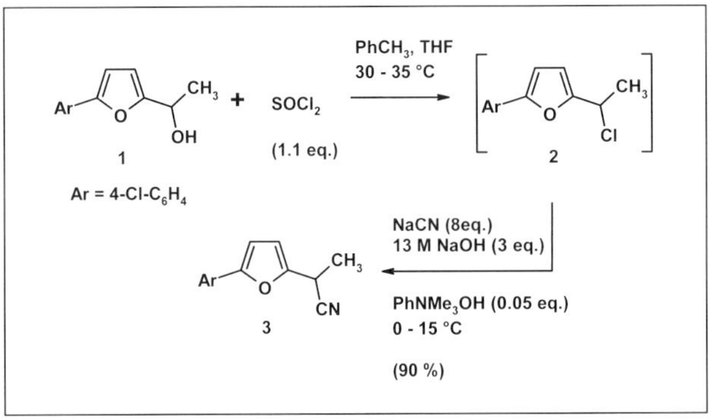

Abbildung 7.21 Literaturbeispiel eines kontinuierlichen Prozesses [*Foulkes, Hutton* 1979].

Die Chlorierung des Furfuryl-Alkohols 1 ist ein ausgezeichnetes Beispiel für den erfolgreichen Einsatz einer kontinuierlichen Prozeßfahrweise sowohl im Labor- als auch im größeren Maßstab. Das im ersten Schritt gebildete Chlorid 2 ist ein Intermediat bei der Herstellung des Nitrils 3. Bei Versuchen, die Reaktion im Batch-Verfahren in einen Maßstab >100 g zu übertragen, wurden nur sehr niedrige Ausbeuten an Produkt 3 erhalten. Der Grund für die schlechten Ausbeuten beim Scale up des Batch-Verfahrens war die geringe Stabilität des Intermediats 2 (nach 20 Minuten bei Raumtemperatur hat sich bereits die Hälfte des Materials zersetzt). Daher wurde ein kontinuierliches Verfahren entwickelt, bei dem

Verbindung 2, unmittelbar nachdem sie gebildet wurde, in das Produkt 3 über-
führt wurde. Als kontinuierliche Reaktoren wurden dabei zwei miteinander ver-
bundene 10 ml Glaskolben verwendet. Bereits mit dieser Mini-Apparatur konn-
ten durch kontinuierliche Fahrweise innerhalb einer Woche 10 kg des gewünsch-
ten Produktes hergestellt werden.

Mikroreaktoren als zukünftige Technologie

Als wichtigste Einzeltechnologie für unseren Ansatz soll die Mikroreaktortechnologie betrachtet werden, da die Mikroreaktoren den Bereich der mittleren und kleinen Mengen
abdecken werden. In dem Maße, in dem Mikroreaktoren für spezielle Aufgabenstellungen
zur Verfügung stehen, können sie bei der jeweils nächsten Synthese zum Einsatz kommen.

Bei der Beschreibung der Mikrotechniken müssen verschiedene Varianten diskutiert werden. Einerseits besteht die Möglichkeit, ein System als miniaturisierte Fabrik zu konzipieren und bei steigendem Mengenbedarf diese Fabrik exakt zu replizieren. Im Bereich der
klassischen Chemie wird zudem die Variante diskutiert, bei größeren Mengen ein Scale up
vorzunehmen, indem z. B. eine große Pumpe zur Speisung von zehn oder mehr Mikroreaktoren verwendet wird. Die Unterschiede der beiden Varianten bestehen darin, daß die
Geräte-Investitionskosten bei der zweiten Variante niedriger sind, wofür das Risiko einer
durch die technischen Änderungen verursachten Qualitätsveränderung wieder zunimmt.
Als wichtiger Nachteil der zweiten Variante ist das auch bereits an anderer Stelle diskutierte Argument zu erwähnen, daß für diesen Weg ein genauer Bedarf am Markt festgestellt werden müßte. Für künftige Entwicklungen ist allerdings vielmehr mit einer Zunahme
der Unsicherheit denn mit einer größeren Marktsicherheit zu rechnen. Die erste Variante
soll deshalb hier sowohl vor dem Hintergrund der regulatorischen Aspekte als auch der
enormen Bedeutung der Entwicklungszeit in der Pharmaindustrie als einzig sinnvoller Weg
betrachtet werden. Durch die mögliche Verteilung der kontinuierlichen Produktion auf 45
Wochen pro Jahr anstelle der in der Batchfahrweise üblichen 3 bis 5 Wochen pro Stufe und
Jahr wird sich auch die Diskussion um die Anzahl von Mikroreaktoren relativieren. Bei
einem Jahresbedarf von 500 kg Wirkstoff pro Jahr bedeutet dies eine wöchentliche Ausbringung von ca. 11 kg. Um dieses Ziel zu erreichen, werden nur relativ wenige parallele
(Mikro-)Reaktoren benötigt.

Bei dem vorgeschlagenen Konzept einer Produktion auf Bestellung ergibt sich das technische Problem der schnellen Anpassung von Produktionsmengen an einen sich verändernden Bedarf. Wenn wir einen Puffer anlegen, der die Größe des geplanten Bedarfs für ein
Quartal enthält, müssen wir andererseits innerhalb eines Quartals die Produktionsmenge an
den neuen realen Bedarf anpassen können. Dazu müssen die Produktionsanlagen aus flexiblen Standardkomponenten bestehen, die in wenigen Wochen zu einer kompletten Produktionslinie zusammengefügt werden können. Die Ansätze für standardisierte Module, die
den Aufbau einer Fabrik der Zukunft nach dem Konzept der Zusammenstellung eines PCs
ermöglichen sollen [*Lohf et al.* 2000], sind vorhanden. Bei steigenden Stückzahlen ist dann
der mit der Bevorratung einer Mikroproduktionsanlage verknüpfte Kostenaufwand klein
verglichen mit dem Gesamtnutzen.

Die Vorteile lassen sich in zwei Punkten zusammenfassen:

- die Reaktionen können gut optimiert werden, da nur ein sehr kleines und sehr gut definierbares Volumen sich unter den Reaktionsbedingungen befindet,
- die Reaktoren sind relativ preisgünstig herstellbar und können somit für den jeweiligen Prozeß „dedicated" hergestellt werden.

Das Beispiel (s. o.: Chlorierung des Furfuryl-Alkohols 1) belegt eindrucksvoll die Vorteile einer kontinuierlichen Produktion. Diese liegen außer in einem erhöhten Durchsatz auch in einer häufig deutlich besseren Qualität des Endproduktes und in geringeren Sicherheitsrisiken, da nur eine kleine Menge der Reaktanden sich jeweils im Reaktor befindet [*Anderson* 2001].

Zu den ganz wenigen Prozessen, die in Mikrodimensionen scheinbar derzeit nicht sinnvoll als vollkontinuierliche Prozesse durchzuführen sind, zählen Kristallisationen und der anschließende Trocknungsprozeß, da hier in kleinen Kapillaren mit Verstopfungen gerechnet werden muß. Das derzeitige Vorgehen ist dennoch deutlich verbesserungswürdig und auch an Lösungen für die Durchführung von Kristallisationen in Mikroreaktoren unter definierten Bedingungen wird bereits gearbeitet. In der derzeitigen Doppelaufgabe wird die Kristallisation meist sehr spät im Entwicklungsprozeß und nur für den endgültigen Wirkstoff wirklich systematisch untersucht, da die Kristallmodifikation für die Freisetzungsgeschwindigkeit des Wirkstoffes aus der Tablette und damit für die Aufnahme durch den menschlichen Körper und die orale Bioverfügbarkeit von enormer Bedeutung sein kann. Das eigentliche Problem bei der derzeitigen doppelten Aufgabe der chemischen Entwicklung als Entwickler eines Produktionsverfahrens und gleichzeitig als Substanzlieferant für klinische Versuche bei der Isolierung der Wirksubstanz im Batch-Prozeß liegt jedoch in der Trocknung verborgen. Je nach den Batchgrößen, die jeweils für die Wirkstoff-Bereitstellung zum Beispiel für die verschiedenen klinischen Studien oder die pharmazeutische Formulierungsentwicklung benötigt werden, muß bei der Trocknung auf einen Trockner mit „zufällig" passender Größe zurückgegriffen werden. Da nicht alle Trocknertypen in allen Größen in den jeweiligen Versuchsbetrieben vorhanden sind und für die Entwicklung von kontinuierlichen Trocknungssystemen, die in der Lebensmittelindustrie heute bereits Stand der Technik sind, in den frühen Entwicklungsphasen weder ausreichend Zeit noch Substanz zur Verfügung steht, ist die Trocknungsentwicklung aufgrund dieser Zwänge insgesamt häufig mehr Zufallsprozeß denn systematische Entwicklung. Ähnliches gilt für den Bereich der Kristallisation. Die systematische Untersuchung von Kristallisationen [*Groen, Roberts* 2001] und die Entwicklung von kontinuierlichen Kristallisationsanlagen z. B. mit rotierenden Konuskristallisatoren [*Ramshaw* 2001] steht noch am Anfang und findet in vielen Pharmaunternehmen noch nicht ausreichende Beachtung. Dies führt in vielen Fällen in der Pharmaindustrie heute zu enormen Kosten und/oder Qualitätsproblemen, da immer wieder beim Transfer in den Produktionsprozeß durch Maßstabsvergrößerung und ein geändertes Equipment an dieser Stelle Schwierigkeiten auftreten und dann teilweise auch ganze Chargen teurer Wirkstoffe vernichtet werden müssen, da sie nicht spezifikationskonform sind.

Es ist zu erwarten, daß das wissenschaftliche Know-how auf absehbare Zeit allein nicht ausreichen wird, um nur auf Basis theoretischer Vorhersagen und Berechnungen ein Optimum für Kristallisation und Trocknung zu finden. Die Teilung des Entwicklungsprozesses hat daher an diesem Punkt sehr hohes Potential zur Reduzierung von Kosten bei der Markteinführung mit gleichzeitiger Qualitätsverbesserung.

Weitere Technologien

Bei der Beschreibung von altem und neuem Produktionsequipment wurde bereits auf den Unterschied beim Einsatz von Rührwerken hingewiesen. In der heutigen Denkweise ist das Rührwerk ein Standardarbeits-Tool. In einem Rührwerk wird die Reaktion durchgeführt und die Aufarbeitung wie z. B. eine Ausrührung oder auch eine Destillation gleich angeschlossen. Solange man eine universell einsetzbare Anlage haben möchte, ist diese Überlegung sinnvoll. Bei dedicated Equipment wird diese Frage anders beantwortet werden. Im Rahmen unseres Konzeptes wird man nach der Reaktion die Aufarbeitung in einem Ausrührgefäß durchführen. Als Vorteile ergeben sich die deutlich niedrigeren Kosten für solche Gefäße und eine bessere Qualität. Bei einer Flüssig-Flüssig-Extraktion wird man außerdem bei der 100 l Glas-Apparatur die Phasentrennung in einem Ausrührgefäß leichter beobachten können. Im Fall von Destillationen ist das Rührwerk eine extrem schlechte und zudem substanzbelastende Variante. Beim Einsatz von dedicated Equipment wird man auf Fall-Filmverdampfer, Kurzwegdestillilationsapparaturen o. ä. zurückgreifen. Die Trocknungen und vollständigen Isolierungen, wie in der klassischen Methode üblich, werden sich auf die Fälle beschränken, bei denen solche Maßnahmen aus Qualitätsgründen notwendig sind.

Daneben spielen in der chemischen Produktion auch Reinigungsprozesse eine ganz entscheidende Rolle, da trotz der ständigen Weiterentwicklung der organischen „Synthesekunst" auch in Zukunft nicht davon ausgegangen werden kann, daß chemische Reaktionen immer nur das gewünschte Produkt hervorbringen. Das Interesse an kontinuierlichen Aufreinigungen führt derzeit zu erheblichen Anstrengungen bei der Entwicklungen der Prozeß-Chromatographie. Als wichtige Meilensteine hier sind die Entwicklung von vollständig porösen Silica-Gelen, den sogenannten Silica-Rods, und die SMB- (simulated moving bed) Chromatographie zu nennen.

Bisher wurde in der präparativen HPLC (High Performance Liquid Chromatography) in industriellen Prozessen die Silica-Gel-Trennsäule von jedem Nutzer selbst gepackt. Dies führte zu schwankenden Qualitäten, die durch manuelles Nachjustieren der mobilen Trennphase nachgestellt wurden. Bei den Silica-Rods entfällt dieser Schritt, da hier fertige Silica-Stäbe von Zulieferern produziert werden. Es wird dann im chemischen Produktionsbetrieb ohne weitere Vorbereitung lediglich ein kommerzielles Produkt eingesetzt und die gewünschte Substanztrennung kann damit durchgeführt werden. Diese Säulen sind derzeit im Bereich bis ca. 5 cm erhältlich. In näherer Zukunft ist mit Säulendurchmessern von 8 cm zu rechnen.

Der zweite Meilenstein ist in der Weiterentwicklung der SMB zu sehen. Die SMB stellt ein pseudo-kontinuierliches HPLC-Verfahren dar. Mit einer relativ kompakten und kostengünstigen Apparatur können mit acht Säulen (z. B. den oben genannten Silica-Rods) vollkontinuierlich täglich ca. 250 bis 300 g eines Wirkstoffes oder einer Zwischenstufe bei Verwendung von 5 cm Säulen aufgereinigt werden. Bei 8 cm Säulen ist mit einem Durchsatz von 5 bis 6 kg pro Tag zu rechnen.

Auch mit klassischen Verfahren wird es in Zukunft möglich sein, durch kontinuierliche und automatisierbare Prozesse Aufreinigungen von ca. 70 g pro Tag mit hoher Reproduzierbarkeit in Laboranlagen zu realisieren.

Dies führt bei 250 Tagen Laufzeit pro Jahr zu Ausbringungen von ca. 15 (einzelne Säule) bis 70 kg (SMB) für eine einzelne Laborapparatur mit 5 cm Säulen. Bei kleineren und mittleren Produkten sind dies ausreichende Mengen. Bei 8 cm Säulen ist mit der Erweiterung des Bereichs bis zu 1,4 t Durchsatz pro Jahr mit einer Laborapparatur zu rechnen.

Damit ist im Bereich der Reinigungen der untere und mittlere Bereich der Produktion abzudecken.

Zu den wichtigen miniaturisierten Produktionstechniken gehört auch die „microscale"-Produktion mit immobilisierten Biomolekülen. Solche immobilisierten Moleküle lassen sich in fließenden Systemen integrieren. Hierbei besteht dann die Möglichkeit, neben den üblichen Größen wie Temperatur, pH-Wert oder Konzentration auch die Fließgeschwindigkeit der Reaktionslösung als Optimierungsgröße einzusetzen. In einem Beispiel mit einem immobilisierten Enzym läßt sich die Optimierung der Umsetzung von Fumarsäure zu Maleinsäure zeigen [*Almuaibed* 2001]. Es kann eine 95%-Ausbeute des Produktes mit einem preiswerten Fließ-Injektions-System (FIA) erhalten werden. In das System integriert ist bereits eine Analytik zum permanenten Monitoring der Produktion.

Darüber hinaus könnten folgende Technologien in einer kontinuierlichen bzw. pseudo-kontinuierlichen Produktionswelt ebenfalls eine bedeutende Rolle spielen:

● Kontinuierliche Säulenreaktoren für Reagenzien und Katalysatoren die an eine feste Phase gebunden sind. Das umzusetzende Ausgangsmaterial wird durch die Säule gepumpt. Dieses Prinzip kann durch Scavenger-Harze (z. B. polymergebundene Amine zur Abtrennung von Säuren oder Alkylierungsmitteln) auch zur Aufreinigung von Reaktionslösungen nach einer chemischen Transformation verwendet werden. Durch Verschaltung mehrerer „Reaktionssäulen" hintereinander können auch Folgereaktionen einfach und ohne große Aufarbeitung durchlaufen werden.

● Der Rohstoff wird an eine feste Phase gebunden und verschiedenen Transformationen unterworfen (vgl. Parallelsynthese an fester Phase in der kombinatorischen Chemie). Vorteil: Es kann mit großen Reagenzüberschüssen gearbeitet werden, die leicht abgetrennt und wiederverwertet werden können. Es ist praktisch keine Aufarbeitung notwendig und die Verfahren können möglicherweise direkt aus der kombinatorischen Chemie übernommen werden, was auch den Entwicklungsaufwand verringert. Am Schluß der Synthese wird das Produkt vom Trägermaterial abgespalten und z. B. über Chromatographie wie bereits beschrieben aufgereinigt.

Für beide Varianten wären notwendige Voraussetzungen preiswerte Trägermaterialien (z. B. Kationen- oder Anionenaustauscher, die bereits heute für ca. 2,5 Euro/kg erhältlich sind, Kieselgel, Zeolithe) und geeignete „Säulenreaktoren" (Wärmeaustausch!). Es gibt bereits Firmen, die an beidem arbeiten. So forscht z. B. die Firma Affymax intensiv über Möglichkeiten für den Einsatz von festphasengebundener Chemie beim Scale up in der chemischen Entwicklung. Als Vorteile dieser neuen Technologie werden die Möglichkeit zur Automatisierung der Reaktionsführung, die einfache und schnelle Reaktionsaufarbeitung sowie die Zeitersparnis durch die mögliche schnelle Übertragung von Forschungssynthesen aus der kombinatorischen Festphasenchemie in den Großmaßstab angesehen [*Raillard et al.* 1999]. Eventuell müßte es je nach Reaktionstyp und Maßstab bzw. Anforderungen an den Durchsatz drei unterschiedliche Standardmodule geben:

1. Säulenreaktor

2. In miniaturisierter Form: Mikroreaktor

3. Minireaktoren wie im Glasrührwerkslabor

Ein weiteres Feld der Zusammenarbeit zwischen der Pharmaindustrie und externen Partnern bei der Entwicklung von Prozessen ist die Simulation von kritischen Verfahrensschritten und die Berechnung der Einflüsse wichtiger Parameter bei Scale up-Schritten. Zur Beschleunigung der Prozeßentwicklung wird der Einsatz von Simulationen ebenfalls in Zukunft noch deutlich an Bedeutung zunehmen. So versucht z. B. die Fa. Avantium mit Hilfe der bei automatisierten Optimierungsexperimenten im kleinen Maßstab mit Laborrobotern gewonnenen Daten, wichtige Scale up-Parameter mit Hilfe des Virtual Lab-Programmes zu berechnen, um so die Übertragung in den Großmaßstab zu beschleunigen [*Avantium*].

7.4 Vorteile des neuen Prozesses bezüglich Qualität und Prozeßsicherheit

Verbesserung von Ausbeute und Reinheit

Über die bisher beschriebenen Aspekte hinaus gibt es noch weitergehende Vorteile der hier vorgeschlagenen neuen Vorgehensweise:

Die typische Lernkurve (Abbildungen 7.12 (bisher) und 7.16 (neu)) hängt stark von der Häufigkeit der Durchführung eines Verfahrens ab (neben klassischen Parametern, wie dem Ausmaß der Datenerhebung und der Qualität ihrer Auswertung und Umsetzung in Verfahrensänderungen).

Ein Teilschritt, der nur einmal im Jahr durchgeführt wird, wird sich auf einer extrem abgeflachten Kurve bewegen, wie in Abbildung 7.22 an dem alten Prozeß für ein „kleines Produkt" zu sehen ist. Das Ergebnis der Verfahrensverbesserungen ist deshalb so klein, weil das System selbst (bestehend aus Anlagen und Personal) sich zwischen zwei Wiederholungen verändert hat und somit eine systematische Verbesserung nur langsam realisierbar ist. Selbst unter Vernachlässigung der Betrachtung der Gesamtzeit ist deshalb nach zehn Ansätzen nur eine geringe Ausbeutesteigerung zu verzeichnen. Diese Art der Lernkurve gilt aber auch für andere qualitative Merkmale eines Prozeßschrittes wie z.B. Reinheit und Gehalt des Produktes. Eine stark gesteigerte Reinheit eines Wirkstoffs kann

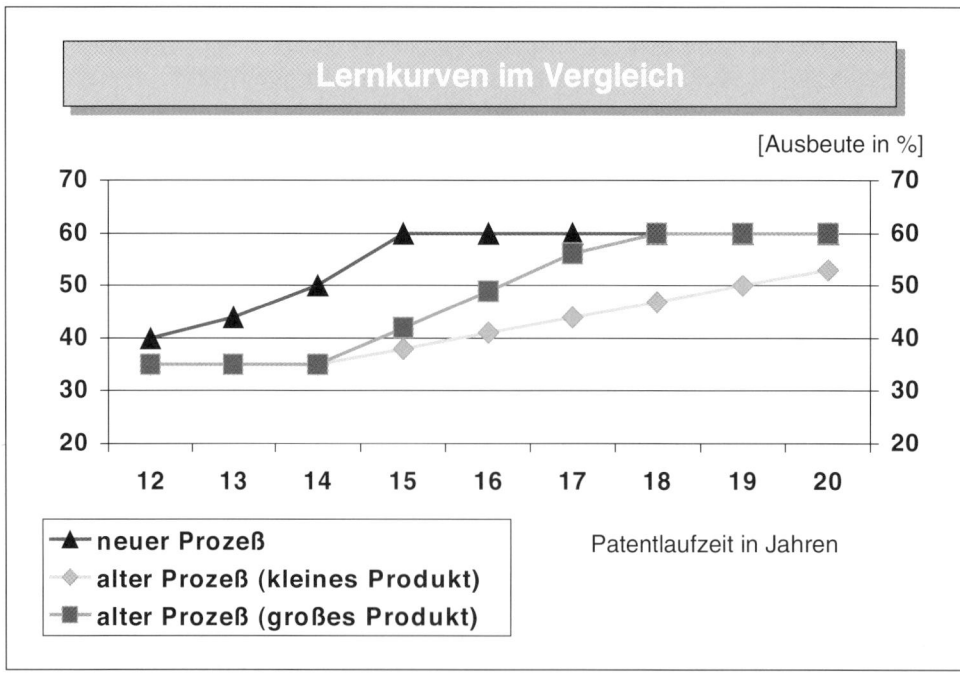

Abbildung 7.22 Lernkurven in Abhängigkeit von der Anzahl der Wiederholungen.

im Laufe des Lebenszyklus eines Arzneimittels ein wichtiger Wettbewerbsvorteil gegenüber Generika-Herstellern werden, die nach Ablauf des Patentschutzes auf den Markt drängen und dann allerdings eine so hohe geforderte Reinheit möglicherweise nur mit großen Schwierigkeiten erreichen werden.

In Abbildung 7.22 gehen wir von dem im folgenden näher beschriebenen Beispiel aus. Wenn zu Beginn der Produktion im alten Prozeß eine 10stufige chemische Synthese mit einer Gesamtausbeute von 35% erreicht und diese Gesamtausbeute sich unter guten Bedingungen von Ansatz zu Ansatz um 1% verbessert, wird man bei einem kleinen Produkt mit nur drei Ansätzen pro Jahr zum Ablauf der Patentlaufzeit immer noch nicht das Optimum erreicht haben. Für ein Produkt mit ca. sieben Ansätzen pro Stufe und Jahr wird man erst nach ca. 3,5 Jahren das Optimum erreichen. In der Regel verlegen die „täglichen Schwierigkeiten" diesen Zeitpunkt weiter nach hinten. In dem hier vorgestellten Prozeß wird das Produkt bei der Übergabe in die Produktion bereits die Hälfte des Weges zurückgelegt haben und, da im ersten Jahr bereits 45 Wiederholungen des gleichen Verfahrens anstehen, bereits am Ende des Jahres der Markteinführung unter den optimalen Produktionsbedingungen arbeiten.

Als ein weiterer Vorteil, der durch verbesserte Prozeßkenntnisse in der chemischen Produktion entsteht, kann das „Customizing" der Wirkstoffe genannt werden. Durch ein solches Customizing der physikalischen Wirkstoffeigenschaften (z. B. Korngrößenverteilung) können die nachfolgenden Prozesse in der pharmazeutischen Produktion wesentlich vereinfacht werden. Bereits heute werden eine Vielzahl von Wirkstoffen im OTC-Bereich mit „ready-to-use-properties" angeboten, die eine direkte Verpressung der Tablettiermischung zulassen.

Erhöhung der Prozeßsicherheit

Aus dem hier Dargelegten folgt, daß Prozeßketten, die so gestaltet sind, daß sie zu Lernkurven führen, auch eine Erhöhung der Prozeßsicherheit mit sich bringen. Lernkurven mit starker Steigung und damit hoher Prozeßsicherheit erhält man aber nur bei häufiger Wiederholung. Da man zudem nur kostengünstig produzieren kann, wenn man hohe Prozeßsicherheit hat [*Klocke* 1997], führt der Weg zur Gestaltung eines Prozesses für hohe Qualität und niedrige Kosten fast automatisch zu einem kontinuierlichen Mikroprozeß.

Verbesserung der Dokumentation

Durch den beschriebenen Weg wird auch die regulatorische Dokumentation der Batch-Records (BRs) stark beeinflußt.

Die Anzahl der Batches und damit auch der Batch-Records wird deutlich zunehmen. Damit einher geht zunächst die zunehmende Schwierigkeit der Chargenrückverfolgung durch den gesamten Produktionsprozeß. Der entscheidende Vorteil des Systems besteht jedoch darin, daß im Gegensatz zum klassischen Batchverfahren dedicated Equipment für jede Stufe verwendet wird und der Prozeß ständig wiederholt wird.

Im klassischen Fall hat man das Problem, daß die Anlagen seit der letzten Verwendung vor einem Jahr in aller Regel auch verändert worden sind. Dies führt häufig zur Erstellung eines neuen BRs. Bei Veränderungen von Anlagen treten dann bei der Durchführung häufig Abweichungen auf. Dies führt zu aufwendigen, weil manuellen, Nacharbeiten.

Mit dem neuen Konzept sieht die Situation anders aus:

- Der BR wird automatisch erstellt, da alle Angaben gleich bleiben.
- Die Anlage ist weitestgehend automatisiert, wie nur bei dedicated Anlagen möglich.
- Abweichungen treten daher nur in relativ seltenen Ausnahmefällen auf.
- Der BR kann somit als vollständig elektronisches Dokument „leben".
- Prozesse wie Wägungen, Zudosierung von Flüssigkeiten, Analysenergebnisse etc. werden direkt in das elektronische Dokument eingespeist.
- Nach der Beendigung des Batches erfolgt eine Kontrolle, die in aller Regel ohne Abweichungen erfolgen wird und direkt elektronisch signiert werden kann.
- Der BR wird zusammen mit der Charge elektronisch an den nächsten Prozeßschritt weitergeleitet.
- Mit dieser Variante, die bei einfachen Prozessen bisher auch üblich ist, wird nach unserer Abschätzung der Aufwand für das BR eher niedriger, da derzeit die manuelle Nachbearbeitung aufgrund von Abweichungen den weitaus höchsten Aufwand darstellt. Die Arbeiten müssen zudem von hoch qualifizierten Personen ausgeführt werden. Ein BR-Review eines ohne offensichtliche Abweichungen durchgeführten Ansatzes ist dagegen mit minimalem Aufwand durchführbar.
- Die Prozesse werden aber durch modulare Produktion nicht nur abweichungsärmer. Gleichzeitig kann auch die Definition von Abweichungen viel spezifischer erfolgen. Gegebenenfalls sind dann Ansätze mit einer sehr detaillierten Abweichungsanalyse nicht mehr zwingend analytisch zu untersuchen.

Im bisherigen Prozeß war die Chemieproduktion vergleichsweise langsam, die Erstellung von Batch-Dokumentationen war daher nicht zeitkritisch. Wir werden weiter unten bei der pharmazeutischen Endfertigung diskutieren, daß im Fall von einfachen Produktionsverfahren nur 10% der Verweilzeit in der Supply Chain der Produktion und 90% der Zeit der Analytik und der Qualitätssicherung zuzuordnen sind [*Ramsay* 2001]. Durch die deutliche Verkürzung der Durchlaufzeiten und die größere Anzahl von Batches kann diese Situation auch in unserem Chemieproduktionssystem auftreten. Bei der Etablierung eines solchen Produktionskonzeptes ist daher auch auf das Reengineering der Dokumentenabläufe in Analogie zu Beispielen aus der pharmazeutischen Endfertigung zu achten. Die Details eines solchen Reengineerings werden weiter unten diskutiert.

Fazit:

In der Chemie besteht die Möglichkeit, neben den Abläufen auch das Equipment stark zu standardisieren.

Die Trennung der Substanzherstellung für die klinischen Studien und der Entwicklung des chemischen Produktionsverfahrens führt zu einer Vereinfachung und Beschleunigung des Entwicklungsprozesses bei etwa gleichen Kosten.

Der Transfer von der Entwicklung in die Produktion wird drastisch vereinfacht. In der Produktion wird ein flexibles Produktionssystem erhalten, mit dem sich Anpassungen an den Marktbedarf schnell realisieren lassen.

8 Pharmazie

Einordnung der Pharmazie

Die pharmazeutische Endfertigung bildet das Bindeglied zwischen dem Wirkstoffherstellungsprozeß und dem Distributionsvorgang. Neben der eigentlichen Formulierung umfaßt dieser Teil der Supply Chain auch die Erstellung von länderspezifischen Aufmachungen (Labelling). Letzteres bestimmt wegen der Unterschiede in den internationalen Aufmachungen auch einen gewichtigen Anteil der Zuordnung im Vertriebssystem. Wie bereits erwähnt, verläuft an dieser Stelle eine deutliche Trennlinie innerhalb des Pharmaunternehmens, da der Kunde sich für alles, was vor der Endfertigung passiert, nur relativ wenig interessiert. Ab hier wird jedoch über die Gestaltung der Verpackung und die Zweckmäßigkeit von Applikationsformen auch das Interesse des Kunden für das Produkt geweckt oder erhalten.

Wir wollen den pharmazeutischen Teil des Unternehmens zwar ebenfalls unter Kostengesichtspunkten betrachten, sind jedoch der Ansicht, daß hier neben dem Kostenaspekt weitere wesentliche Punkte zur Verbesserung der Wettbewerbsposition des Unternehmens liegen. Daher ist für die Pharmazie eine Abwägung beider Positionen notwendig.

Die Wettbewerbsvorteile, die der pharmazeutische Teil des Unternehmens erlangen kann, hängen in einem erheblichen Maße von der Art der Kunden ab. Bei den erwähnten individuellen Kundentypen wie Gelegenheitskunde, vorausschauender Kunde und chronisch Kranker werden sich die Wettbewerbsvorteile unterschiedlich gestalten. Daher müssen je nach Kundentyp auch unterschiedliche Strategien verfolgt werden. Einige erste Ansatzpunkte dafür sind im folgenden zusammengestellt:

1. Für den vorausschauenden Kunden ist das Image des Vertragspartners von großer Bedeutung. Bei solchen Kunden wird man besonders viel Wert auf Markenpositionierung der Produkte legen müssen.
2. Der chronisch Kranke wird neben dem Vertrauen, das er aus dem Image des Unternehmens zieht, vermutlich sehr viel pragmatischer seinen persönlichen Nutzen in Form von guten Serviceleistungen suchen.
3. Großkunden wie z. B. Krankenhäuser hingegen werden unter anderem vom Pharmaunternehmen erwarten, daß es die Preisvorteile des Chemiebereichs voll umsetzt und möglichst an sie weitergibt.

Besonders schwierig wird daher die Aufgabe für den pharmazeutischen Teil eines Unternehmens, das in sehr verschiedenen Märkten aktiv ist. Möglicherweise könnte aus Marketinggründen die Spaltung in verschiedene Marken sinnvoll sein, wie dies von typischen Markenartikel-Herstellern betrieben wird. Hier kann nur eine grobe Skizze eines sehr komplexen Bildes gegeben werden. Es gilt auch nicht die Marketinganforderungen detailliert zu betrachten, sondern es sollen lediglich generelle Tendenzen bei der Entwicklung im Marketingbereich einbezogen und daraus Schlußfolgerungen für den Bereich der Pharma Supply

Chain gezogen werden. Aus Sicht der Supply Chain wird allen Kundengruppen gemeinsam sein, daß sie eine sofortige Lieferfähigkeit für ihr Produkt wünschen. Aufgrund der unterschiedlichen „Planbarkeit" des Bedarfs der drei Gruppen ergeben sich für das Pharmaunternehmen unterschiedliche Supply Chains, wenn man auf einen übermäßigen Lagerbestand verzichten und weitestgehend zu einer Fertigung auf Bestellung kommen möchte.

Unterschiede zwischen Chemie und Pharmazie

Ein wichtiger Unterschied beim Übergang von der Betrachtung der Chemie zur Pharmazie ist, daß es in der Regel in Pharmaunternehmen keine pharmazeutisch-technologische Forschung gibt. Das führt dazu, daß beim Beginn der Entwicklung kein Know-how aus einer Forschungsabteilung vorliegt, auf das man wie in der chemischen Entwicklung aufbauen kann. Zudem muß bereits sehr früh der endgültige Herstellungsprozeß für die fertige Arzneiform aus der pharmazeutischen Entwicklung in das Produktionsequipment übertragen werden. Denn üblicherweise wird bereits das Material für die klinische Phase III im Produktionsequipment hergestellt.

Ein weiterer Unterschied zwischen dem Bereich der pharmazeutischen und der chemischen Entwicklung besteht darin, daß sich im Bereich der Formulierungshilfsstoffe nicht besonders viele Veränderungen in den letzten Jahren ergeben haben. Da die Gewinnmargen bei Hilfsstoffen in der Regel sehr viel geringer sind als bei dem fertigen Pharmazeutikum, der regulatorische Aufwand und der Testaufwand jedoch vergleichbar sind, sind nur relativ wenige neue Produkte entwickelt worden [*Lesney* 2001]. Dies hat dazu geführt, daß die Pharmazeuten sich in der Vergangenheit bereits viel stärker auf die sogenannte pharmazeutische Technologie, worunter letztlich spezielle Fertigungstechnologien zu verstehen sind, spezialisiert haben. Dieser Trend ist auch in der sehr effizienten pharmazeutischen Produktion der Generika-Hersteller wiederzufinden.

8.1 Pharmazeutische Entwicklung

8.1.1 Aufgaben der pharmazeutischen Entwicklung

Die pharmazeutische Entwicklung beschäftigt sich mit der Technologie der Bereitstellung des Wirkstoffs an der im Organismus benötigten Stelle. Insbesondere durch die zunehmenden Kenntnisse über die Wirkmechanismen haben sich für die Pharmazeuten in den letzten Jahren neue Aufgaben ergeben.

Vielfach bestimmen die Wirkstoffeigenschaften (vor allem die Löslichkeiten) ganz entscheidend die Wahl der Formulierung. Die wäßrige Löslichkeit vieler Wirkstoffe ist häufig relativ gering, so daß formulierungstechnische Maßnahmen getroffen werden müssen, um die Bioverfügbarkeit zu erhöhen. Eine bereits diskutierte wichtige Maßnahme ist deshalb die Beeinflussung der Bioverfügbarkeit schon bei der chemischen Herstellung der Wirkstoffe durch gezielte Einstellung der physikalischen Eigenschaften. Dadurch kann der pharmazeutische Formulierungsprozeß in vielen Fällen entscheidend vereinfacht werden.

Aufgrund der Tatsache, daß das Feld der Hilfs- und Zusatzstoffe für die pharmazeutische Formulierung recht begrenzt ist, sind größere Effizienzsteigerungen in Zukunft nur durch weitere Standardisierung und Automatisierung zu erzielen. Die resultierende fortschreitende Automatisierung wird vermutlich auch die pharmazeutische Entwicklung stark verändern.

Für klinische Phase I-Präparate versuchen alle Pharmaunternehmen derzeit aus Kostengründen die Anzahl der Formulierungen stark einzuschränken. Die Formulierungsentwicklung läßt sich dann nach dieser Standardisierung durch automatisierte Robotersysteme durchführen. Solche Systeme verbreiten sich derzeit sehr stark und werden in immer stärkeren Maße direkt mit der Analytik gekoppelt [*Weinmann* 2001]. Es können damit zukünftig vollkommen automatisiert Kompatibilitätsstudien durchgeführt werden. Die Herstellung dieser sehr stark standardisierten Prüfpräparate für die klinische Phase I läßt sich leicht von der eigentlichen Prozeßentwicklung abkoppeln. Denn für die Entwicklung der Formulierung und Herstellung der späteren klinischen Prüfmuster steht dann während der Prüfungen der Phase I noch ausreichend Zeit zur Verfügung. Bei vielen Firmen ist eine solche Standardformulierung für klinische Tests in der Phase I die Kapselformulierung. Ein Trend könnte dahingehen, daß diese auch als Endformulierung angesehen wird. Ein limitierender Faktor ist dabei allerdings die immer noch geringere Leistung von Kapselabfüllmaschinen im Vergleich zu Tablettenpressen und die damit verbundenen höheren Kosten.

Problem: Erste Substanzlieferung

Der Beginn der pharmazeutischen Entwicklung ist stark von der Lieferung erster größerer Substanzmengen aus der chemischen Entwicklung abhängig. Dies wird durch Abbildung 8.1 verdeutlicht.

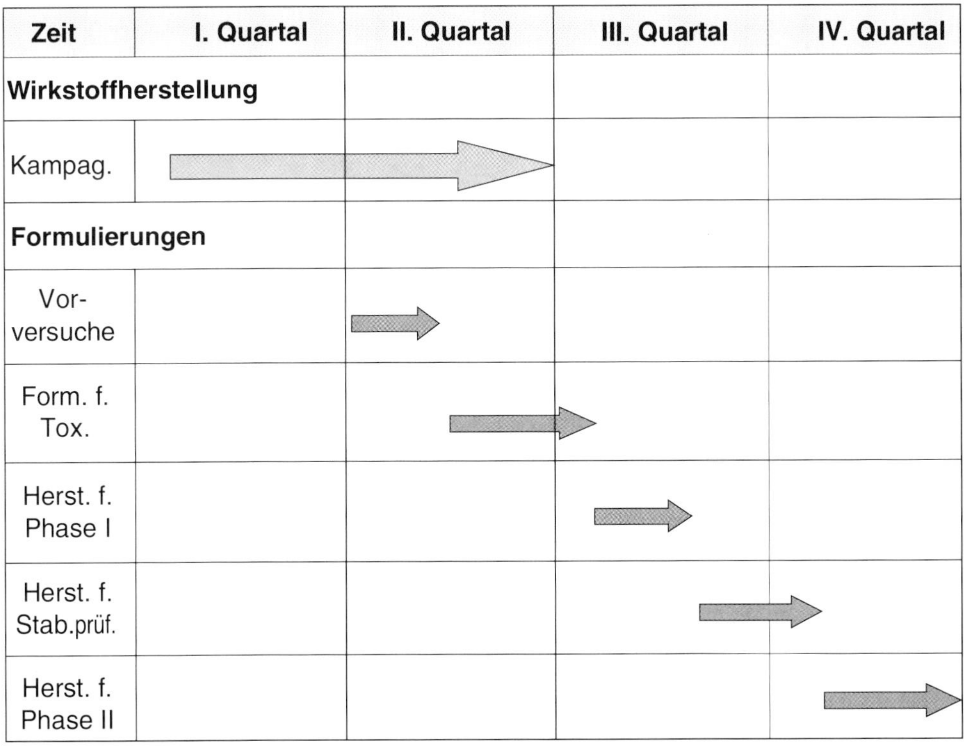

Zeit	I. Quartal	II. Quartal	III. Quartal	IV. Quartal
Wirkstoffherstellung				
Kampag.				
Formulierungen				
Vor-versuche				
Form. f. Tox.				
Herst. f. Phase I				
Herst. f. Stab.prüf.				
Herst. f. Phase II				

Abbildung 8.1 Ablauf an der Schnittstelle zwischen Chemie und Pharmazie im alten Prozeß.

Wie hier dargestellt, verlaufen chemische und pharmazeutische Entwicklung zunächst nacheinander und dann völlig getrennt voneinander parallel ab. In vielen Fällen sind die benötigten Mengen für das erste Klinik-Material im Verhältnis zu den Mengen für die Langzeit-Tox-Studien und für Stabilitäts- und Formulierungsversuche klein. Deshalb muß man sich in der Pharmazie und in der Chemie nahezu gleichzeitig um die möglichst früh-zeitige Bereitstellung der ersten großen Mengen bemühen.

In Analogie zu dem für die chemische Entwicklung und Produktion beschriebenen Entwick-lungsprozeß wird auch in der pharmazeutischen Entwicklung deshalb bisher ein Scale up in mehreren Stufen vorgenommen. Für den Prozeß der Granulierung wird in vielen typischen Pharmaunternehmen auf Granulierer unterschiedlicher Größe zurückgegriffen. Typische Größen für das Scale up sind 20, 80 und 250 kg Batch-Größe [*Werani* 2001]. Die Größe des verwendeten Granulierers folgt wie in der Chemie dem Bedarf an formulier-tem Wirkstoff für einzelne Phasen der Entwicklung. Hierbei treten wiederum die typischen Scale up-Probleme auf, die bereits für chemische Prozesse ausführlich beschrieben worden sind.

Im Zuge aktueller technologischer Entwicklungen wird sich die Schnittstelle zwischen Chemie und Pharmazie deutlich verändern. Diese Schnittstelle ist in der Vergangenheit besonders kritisch gewesen, da die chemische Entwicklung mit ihren teilweise längeren Vorlaufzeiten erst relativ spät erste Substanzmengen für die frühe Formulierungs-entwicklung, für vorläufige Stabilitätsmuster oder Kompatibilitätsstudien bereitstellen konnte. Im neuen Prozeß erfolgt die Bereitstellung nicht nur deutlich früher. Durch den Verbesserungsprozeß in der Substanzbereitstellung ergibt sich zudem auch insgesamt eine größere Substanzmenge für den nachfolgenden Prozeßschritt.

8.1.2 Der neue Weg

Durch die Flexibilisierung in der Chemie gewinnt auch die pharmazeutische Entwicklung an Flexibilität, wie in Abbildung 8.2 gezeigt wird.

Dieser Gewinn an Flexibilität geht zusätzlich noch einher mit einem Gewinn an Zeit in einer besonders zeitkritischen frühen Phase der Entwicklung. Die Abbildung zeigt den Prozeß stark vereinfacht.

Schnellere Versorgung der Toxikologie

Der Hauptabnehmer des formulierten Produktes der pharmazeutischen Entwicklung ist zunächst die Toxikologie. Wie bereits ausgeführt wird sich die Zahl der Batches in der Chemie stark erhöhen, der einzelne Ansatz selbst wird jedoch kleiner. Die Substanzmenge für die toxikologischen Studien wird sich deshalb im Normalfall nicht mehr aus einer ein-heitlichen Wirkstoff-Charge liefern lassen. Daher müssen zukünftig mehrere Chemie-Batches formuliert werden. Dem dafür notwendigen Mehraufwand steht aber eine Zu-nahme an Erfahrung und Flexibilität gegenüber. Und die toxikologischen Studien können nun sehr schnell begonnen werden und dann mit späteren Substanzmengen kontinuierlich weiter beliefert werden.

Wir werden weiter unten im Zeitablauf zeigen, daß ein eventueller Mehrbedarf der phar-mazeutischen Entwicklung sich aus Ausbeutesteigerungen durch verbesserte Lerneffekte des chemischen Prozesses kompensieren läßt.

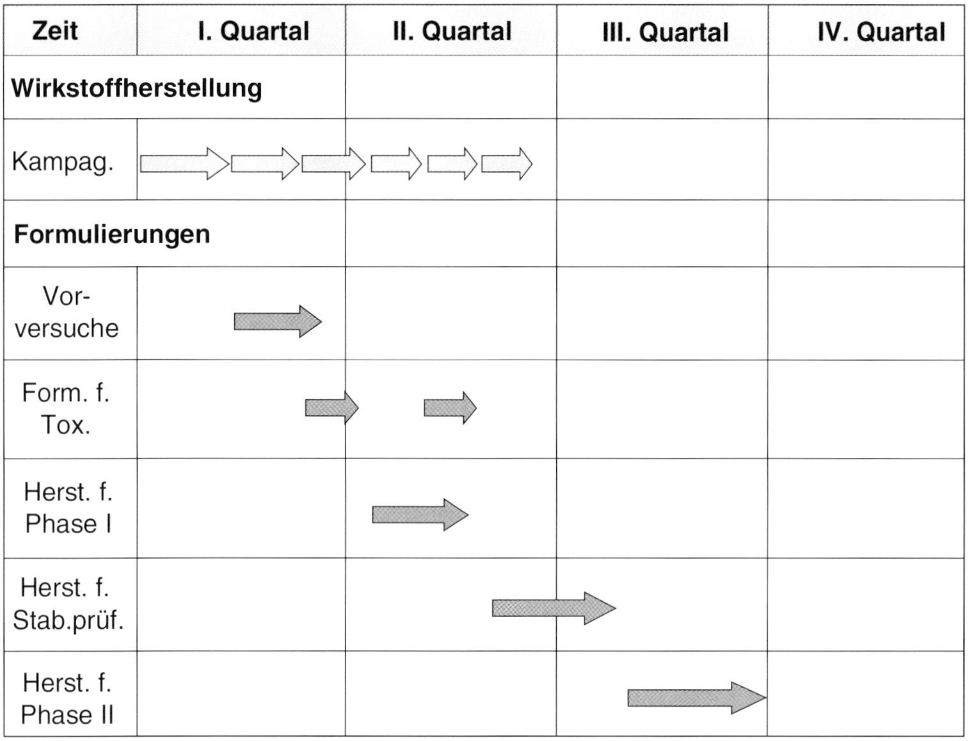

Zeit	I. Quartal	II. Quartal	III. Quartal	IV. Quartal
Wirkstoffherstellung				
Kampag.				
Formulierungen				
Vor- versuche				
Form. f. Tox.				
Herst. f. Phase I				
Herst. f. Stab.prüf.				
Herst. f. Phase II				

Abbildung 8.2 Alternativer Ablauf an der Schnittstelle zwischen Chemie und Pharmazie.

Aufteilung von Substanzbereitstellung und Formulierungsentwicklung

Analog zur Chemie bietet sich auch in der Pharmazie eine Aufteilung der Entwicklungsaufgaben an. Das Ziel der ersten Abteilung ist dann die kurzfristige Bereitstellung von Prüfpräparaten für die Klinische Phase I mit ausreichender Stabilität. Die Formulierung kann hier aufgrund der einmaligen Durchführung und der geringen Zahl der Prüfmuster quasi „teil-manuell" erfolgen. Die zweite parallele Abteilung optimiert die Stabilität, Wirksamkeit und Verträglichkeit des Produktes in einer marktfähigen Darreichungsform. Es besteht parallel dazu die Forderung, ein produktionsorientiertes Verfahren zu entwickeln. Hier ist die vollkommen automatisierte Produktion aus unterschiedlichsten Gründen eines der Hauptziele. Dieses hohe Maß an Automatisierung läßt sich, wie bereits für die Chemie diskutiert, nur schwer erreichen, wenn die Entwicklung parallel das Ziel des Scale ups und des damit verbundenen Trouble Shootings verfolgt. Es erscheint daher auch hier zweckmäßig, auf ein Scale up weitestgehend zu verzichten.

Im Sinne einer durchgängigen Prozeßkette beinhaltet unser Ansatz für die pharmazeutische Entwicklung deshalb auch dort den Einsatz eines quasi-kontinuierlichen Produktionsprozesses.

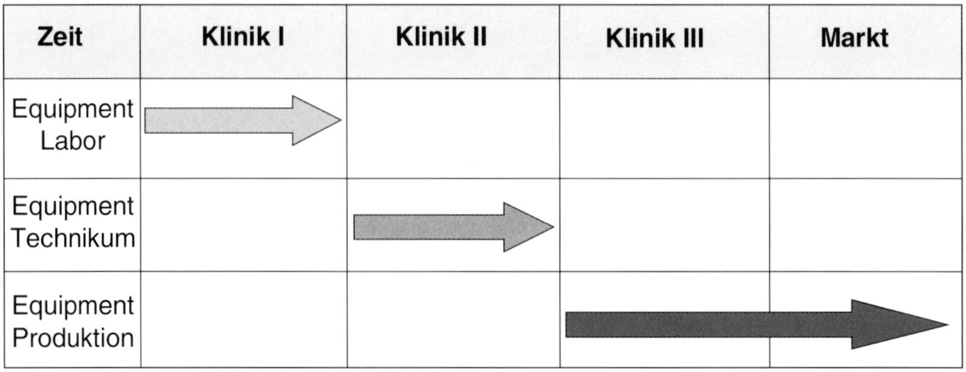

Zeit	Klinik I	Klinik II	Klinik III	Markt
Equipment Labor				
Equipment Technikum				
Equipment Produktion				

Abbildung 8.3 Transferzeitpunkte für die Pharmazie.

Gegebenenfalls ist in der pharmazeutischen Fertigung der Einsatz des Produktionsequipments erst zu einem späteren Zeitpunkt möglich. Denn zumindest Labelling und Verpackung sind rein auf die Marktversorgung orientierte Teilschritte. Abbildung 8.3 zeigt deshalb eine gewisse Überschneidung der Nutzung eines Technikums und der späteren Produktionsanlage.

Fazit:

Die pharmazeutische Entwicklung befindet sich in einem klassischen Pharmaunternehmen in einer schwierigen Situation:

- Mit sehr geringen Substanzmengen muß der pharmazeutische Technologe schnell eine Formulierung für die klinische Phase I bereitstellen.

- Mit dem Fortschreiten der Entwicklung verändert sich das Produkt und der Pharmazeut muß neben den Problemen, die sich aus den physiko-chemischen Substanzeigenschaften ergeben können, auch die Schwierigkeiten bei der Entwicklung einer Marktformulierung und die Probleme beim mehrfachen Equipmentwechsel überwinden.

Die pharmazeutische Entwicklung befindet sich damit in einer klassischen Komplexitätsfalle.

Die Vorteile des neuen Prozesses lassen sich wie folgt zusammenfassen:

- mehr Zeit für die erste Formulierungsentwicklung,

- klare Definition der Transferpunkte,

- geringere Anzahl von Equipmentwechseln (ein Scale up-Schritt) und

- aufgrund der größeren Substanzmengen und des stärker standardisierten Chemieprozesses auch in der Pharmazie deutlich verringerte Komplexität.

8.1.3 Ein Beispiel für semi-kontinuierliche Fertigung

Weitergehende Entwicklungen als der von uns aufgezeigte Weg einer Multiplizierung von Anlagen gleichen Typs und gleicher Größe gehen bereits heute in die Richtung von kontinuierlich produzierenden Anlagen. Dies soll am Beispiel einer semi-kontinuierlichen Granulierung mit einer für diese Zwecke eigens entwickelten Anlage aufgezeigt werden [*Werani, Zimmermann* 2001]. In diesem Beispiel wird eine Glatt Multicell GMC 30 als Alternative zur bisherigen Batch-Granulierung verwendet (Abbildung 8.4). Bei diesem Gerät wird die Granulierung semi-kontinuierlich in völliger Analogie zu dem Chromatographieprozeß in der Chemie durchgeführt. Die Einsatzstoffmenge liegt bei 8,5 kg. Zur Herstellung größerer Mengen wird letztlich nur die Laufzeit der Standardapparatur verlängert. Von Werani und Zimmermann wurde die Kosteneffizienz dieser Anlage berechnet. Dabei wurde gezeigt, daß bei einem nur um ca. 20% höheren Kapitaleinsatz für diese Anlage eine doppelt so große Effizienz für das Gesamtsystem im Vergleich zu Standardanlagen erhalten wird. Ein weiterer Vorteil eines kontinuierlichen oder „pseudo-kontinuierlichen" Prozesses besteht in der Möglichkeit, mehrere Prozeßschritte miteinander zu verbinden und somit neben der benötigten Zeit auch die Qualität zu verbessern, da durch kontinuierliche automatisierte Prozesse neben Verunreinigungen durch Umwelteinflüsse auch Alterungspro-

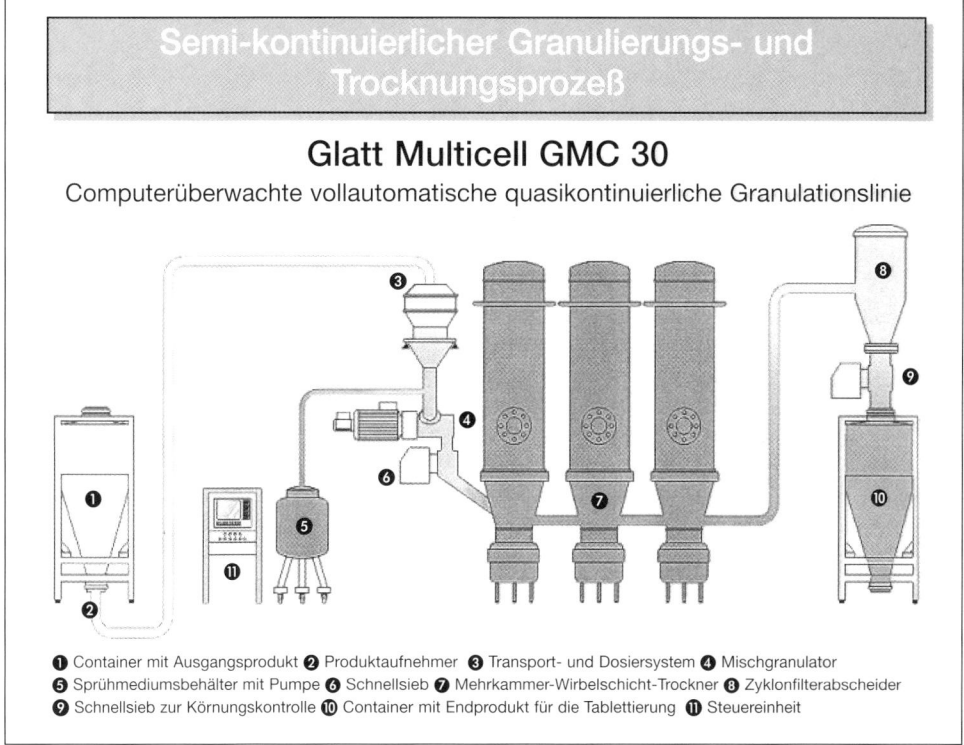

Abbildung 8.4 Zeichnung der Glatt Multicell GMC 30, mit freundlicher Genehmigung durch Pfizer, Gödecke GmbH, Freiburg.

zesse vermindert werden. Im beschriebenen Fall ist die Granulierung direkt mit einer Trocknung gekoppelt.

Eine weitere Ankopplung an eine Verpressungs- und Tablettierungseinheit ist denkbar. Längerfristig ist sogar die direkte Anbindung an eine Verpackungsanlage vorstellbar.

Als Alternative dazu könnte man sich aber auch eine Integration des Granulierungsprozesses in die letzte Stufe der Wirkstoffherstellung vorstellen. Dadurch ließe sich der Gesamtprozeß verkürzen. Denn der Wirkstoff würde dann nicht mehr als Makro- bzw. Mikroware, sondern direkt als fertiges Granulat anfallen.

Trends in der pharmazeutischen Entwicklung

Wir haben gesehen, daß in der pharmazeutischen Entwicklung aus Geschwindigkeitsgründen eine vereinfachte Formulierung für die Prüfpräparate der klinischen Phase I im Vergleich zu späteren Phasen und der Marktversorgung viele Vorteile hat. Allerdings ist eine einfachere Kapselformulierung teurer als die klassische Tablettenformulierung. Bei typischen Blockbuster-Produkten wird man weiterhin nach der Phase I in die Entwicklung einer Tablette als Darreichungsform investieren. Für solche Produkte führt dieses Vorgehen zu dem Problem, daß die pharmazeutische Entwicklung quasi nur die Zeit während der klinischen Phase I bis einschließlich der Herstellung des Materials für die klinische Phase II zur Verfügung hat, um sowohl die Formulierung zu entwickeln als auch durch ein Scale up auf den Maßstab des Produktionsniveaus zu gelangen. Dieses soll zusätzlich noch die Forderung erfüllen, möglichst marktnah zu operieren. Dieser Prozeß bleibt letztlich nur dadurch überschaubar, weil die Anzahl der Formulierungen, aufgrund des bereits erwähnten hohen Aufwandes der Qualifizierung neuer Hilfsstoffe, relativ begrenzt ist. Bei kleineren Produkten für Nischenmärkte (z. B. Krebstherapeutika) kann man sich aber durchaus vorstellen, bei der Kapsel als Darreichungsform zu bleiben. Hier besteht eine Chance, in der Entwicklung Zeit und Kosten zu sparen. Man hätte eine bereits früher in der Entwicklung beginnende Lernkurve. Diese bessere Verfahrensentwicklung würde möglicherweise einen Teil der höheren Kosten pro Kapsel wieder auffangen. Ein schnellerer Marktzugang wird die Mehrkosten aus der Produktion in vielen Fällen ohnehin deutlich überkompensieren.

Für Blockbuster liefert unserer Meinung nach nur eine sehr straffe Standardisierung und sehr hohe Automatisierung einen Ausweg aus dem oben beschriebenen Dilemma. Es ist nach den in Kapitel 7 getroffenen Aussagen nachvollziehbar, daß wir dabei an kontinuierlich produzierende Mono-Anlagen denken. Dieses Vorgehen hilft auch der pharmazeutischen Entwicklung. Die Produktionsanlage wird ebenfalls eine Mono-Anlage sein und daher kleiner als die bisher häufig verwendeten Multi-purpose-Anlagen. In der Entwicklung würden wir nun genau entgegengesetzt vorgehen wie in der Chemie. Es würde für jeden der genannten Prozesse Tablettenherstellung, halbfeste und flüssige Formulierungen je eine Standardanlage geben. Diese Standardanlage wird in der Entwicklung für die Formulierungen nach Phase I eingesetzt. Der Aufwand, den wir dabei in der Entwicklung zu erbringen haben, liegt in der extrem aufwendigen Reinigung der kontinuierlichen Anlage. Wir sehen dabei aber den Vorteil des Fehlens eines Scale up-Faktors. Für die Qualifizierung des Systems aus Anlage und Produkt dienen in diesem Fall die Herstellungen der Stabilitätsmuster der Marktware.

8.2 Pharmazeutische Produktion

8.2.1 Bisherige Strategie

Nach der bisherigen Strategie ist die Konzentration auf wenige Produktionsstandorte ein wichtiger Faktor, um zu ausreichend großen und damit wirtschaftlichen Stückzahlen in der Produktion zu gelangen.

Für die Produktion gilt analog zur Chemie ebenfalls, daß es drei Geräte-Konzepte gibt, wobei die erste Variante einen Multi-purpose-Betrieb und damit den heutigen Standard darstellt und die beiden anderen Varianten die Mono-Anlage (nur für ein Produkt) und die flexible Mono-Anlage in kleinen modularen Anlagen. Ein solcher Aufbau von Anlagen wurde bereits durch die Firma Pharmadule realisiert (www.pharmadule.com).

Für die pharmazeutische Produktion gibt es keinen wesentlichen Unterschied zwischen den Produkten, die aus eigenen Wirkstoffen hergestellt werden, und solchen, die von einem externen Supplier zugekauft werden. Auf der Stufe des Wirkstoffes muß im Fall der Trennung von Chemie- und Pharmazieproduktion ein Puffer gebildet werden, der nach unserer Ansicht bei ungefähr einem Quartalsbedarf liegt. Aus diesem Puffer erfolgt die Belieferung der pharmazeutischen Produktion. Auch für wichtige Hilfsstoffe sollte an dieser Stelle jeweils der Bedarf eines Quartals (laut Plan) bereitgestellt werden.

Problem: Durchlaufzeiten

Die Durchlaufzeiten in der pharmazeutischen Endfertigung sind in Relation zu den tatsächlich manuell oder maschinell vorgenommenen Operationen sehr hoch. Dies ist auf ein typisches Problem der Pharmaindustrie zurückzuführen. Je näher ein Produkt an den Markt und damit an den Menschen herankommt, desto höher wird der Prüf- und Qualitätssicherungsaufwand. Die Durchlaufzeiten in der pharmazeutischen Endfertigung und Verpackung sind daher häufig nicht durch die Produktion, sondern durch die die Qualität überwachenden QA- und QC-Einheiten bestimmt. Dieses Problem wird bereits seit einiger Zeit bearbeitet. Die typischen Ansätze sind entweder die Einführung von mehr EDV (z. B. SAP-gestützte Systeme) oder alternativ das Reengineering der Abläufe. Bei den Konzepten, die sich als Reengineering verstehen, wird sehr oft auf weniger EDV, Standardisierung von Formularen und die typischen Qualitätsverbesserungs-Tools japanischer Unternehmen wie Kanban, Verbesserungsteams und dedicated Equipment gesetzt. Ein Reengineering greift tiefer als übliche Optimierungen und behebt damit Probleme an ihrer Entstehung. In einer neueren Veröffentlichung wurde gezeigt, daß die Verringerung der Durchlaufzeit in der Endfertigung um 70% möglich ist [*Ramsay* 2001]. Der wichtige Punkt hierbei ist, daß in der Ausgangssituation 30% des Durchlaufs der Bewegung, Duplizierung und Übertragung von Dokumenten zuzurechnen waren. Diesem Transport und der Übertragung von Dokumenten kann kein Beitrag zum Produktnutzen zugeordnet werden. Bei unserem Ansatz, der im Idealfall zu einer Fertigung auf Bestellung führen soll, muß dieser Dokumententransport drastisch reduziert werden, zumal in unserem Konzept die Gesamtzahl der Batches steigen wird und dies bei der Beibehaltung bisheriger Abläufe zu einem Zusammenbrechen der Endfertigungen vieler Pharmaunternehmen führen würde.

Problem: Regulatorische Anforderungen

Für den pharmazeutischen Teil der Produktion sehen wir den Trend zu dedicated Equipment durch die regulatorischen Forderungen vorgezeichnet. Von daher stellt sich lediglich die Frage, wie man diesen zwangsläufigen Trend möglichst effizient umsetzen und eventuell im Sinne des Unternehmens nutzen kann.

8.2.2 Der neue Weg

Dedicated Equipment

Unser Konzept zielt auf ein weitgehendes Reengineering bestehender Prozesse; dadurch wird auch die Verwendung von dedicated Equipment in der Breite sinnvoll möglich. Soweit das Produktionsvolumen es zuläßt, sind unserer Ansicht nach dedicated Anlagen einer Multi-purpose-Anlage immer vorzuziehen. Im pharmazeutischen Bereich haben die Mono-Anlagen unter GMP-Gesichtspunkten noch größere Vorteile. Die Qualität der Produkte steigt bei der Übertragung in dedicated Equipment, da in diesem Fall Kreuzkontaminierung definitiv ausgeschlossen ist und die Reinigung deutlich vereinfacht wird.

Dedicated Anlagen müssen im Produktionsmaßstab kontinuierlich betrieben werden. Damit fällt gleichzeitig die im Vergleich zur Chemieproduktion noch aufwendigere Reinigung weg.

Dieser Ansatz bietet sich besonders im Bereich der Formulierung von parenteralen und halbfesten Formulierungen an. Ein Vorteil wiederum ist, daß zumindest für Salben das benötigte Geräte-Know-how weitgehend im Bereich der Kosmetik-Hersteller vorhanden ist.

Gebäude

Als Gebäude in der Produktion der pharmazeutischen Endfertigung bietet sich ebenfalls eine leere Halle an. Der Unterschied zu den ersten Stufen der Chemieproduktion muß hier eindeutig in der Lüftungstechnik liegen. Ein solches Konzept muß die Bildung von Compartments mit eigener Zu- und Abluft (inkl. sterilfiltrierter Druckluft) vorsehen. Dieser Weg wird z. T. bereits heute von den Behörden gefordert; er wird sich mittelfristig schon in Bezug auf Kontaminationen aus Gründen der Arzneimittelsicherheit durchsetzen. Die weitere Medienversorgung (z. B. Wasser für Injektionszwecke) würde analog zum heutigen Vorgehen aus einem zentralen Netz erfolgen.

Anlagen

Für die Gerätedimensionierung stellen wir uns analog zur Chemie drei Anlagentypen vor:

- eine Mikroanlage für die typischen Kleinprodukte,
- den mittleren Anlagentyp, wie er bereits im Beispiel für die Wirkstoffproduktion erwähnt ist, und
- eine klassische Blockbuster-Anlage, wie sie heute auch in vielen Pharmaunternehmen eingesetzt wird.

Der Unterschied zur aktuellen Situation besteht darin, daß wir diese Blockbuster-Anlage als Mono-Anlage nur für ganz wenige Produkte und Aufmachungen einsetzen möchten, wohingegen diese Anlagen heute in vielen Fällen für ein komplexes Gemisch unterschiedlicher Produkte eingesetzt werden. Der Schwerpunkt würde sich daher sicher wie in der Chemie bei den kleineren und mittleren Anlagen finden. Die Differenzierung würde sich lediglich bei der Präsentation (z. B. Ampullen, Vials, Flaschen) finden. Anlagentechnisch lassen sich in diesem Bereich durch den neuen Ansatz viele Innovationen realisieren. Dank der relativ großen Anzahl unterschiedlicher Tabletten, Ampullen oder Tuben sind in anderen Industrien die zugrundeliegenden Technologien vielfach verfügbar und könnten relativ leicht adaptiert werden.

Typen von Formulierungen

Bei der pharmazeutischen Produktion sollte bei der Umsetzung zwischen den drei generellen Formulierungsformen unterschieden werden:

- feste Arzneiformen (Tabletten),
- Salben und
- Parenteralia (Infusionen, Injektionen).

Diese klassische Unterteilung ist deshalb sinnvoll, weil die Produktionstechnologien und die endgültige Festlegung für den Markt unterschiedlich sind. Bei Tabletten sind in vielen Fällen heute noch Präparate mit einer Dosierung und einer Größe im Markt. Bei Salben hat man bereits unterschiedliche Tubengrößen. „Wie viel appliziert wird", legt der Markt, bestehend aus Arzt und Endanwender, fest. Bei Injektionslösungen ist der Markt eine weitere Stufe komplexer, da es neben fertigen Spritzen für eine Anwendung auch Klinikflaschen gibt, bei denen wieder der Kunde die Anwendungsmenge und Dosierung festlegt.

Tabletten

Bei den Tabletten wird man die Umsetzung des Wirkstoffes im Batch vornehmen, da auch der Wirkstoff als feste Batchgröße zur Verfügung steht. Ab der Vermischung bis hin zum Tablettenpressen und eventuell einer Glasur ist eine kontinuierliche Mono-Anlage denkbar. Erste Anlagen der Firma Glatt Multicell (Typ GMC 30) sind bereits erfolgreich etabliert (siehe das erwähnte Beispiel Pfizer, Werk Freiburg). Aus einer Vermischung ist zudem die Herstellung von z. B. drei Tabletten mit unterschiedlichem Wirkstoffgehalt denkbar, die sich dann durch ihre Größe unterscheiden. Damit besteht die Möglichkeit, mit einer Anlage die Tabletten kostengünstig herzustellen und gleichzeitig in der Produktion die Voraussetzung für eine Individualisierung der Produkte zu schaffen.

Salben und Parenteralia

Bei Salben und Injektionslösungen ist nach der Verwägung ebenfalls eine semi-kontinuierliche Vermischung denkbar. Auch die Abfüllung, das Labelling und die Sortierung ist vollständig automatisch machbar. Einen Batch-Prozeß stellt derzeit die Sterilisation bei Parenteralia dar. Hier könnte man sich allerdings Batches in der Größe des Tagesausstoßes vorstellen und damit eine einfache Dokumentation anhand des Abfülltages. Durch die sogenannte white line-Technik, bei der ein rüstzeitloses Labelling angestrebt wird, ist in naher Zukunft die direkte Steuerung der Produktion durch die Bestellung des Kunden denkbar. Besonders dort, wo ein frisches Produkt benötigt wird, besteht somit die Möglichkeit, einen Wettbewerbsvorteil zu realisieren. Andere Vorteile könnten durch ein angepaßtes Labelling für spezielle Großkunden möglich werden, das dem Kunden z. B. ermöglicht, seine eigene Bestandsführung zu verbessern. Ein anderer Vorteil könnte eine persönliche Serviceverpackung für einen Kunden mit einer langfristigen Vertragsbindung sein.

Bei Parenteralia besteht im Gegensatz zu Tabletten eine weitere Anforderung zur Produkt-differenzierung. Neben den typischen Einmalanwendungen (z. B. Fertigspritzen für Kontrastmittel) gibt es unterschiedlich große Vorratsflaschen mit 100, 150 ml oder 1000 ml (z. B. für Kliniken). Es scheint wenig sinnvoll, die 1000 ml Flaschen unterschiedlicher Kontrastmittel auf einer Anlage zu füllen und dafür eine aufwendige Zwischenreinigung durchzuführen. Dies hätte zur Konsequenz, daß man für jede der verschiedenen Anwendungstypen (Fertigspritze, kleine Flasche und große Flasche) eine eigene Anlage realisieren müßte. Hier ist vielmehr typisches Know-how der Lebensmittelherstellung zu einer effizienten Abfüllung und einer Produktdifferenzierung möglichst nah am Markt gefordert.

Organisation

Es wurde bereits erwähnt, daß der Herstelleiter eines pharmazeutischen Betriebes in Deutschland ein nach dem Arzneimittelgesetz besonders qualifizierter Pharmazeut sein muß. Darüber hinaus sind keine weiteren Pharmazeuten in der Produktion vom Gesetzgeber vorgeschrieben. Analog zu den bereits weiter oben für den Bereich Chemie gemachten Aussagen würde man in einem stark produktionsorientierten System versuchen, im Bereich der Produktion vor allem Verfahrensingenieure und Betriebswirte zum Einsatz zu bringen. Die personellen Ressourcen, die unter den Pharmazeuten hier freigesetzt würden, sollten sehr viel stärker in der frühen Entwicklung zur optimalen pharmazeutischen Verfahrens-entwicklung eingesetzt werden. Bei einem stabilen Herstellverfahren werden weniger pharmazeutische Fachprobleme im Vordergrund stehen und die Produktion wird dann viel stärker unter ingenieurtechnischen und betriebswirtschaftlichen Gesichtspunkten zu betrachten sein.

Fazit:

In der bisherigen Produktionswelt der Pharmaendfertigung wird sehr häufig ebenfalls mit Multi-purpose-Equipment in einem sehr stark segmentierten Prozeß gearbeitet. Es ergeben sich daraus drei wesentliche Probleme:

- die Durchlaufzeiten sind bisher zu lang für Fertigung auf Bestellung,

- der logistische Aufwand bei unerwarteten Marktschwankungen ist hoch,

- das Problem der Kreuzkontaminationen bei komplexen Prozessen führt bei den regulatorischen Behörden mehr und mehr zu erhöhter Aufmerksamkeit.

Der Alternativansatz des Einsatzes von modularen dedicated Anlagen löst die beiden letztgenannten Probleme sofort. Bei einer Prozeßbetrachtung, wie am Beispiel Pfizer gezeigt, existieren zudem Technologien, um auch das Problem der langen Durchlaufzeiten zu lösen. Aus diesem Beispiel ist auch bekannt, daß die kontinuierliche Anlage preisgünstiger ist als der klassische Batch-Ansatz.

8.2.3 Das Beispiel

In Fortführung unseres Beispieles wollen wir davon ausgehen, daß wir eine voll-kontinuierliche Anlage vom Vorprodukt gereinigt übernehmen. Die Formulierung der Wirkstoffmengen für die toxikologischen Studien und die klinische Phase I wird vermutlich aus Zeitgründen in 2 Teilen erfolgen müssen. Die Formulierung und Abfüllung selbst wird in 2 Tagen zu realisieren sein. Der Aufwand für die Reinigung beträgt ca. eine Woche, so daß jeder Auftrag mit ca. 1,5 Wochen Gerätebelegung zu berechnen ist. Durch die Zusammenfassung zu nur zwei Aufträgen läßt sich bereits eine relativ große Charge erhalten. Die Ausbeute wird bei diesen ersten beiden Chargen relativ niedrig sein. Dies ist jedoch zu verschmerzen, da man im Regelfall versuchen wird, bereits für diese beiden Chargen den gleichen Anlagentyp zu verwenden wie in der Produktion. In unserem Beispiel würde man versuchen, eine Anlage auszuwählen, deren Durchsatz bei ca. 7,5 kg Wirkstoff pro Tag liegt. Inklusive der Reinigung hätte die Anlage somit bei zwei Reinigungen pro Jahr eine Maximalkapazität von ca. 1,5 t und wäre somit für den erwarteten Marktbedarf von 500 kg ausreichend dimensioniert. Damit ließe sich dann auch bei Spitzenbedarf am Markt noch flexibel reagieren. Bei unserem Ansatz möchten wir somit für die Zeitdauer der pharmazeutischen Entwicklung auf das Vorgehen zurückgreifen, wie man es typischerweise bei der Formulierung von Waschmitteln vorfindet. Für die Produktion würden wir das Prinzip jedoch nicht upscalen und damit in großen Anlagen mehrere Produkte herstellen, sondern das Prinzip der Großchemie downscalen und für jedes Produkt je eine Anlage bereitstellen. Nur bei sehr kleinen Produkten oder sehr großen Produkten sollte man von diesem Prinzip abweichen.

Für unser Beispiel bedeutet dies, daß 500 kg des Wirkstoff bei 10%igen Lösungen zu 5 t oder, wenn man eine wässrige Lösung annimmt, 5000 l Produktlösung führt. Die Abfüllung sollte nach Bedarf in 5000 Flaschen à 1 l, 50 000 Flaschen à 100 ml, 50 000 000 Spritzen à 1 ml oder einer Kombination davon erfolgen.

Die Anlage soll bis zur Abfüllung nur mit einer Lösung arbeiten, diese dann in alle drei zu verwendenden Flaschentypen abfüllen können und anschließend für den jeweiligen Markt etikettieren.

Auch wenn man annimmt, daß der Anteil der Klinikflaschen hoch ist, wird man schnell auf 25 000 oder mehr Einzelverpackungen kommen. Daraus ergibt sich bei Einzelprüfung auch in einem voll-kontinuierlichen Prozeß mit einem Gerät nur eine sehr geringe Analysendauer pro Gebinde. Dies ist mit inline-Methoden wie NIR- (Nahinfrarot-), IR- oder Raman-Spektroskopie zu realisieren.

8.2.4 Ausblick

Technologien zur Qualitätsverbesserung

Bei den Technologien für die pharmazeutische Produktion kann in ähnlicher Weise von neuen Technologien profitiert werden, wie in der Chemie. Besonders bei der Herstellung von Salben aus Öl und Wasser sind Beispiele von Anlagenbauern fertig ausgearbeitet, die eine effizientere Herstellung solcher Emulsionen mit Mikroreaktoren versprechen [*Bayer et al.* 2000]. Weitere nutzbare Technologien sind aus den Bereichen der Lebensmittelverarbeitung bekannt.

Zu den Technologien, die in der Qualitätsverbesserung der pharmazeutischen Endfertigung zunehmend Einzug halten, gehören statistische Tools wie automatische statistische Prozeßkontrollen [*Walsh, Zaccari* 2001] oder Multivariate-PLS-Steuerungen [*Lane, Martin, Kooijmans et al.* 2001].

Ähnlich wie Autos in vielen Farben geliefert werden, wird der Kunde zukünftig den Wunsch nach individuellen Aufmachungen haben. Als Beispiel haben wir bereits erwähnt, daß eine Kundin, die ein orales Kontrazeptivum (OC) verwendet, dieses künftig in der für sie niedrigsten Dosis mit den niedrigsten Nebenwirkungen verwenden will. Das Pharmaunternehmen kann diesem Wunsch entsprechen, indem es das OC in z. B. drei verschiedenen Dosierungen herstellt und für die jeweilige Kundin zum benötigten Zeitpunkt immer das richtige Produkt individuell verpackt liefert.

Hierdurch ergibt sich ein weiteres wichtiges technologisches Thema für die Analytik. Wollte man bisher eine Charge aus 10 000 oder 100 000 Tabletten prüfen, so wird die Herausforderung jetzt lauten, eine Packung mit z. B. 3 x 28 Tabletten (beim oralen Kontrazeptivum) zu prüfen. Die Aufgabe kann allerdings hier auf eine Identitätsprüfung beschränkt werden, da man den Gehalt der Zusammensetzung bereits beim Bulk prüfen kann. Am Blister bzw. an alternativen Verpackungen müßte also lediglich geprüft werden, ob die Tabletten in der Zusammensetzung mit dem vorher geprüften Bulk-Material identisch sind. Derartige Prüfungen sind jedoch durch non-invasive Methoden wie NIR- oder Raman-Spektroskopie möglich und werden teilweise auch bereits eingesetzt. Zu den Aufgaben, die sich bei einer konsequenten Umsetzung eines solchen Konzeptes ergeben, gehören dann lediglich die geeignete Verbindung der Meßsysteme zu einem EDV-gestützten Kontrollsystem und die Validierung der Meßsysteme und der EDV-Konzepte. Details zum Analytik-Support der Supply Chain sollen weiter unten diskutiert werden.

Eine andere interessante Technologie zur Optimierung der Supply Chain stellen die sogenannten Smart Labels dar [*Harrop* 2001]. Diese können genutzt werden, um die Produktspezifika eindeutig zu identifizieren. Wir können uns also eine Anlage vorstellen, die kontinuierlich z. B. 1000 ml Flaschen eines Kontrastmittels in der Konzentration 1 mol/l abfüllt. Die Flaschen werden nicht verkaufsfertig etikettiert, sondern lediglich mit dem Smart Label. Nach Eingang der Bestellung erfolgt die länderspezifische Etikettierung, die Verpackung und der Versand. Die Festlegung, für welches Land oder welchen speziellen Kunden das Produkt etikettiert werden muß, kann somit ganz am Ende der Supply Chain erfolgen. Regionale Lager sind in letzter Konsequenz vollkommen überflüssig.

9 Analytik

Aufgabe der Analytik

Die Analytik in der Pharmaindustrie ist heute weitgehend eine typische Laboranalytik. In der Wirkstoffindung besteht die Aufgabe der Analytik darin, Unterstützung bei der Aufklärung von Wirkmechanismen und Strukturen oder Strukturbestandteilen von Molekülen zu leisten. An dieser Aufgabe wird sich in Zukunft nichts wesentliches ändern. In der Entwicklung und Produktion unterliegt die Pharmaindustrie einer starken behördlichen Kontrolle, da die hergestellten Substanzen für die Verwendung am Menschen bestimmt sind. Die Analysentechniken sind deshalb in erster Linie auf die Quantifizierung der Reinsubstanz neben den Begleitsubstanzen (Verunreinigungen) ausgerichtet. In diesen Bereichen dominiert die Kontrolle von isolierten Produkten und diversen Zwischenprodukten im analytischen Kontrollabor.

Kostenvergleich zwischen Labor- und Prozeßanalytik

Dies wird mit der starken Batch-Orientierung begründet. Beim Vergleich der Kostenstrukturen von typischen Prozeßanalysenverfahren wie der Nahinfrarot-Spektroskopie (NIR) mit solchen der Laboranalytik wie z. B. der Hochleistungsflüssigkeitschromatographie (HPLC) wird ersichtlich, warum dies so ist. Bei der NIR sind die Kosten für eine quantitative Kalibrierung mit ca. 15 000 bis 30 000 Euro anzusetzen, wobei die Kosten für Durchführung der Messung im Bereich < 5 Euro anzusetzen ist. Im Gegensatz dazu sind die Kosten für Analyse bei der HPLC höher. Dagegen fallen bei der HPLC die Kosten für die Kalibrierung deutlich geringer aus. Bei einem Prüfverfahren, das bei typischer Batch-Arbeitsweise im Extremfall nur alle 5 Jahre zum Einsatz kommt, kann davon ausgegangen werden, daß die Kalibrierung wiederholt werden muß. Daher rechnet sich in den Fällen, in denen Kalibrierung und Prüfung gleichzeitig auf eine bestimmte Charge verrechnet werden müssen, die Laboranalytik [*Küppers, Dantan* 2001].

Können die hohen Kosten der Methodenkalibrierung auf sehr viele Analysen verteilt werden, wird die Spektroskopische Methode sehr schnell einen Preisvorteil erringen.

Bei der Betrachtung der chemischen Industrie (Kapitel 4) wurde schon erwähnt, daß hier das Gewicht stärker zu einer Produktionsorientierung hin verschoben ist. Die Kalibrierung wird bei vielen kontinuierlichen Prozessen einmal durchgeführt und das Analysenverfahren dann teilweise über mehrere Jahre verwendet. Während der Verwendung muß lediglich eine Überprüfung des Kalibrierungszustandes erfolgen. In diesem Fall verschieben sich die Kostenvorteile deutlich zu den typischen Prozeßtechniken.

	Analytikanteil "heute"	Analytikanteil "morgen"
Forschungsanalytik, bearbeitet einmalige Fragestellungen	20–25%	ca. 30%
Qualitätskontrolle, kontrolliert Eingangs- und Ausgangsmaterialien und evtl. wichtige isolierte Stufen des Prozesses	ca. 65%	ca. 40%
Prozeßanalytik, steuert den Herstellungsprozeß	5–10%	ca. 30%

Abbildung 9.1 Verteilung der Analytik-Ressourcen im alten und neuen Produktionsprozeß.

Der neue Weg

In der Pharmaindustrie könnten an einigen Punkten im Bereich der Laboranalytik entsprechende Kosteneinsparungen realisiert werden [*Weigel, Freyholdt, Küppers* 2000]. Bisher ist ein solcher Weg wegen der ständig wechselnden Batch-Produktion nicht möglich. Erst der Übergang von einer Batch- zur kontinuierlichen Produktion wird zur Folge haben, daß die Organisation der Analytik eines Pharmaunternehmens sich analog den Beispielen aus der Chemie in eine unabhängige Qualitätskontrolle verwandeln wird. Zukünftig wird die Analytik deshalb in eine typische Laboranalytik, die an wenigen Punkten Kontrollanalysen durchführen wird, und eine Analytik für Prozesse, die den Prozeß als solchen überwacht, aufgespalten sein. Für die erstere kann man mit Blick auf die Analysentechniken erwarten, daß die klassische Laboranalytik mit stärkerer Automatisierung und noch höherer EDV-Unterstützung zum Einsatz kommt. Der Bereich der prozeßnahen Analytik wird sich dagegen stärker an den Konzepten der Prozeßanalytik aus der Chemie orientieren. Hier werden die optischen Analysentechniken eine viel größere Bedeutung erlangen [*VDI Berichte 1551* 2000]. Konzepte zur Gesamtbeurteilung des Prozesses, wie dies in der Pharmaindustrie notwendig ist, werden derzeit sowohl im Pharma- als auch im Lebensmittelbereich entwickelt. Wichtige Antriebskräfte in diesem Bereich sind chemometrische Methoden, d. h. die Kombination von chemischer Analytik mit mathematischen und statistischen Modellierungs-Tools [*Danzer et al.* 2001, *Workman* 2002]. Durch leistungsfähige Hard- und Software kann ein immer besseres Abbild der Wirklichkeit beschrieben werden [*Dantan, Küppers* 2001].

Die Struktur der Analytik wird sich wie in Abbildung 9.1 dargestellt verändern.

Die Verschiebung findet dabei vor allem von der Qualitätskontrolle zur Prozeßanalytik statt. Die Bedeutung der Einzelfragestellungen wird jedoch stärker wachsen als eine Zunahme der QC-Analytik. Dies ist vor allem auf drei Ursachen zurück zu führen:

1. die QC-Analytik ist in der Pharmaindustrie aufgrund von regulatorischen Anforderungen bereits sehr gut ausgebaut,
2. bei dieser klassischen Laboranalytik sind die stärksten Fortschritte im Bereich der Automatisierung zu erwarten und
3. die Verstärkung der Innovationsbemühungen in der Pharmaindustrie werden in erster Linie zu höheren Anforderungen an forschungsnahe Fragestellungen führen.

Daraus läßt sich das Fazit ziehen, daß insgesamt die Bedeutung der Analytik eher zunehmen wird.

Verkürzung der Analysezeiten

Für die Realisierung von kurzen Laufzeiten in der Supply Chain ist insbesondere in der pharmazeutischen Endfertigung eine sehr schnelle Analytikbegleitung notwendig. Sicherlich wird die Freigabe des Wirkstoffes weiter als klassische Laboranalytik erfolgen, da dies die Pufferstufe des Gesamtprozesses ist und somit hier in aller Regel ausreichende Analysenzeit zur Verfügung steht. Danach sollte die Substanz nicht weiter auf Reinheit geprüft werden. Es können Gehalts- und Identitätsprüfungen erfolgen. Die Techniken, die dazu bereits heute vielfach angewendet werden, sind die optisch spektroskopischen Techniken unter Verwendung chemometrisch unterstützter EDV-Auswertung. Als Techniken können UV, IR, NIR und Ramanspektroskopie zum Einsatz kommen, wobei die beiden letztgenannten Techniken dominieren werden.

Die Vorteile, die sich ergeben, sind:

- kurze Analysenzeiten von weniger als fünf Minuten,
- Verwendung von automatisierten online-Meßsystemen, wobei zerstörungsfrei durch Verpackungen, Gläser o. ä. gemessen werden kann,
- Einsatz der Chemometrie (durch eine Messung kann neben der Zuordnung zur Klasse Substanz auch eine Zuordnung zur Klasse Gehalt ermöglicht werden).

Besonders der letzte Punkt ist für unser System wichtig und soll daher an einem Beispiel erklärt werden. Wir möchten annehmen, daß wir zwei Bulk-Lösungen eines Kontrastmittels A mit 0,5 mol/l und 1 mol/l Konzentration herstellen und zwei Lösungen des Kontrastmittels B ebenfalls mit 0,5 und 1 mol/l. Unser Analyseverfahren muß also die Lösung und idealerweise die bereits etikettierte und verschlossene Flasche ohne Probenentnahme prüfen und zu einer der vier Klassen (Klasse I: Kontrastmittel A 0,5 mol/l, Klasse II: Kontrastmittel A 1 mol/l, Klasse III: Kontrastmittel B 0,5 mol/l, Klasse IV: Kontrastmittel B 1 mol/l) zuordnen können. Dies ist mit der genannten Technik machbar.

Wir können damit die Prüfung und Zuordnung zur Klasse sehr spät in den Prozeß legen, führen eine 100%-Prüfung durch und lassen die Verpackungsanlage bei Fehlern automatisch stoppen. Dies ermöglicht das sehr hohe Maß an Individualisierung, das für die verbesserte Kundenorientierung notwendig ist.

Analoge Beispiele, die die Realisierbarkeit solcher Ansätze hervorheben, kommen aus der chemischen Industrie, wo teilweise Produkte unter Einsatz von sehr hoch automatisierten Analysensystemen mit extremer Sicherheit einzeln geprüft werden [*Beckenkamp* 2002].

Ähnlich ließe sich in der Pharmaindustrie bei der Prüfung der Reinheit vorgehen. Das Ziel des Produktionsprozesses ist die Herstellung eines Produktes mit einer Reinheit größer oder gleich dem Produkt, das in der Zulassung beschrieben worden ist [*Vessmann* 2002]. Praktisch bedeutet auch dies wieder die Rückführung der Messung auf eine Identitätsmessung. Das Produkt ist somit zur Klasse des Produktes mit einer Reinheit größer als die Spezifikation zuzuordnen. Im Rahmen der Entwicklung sind viele Batches für die Entwicklungsabteilungen vermessen worden. Mit diesem Datensatz läßt sich z. B. ein chemometrisches Modell [*Dantan, Küppers* 2001] oder ein Ansatz auf Basis der Berechnung der euklidischen Distanz [*Beckenkamp* 2002] verwenden.

Ein weiterer wichtiger Punkt ist noch an einer anderen Stelle zu sehen. Im Jahr 2001 wurde erstmals eine Guideline zugelassen, die eine parametrische Freigabe erlaubt. Dies bedeutet in der Praxis, daß nicht mehr analytisch geprüft werden muß, ob durch die Prozeß-Steuerungsparameter und deren Überwachung die Qualität des Produktes gewährleistet werden kann. Es würde in diesem Fall lediglich die Überprüfung der Identität verbleiben, die allerdings wie oben erwähnt [*Beckenkamp* 2002] bereits vollständig automatisiert werden kann.

Die Qualitätsprüfung wird sich zudem mehr auf das Gebiet des Qualitätsvergleiches beschränken [*Vessmann* 2002]. Die analytischen Verfahren werden stärker auf die Frage hin ausgerichtet, in wieweit die Qualität derjenigen entspricht, die im bisherigen Verlauf immer hergestellt wurde.

10 Biotechnologie

Die Biotechnologie wird sich in Zukunft durch die Breite der involvierten Lebensbereiche und aufgrund des hohen Innovationspotentials zu einer Schlüsseltechnologie entwickeln. Arzneimittel mit biotechnologisch hergestellten Wirkstoffen sind inzwischen in vielen medizinischen Anwendungsgebieten zu finden. Für manche Indikationsgebiete gibt es sogar ausschließlich biotechnologisch hergestellte Präparate. Letzteres liegt daran, daß die Biotechnologie enorme Erfolge bei der Behandlung von bisher nicht therapierbaren Krankheiten vorzuweisen hat. Der steigende Anteil an Biopharmazeutika am Gesamtumsatz der Pharmaunternehmen in den letzten Jahren ist aber auch das Resultat der dramatischen Zunahme biotechnologischer Produkte in der Entwicklung. Als Konsequenz daraus haben inzwischen etliche neue Produkte den Markteintritt erreicht, die in der Regel auch ein starkes Wachstum aufweisen (Abbildung 10.1, S. 148).

Viele Einschätzungen von Kennern der Branche gehen davon aus, daß in den nächsten Jahren der prozentuale Anteil der Biopharmazeutika an der Summe aller Arzneimittel kontinuierlich weiter ansteigen wird.

Erwartungen an Biotechnologieunternehmen

Mit den Biopharmazeutika und der entstandenen Biotechnologiebranche verbinden sich große Hoffnungen der forschenden Wissenschaftler, der Politik, vieler Investoren und letztlich einer großen Zahl von Patienten. Die Wissenschaftler sehen in der Biotechnologie zunächst große Chancen bei der Aufklärung von Wirkungsmechanismen und der Auffindung neuer Targets. Die Großunternehmen der Pharmaindustrie sehen in der Zusammenarbeit mit den kleineren innovativen Start up-Firmen der Biotechnologiebranche einen attraktiven und aussichtsreichen Weg, ihre eigene Innovationslücke durch Lizenznahme von neuen Technologien und Produkten zu schließen. Dies zeigt sich nicht zuletzt daran, daß die Zahl der Allianzen ständig zunimmt und im Jahr 2000 bereits über 600 solcher Kooperationen abgeschlossen wurden. Durch diese Verträge erhielten die Biotechunternehmen im Jahr 2000 mehr als 7 Mrd. Euro, was auch die wirtschaftliche Bedeutung dieser Zusammenarbeit eindrucksvoll untermauert [*Teyke, Traencker* 2001].

Gesellschaftspolitisch wird die moderne Biotechnologie allerdings wesentlich ambivalenter gesehen. Zumindest bezüglich der roten Gentechnik überwiegt aber bisher eine positive Gesamtsicht. Für die Gesundheitssysteme werden sich gleichermaßen Herausforderungen wie Chancen ergeben. Einerseits sind Behandlungskosten mit biotechnologisch hergestellten Wirkstoffen in der Regel wesentlich höher als beim Einsatz konventioneller Präparate. Dies ist sowohl auf höhere Herstellungskosten zurückzuführen, aber häufig auch darauf, daß das Therapieangebot nahezu konkurrenzlos ist und ein besserer Schutz vor generischem Wettbewerb gegeben ist. Andererseits könnten zukünftig durch eine individuellere Medizin auch erhebliche Kosten eingespart werden (z. B.: Behandlung nur von den Patienten, die auch auf einen bestimmten Wirkstoff ansprechen).

	Umsatz 2000 in Mio. US-$	Geschätzter Umsatz in 2005 in Mio. US-$
Procrit	2.709	2.900
Epogen	1.962	2.320
Intron A/Rebetron	1.361	2.520
Neupogen	1.224	1.975
Humulin	1.114	1.314
Avonex*	761	1.130
Enbrel	652	2.531
Recombinate	630	1.016
Rituxan	444	954
Aranesp	0	2.500
* und weitere Betainterferone: Betaferon u. Rebif. Quelle: Analystenreports, Bain-Analyse.		

Abbildung 10.1 Die umsatzstärksten Biopharmazeutika.

Unter den Patienten haben insbesondere diejenigen, die an Krankheiten leiden, die bisher nicht oder nur wenig therapierbar sind, sicherlich die höchsten Erwartungen. Diese hohe Erwartungshaltung der Patienten und deren Lobbyismus führen – zusätzlich gefördert durch eine teilweise euphorische Medienberichterstattung – außerhalb einer Kosten-Nutzen-Kalkulation vieler Therapien zu einer höheren Stabilität der Absatzmärkte und Preise als bei konventionellen Therapien.

Die generelle Attraktivität dieser Subeinheit der Pharmabranche hat sich insbesondere in dem Verlauf der Börsenkurse der letzten Jahre widergespiegelt. Dies hat die schon beste-hende Gründungswelle von vielen Start up-Unternehmen zusätzlich beschleunigt. Auch wenn solche rasanten Kursentwicklungen extrem anfällig für allgemeine Stimmungs-schwankungen an den Börsen sind, so ist dennoch langfristig für Biotechnologieunter-nehmen mit der Bereitstellung von ausreichendem Risikokapital zu rechnen. Denn aufgrund der oben genannten Chancen gehört die Biotechnologie bei vielen Investoren zu den weni-gen Branchen, bei denen auch mittelfristig hohe Wachstums- und Gewinnraten erwartet werden.

Problembereiche der Biotechnologie

Zukünftig sind dabei allerdings die Problembereiche der Biotechnologiefirmen stärker in den strategischen Fokus dieser Unternehmen zu nehmen. Hier sind zunächst die Kosten der Entwicklung zu nennen. Denn diese sind für biotechnologische Wirkstoffe gemeinhin höher als für konventionelle Präparate. Entwicklungsprojekte zu bisher unbehandelten Indikationen haben darüber hinaus sicherlich ein nochmals erhöhtes Risiko, daß das Projekt im Verlauf der Entwicklung aus den unterschiedlichsten Gründen eingestellt werden muß. Bei vielen Biotechnologieunternehmen ist zudem ein Risikoausgleich nur bedingt möglich, weil diese entweder nicht über ein breites Entwicklungsportfolio verfügen oder die jungen Unternehmen seltener bereits Produkte auf dem Markt haben.

Ein weiteres Problemfeld für Biotechnologieunternehmen stellen die geringen Erfahrungen mit den regulatorischen Anforderungen an ein Zulassungsverfahren dar. Zwar ist aufgrund der vielfach neuen Indikationen prinzipiell sogar eine gewisse Unterstützung der Behörden zu erwarten, z. B. durch die Vergabe des Orphan Drug Status durch die FDA. Jedoch kann dies die offensichtlichen Schwächen vieler Biotechnologieunternehmen, eine regelkonforme Entwicklung zu gewährleisten und die entsprechende Dokumentation zu erstellen, nicht ausgleichen. Auch aus diesem Grund ist eine enge Kooperation mit etablierten Marktteilnehmern oder die Lizenzvergabe an konventionelle Pharmaunternehmen von den Biotechnologieunternehmen meistens gewünscht und noch sehr groß. Die Bereitschaft zur Zusammenarbeit wird sich jedoch in dem Maße relativieren, in dem über etablierte Produkte und Zusammenschlüsse finanzstarke und entwicklungserfahrene Unternehmen entstehen werden.

Häufig vernachlässigt wird in den strategischen Betrachtungen dagegen der Versuch einer Einflußnahme auf die generell hohen Kosten in der Supply Chain. Die Notwendigkeit eines Kostenmanagements ist aber immer geboten. Zudem unterscheiden sich biotechnologische Medikamente nicht oder nur geringfügig bezüglich der anfallenden Kosten für den letzten Fertigungsschritt (Labelling). Allerdings sind häufiger höhere Distributionskosten zu erwarten, denn bei vielen Biopharmazeutika sind die gefriergetrockneten oder in Lösung befindlichen Wirkstoffe oftmals nur über eine lückenlose Kühlkette bis zum Patienten lieferbar.

Besonderheiten bei der Herstellung von biotechnologischen Wirkstoffen

Der Schwerpunkt der Kostendifferenz ist letztlich auf einige Besonderheiten bei der Herstellung der Wirkstoffe und deren Abfüllung zurückzuführen.

1. Der offensichtlichste Unterschied liegt in den Anforderungen an die Umgebungs- und Anlagenbedingungen. Es gelten zumindest für den Down-Stream-Prozeß der Wirkstoffherstellung ähnlich strenge Anforderungen an Reinraumklassen wie bei der pharmazeutischen Endfertigung. Auch deshalb macht eine Trennung von Wirkstoffherstellung und pharmazeutischer Endfertigung (bis zur Bulk-Ware) hier in der Regel keinen Sinn.

2. Eine Standardisierung von Anlagen ist weitaus schwieriger als z. B. in der Chemieproduktion. Denn unter dem Oberbegriff Biotechnologie sind verschiedene Technologien summiert, die teilweise erhebliche Unterschiede bezüglich des verwendeten Equipments und des Fertigungsprozesses zur Folge haben.

3. Die Gefahr von Kreuzkontaminationen bei speziellen Technologien wie der Verwendung von gentechnisch veränderten Viren (z. B. Adeno-Viren) schließt die Betreibung von diesen Anlagen als echte Multi-purpose-Anlagen aus. In der Realität werden zumindest die Fermentationsprozesse deshalb streng nach Fermentationstyp getrennt.

4. Biotechnologische Wirkstoffe werden außerdem nicht allein durch analytische Methoden charakterisiert, sondern sind auch in starkem Maße abhängig von verfahrenstechnischen Parametern. Für größere Veränderungen dieser Parameter bei Fermentation oder Aufarbeitung benötigt man in der Regel dann Bioäquivalenzstudien, um den Nachweis zu führen, daß noch ein Produkt mit derselben Wirksamkeit vorliegt. Die wesentlichen Anlagenkriterien werden somit schon in einer frühen Entwicklungsphase für die spätere Produktion festgelegt. All dies sind Aspekte, die ein zurückhaltendes Vorgehen bezüglich Verfahrensänderungen oder im Scale up bedingen. Ein weiterer Grund für deutlich kleinere Produktionschargen liegt häufig in der Stabilität der Fermentationsprozesse oder der Wirkstoffe.

Aktuelle Situation

Aus der eingangs geschilderten Situation (hohe Spezialisierung von Biotechnologieunternehmen, geringe Erfahrung von jungen Unternehmen bezüglich der Entwicklungs- und Produktionsanforderungen und/oder häufige Partnerschaften mit anderen Unternehmen) ergeben sich weitaus größere Managementanforderungen an die Koordination der Entwicklungsaktivitäten. Insbesondere aus der Übertragung von Verfahren auf den Produzenten des Marktbedarfes resultieren häufige und schwerwiegende Verfahrensverzögerungen. Es ist deshalb ersichtlich, daß die Übertragung von Verfahren aus der Entwicklung in den Produktionsmaßstab einen besonderen Brennpunkt darstellt.

Zur Zeit wird die Situation dadurch verschärft, daß die Bedarfsanforderungen für die Produktion von Biopharmazeutika die Produktionskapazitäten deutlich übersteigen. Dies ist sowohl für die Entwicklung der Branche, insbesondere aber auch für das betroffene Unternehmen und die erwartungsvollen Patienten, von großem Nachteil (Beispiele: Betaferon oder Enbrel).

Tragfähigkeit unseres Konzeptes

In diesem Zusammenhang wollen wir die Frage diskutieren, inwieweit unser Konzept auch den besonderen Anforderungen an die Herstellung von biotechnologischen Produkten genügen kann.

Aus den Rahmenbedingungen ergeben sich folgende Limitationen für die biotechnologische Produktion:

- noch wichtiger als sonst ist eine Vermeidung von Scale up-Schritten bzw. eine Anpassung an neue Anlagen,
- ohnehin wird schon häufig semi-dedicated Equipment eingesetzt (Anlagen zur Vermeidung von Kreuzkontaminationen),
- häufig sind aus Stabilitätsgründen kleinere Chargen und schnellere Distribution erforderlich,
- wegen der hohen Herstellkosten ist Kosteneffizienz hier besonders lohnend.

Daraus folgt, daß ein Entwicklungskonzept auf der Basis nur eines einzigen Scale up-Schrittes mit gleichzeitiger Flexibilität für wachsenden Marktbedarf für diesen Teil der Industrie ideal geeignet ist. Das Stabilitätsproblem fordert geradezu eine Fertigung auf Bestellung. Daß die Standardisierung zusätzlich Kosten sparen kann, ist für Produkte mit einem hohen Kostenanteil in der Produktion besonders attraktiv.

Fazit:

Als Zusammenfassung möchten wir festhalten, daß sich wegen des höheren Entwicklungsanteiles zukünftig Produktionsprozesse teilweise in den Bereich der Biotechnologie verlagern werden. Für die biotechnologischen Herstellprozesse gelten allerdings wie gezeigt die gleichen Aufgaben in der Zukunft wie bei den klassischen chemischen Reaktionen. Für die Frage der optimalen Gestaltung der Produktionsprozesse der Zukunft ist daher die Frage, wie groß der Anteil biotechnologisch hergestellter Produkte wirklich wird, relativ unerheblich. Die Biotechnologie wird immer von einem Supply Chain-Konzept für flexibles Wachstum und niedrige Produktionskosten besonders profitieren.

11 Zeitachse des neuen und des alten Prozesses

Die Entwicklung eines neuen Medikamentes beginnt mit dem Beschluß, eine chemische oder biologische Substanz, die im „In-Vitro-Modell" und / oder eventuell in Tiermodellen einen signifikanten Hinweis auf eine positive Wirkung beim Menschen gegeben hat, erstmalig auch am Menschen testen zu wollen.

Die Entwicklung der Substanz für die Anwendung am Menschen besteht dabei im wesentlichen aus vier Stufen:

- dem Nachweis, daß die Substanz bei einem Tiermodell auch in einer sehr hohen Dosis keine nachweisbaren toxikologischen Nebenwirkungen aufweist;
- dem Nachweis, daß die Substanz beim gesunden Patienten keine negativen Wirkungen aufweist (Klinische Phase I);
- der Untersuchung an kranken und gesunden Patienten im Vergleich mit dem besten am Markt befindlichen Präparat zum Nachweis der Eignung des Präparates (Klinische Phase II);
- einer breit angelegten Studie, die das genaue Profil und auch die Grenze der Wirksamkeit des Präparates nachweist (Klinische Phase III).

Üblicherweise sind der Entscheidung zum Beginn der Entwicklung eine Reihe von Screening-Tests vorausgegangen, die die Substanz im Vergleich mit vielen tausend anderen als möglichen neuen Wirkstoff attraktiv erscheinen lassen. Von dieser Entscheidung hängt in Bezug auf die Allokation von Kapazitäten sehr viel ab. Erstmalig werden nun die Kapazitäten, die zwar auf ein Indikationsgebiet, aber viele neue Testverbindungen verteilt waren, auf einen frühen Wirkstoffkandidaten konzentriert.

In der Branche ist dies vielfach der Zeitpunkt, an dem die Aufgaben der Substanzbereitstellung von den Chemikern der Forschung an deren Kollegen in den Entwicklungsabteilungen übergeben werden.

Aber dies ist nur ein Teilausschnitt der nun anlaufenden Bemühungen. So ist z.B. die Koordination einer Reihe von vorklinischen Tests und die Vorbereitung der Phase I-Studien sowie weiterer klinischer Phasen zu planen. Alle Planungsaktivitäten münden in einem Masterplan, der u.a. den Beginn jeder Aktivität und dessen Ende sowie die benötigten Substanzmengen enthält.

Den Entwicklungsprogrammen in der Pharmaindustrie stehen dabei eine Vielzahl von Bausteinen zur Verfügung. Welche Bausteine tatsächlich zum Einsatz kommen, hängt im wesentlichen vom Indikationsgebiet und der Art des zukünftigen Wirkstoffs ab. Dabei sind die Entwicklungsschwerpunkte in der klinischen Entwicklung z.B. zwischen einem zukünftigen Krebstherapeutikum und einem Kontrastmittel deutlich verschieden. Insbesondere bei ersteren Produkten, die als lebensverlängernde Therapeutika bei schwerstkranken Patienten eingesetzt werden, müssen unter Umständen auch Nebenwirkungen akzeptiert werden. In diesem Fall werden die Produkte nicht an gesunden Probanden, sondern direkt an Patienten getestet.

Im Gegensatz dazu stehen die Studien zu einem neuen Kontrastmittel. Da hier außer der spezifischen und häufig für bestimmte Organe (z. B. Leber, Blutkreislauf) selektiven Kontrastwirkung für moderne Diagnoseverfahren keine zusätzliche pharmakologische Wirkung erwünscht ist, wird deshalb ein besonderer Fokus auf die erste Gabe an gesunde Probanden und die genaue Verfolgung von toxikologischen Auffälligkeiten gelegt.

Je nach Indikationsgebiet ist deshalb der Gesamtbedarf an formuliertem Wirkstoff als Summe aller Bedarfsmengen sehr unterschiedlich. Was die Geschwindigkeit der Versorgung angeht, besteht erfahrungsgemäß zumindest bei komplexeren Wirkstoffsynthesen oder biotechnologischen Wirkstoffen in der Anfangsphase eine Unterdeckung an formuliertem Wirkstoff. Verschärft wird diese Situation dadurch, daß im bis zu diesem Zeitpunkt erfolgten Herstellungsprozeß der Forschung keine Substanzmengen für Testformulierungen vorgesehen waren.

Supply Chain in der Entwicklung

Mit der Aufnahme der Arbeiten der Entwicklung einer Formulierung kann erstmalig von einer Supply Chain gesprochen werden. Im Prinzip finden sich hier alle Elemente der Supply Chain wieder: Beschaffung von Roh- und Hilfsstoffen (allerdings zu diesem Zeitpunkt noch in relativ kleinen Mengen), Herstellung des Wirkstoffes, Formulierung bzw. pharmazeutische Endfertigung (inkl. Verpackung) und selbstverständlich die Distribution an den künftigen Kunden. Letzterer Aspekt ist in einer in-house-Entwicklung ein zu vernachlässigendes Problem, da der Transport meistens innerhalb des Werksgeländes erfolgt. Doch die formalen Abläufe gleichen auch hier schon den Abläufen der Marktversorgung. So müssen auch für klinische Studien analytische Untersuchungen des Wirkstoffes und der fertigen Darreichungsform erfolgen und selbstverständlich muß ein formales Freigabe-Procedere eingehalten werden.

Man kann deshalb ein zur Marktversorgung analoges Modell für die Supply Chain der chemischen Entwicklung beschreiben. Auch in der Entwicklung ist schon eine ganzheitliche Betrachtung dieser Supply Chain angebracht. Die offene Frage ist, wie eine Optimierung der Supply Chain die Geschwindigkeit und/oder die Qualität der Entwicklungsaktivitäten beeinflußt.

Vorteile des neuen Prozesses auf der Zeitachse: Beschleunigung in der Entwicklung aufgrund der Trennung von Substanzbereitstellung und Verfahrensoptimierung

In Kapitel 7.1 und 8.1 haben wir beschrieben, wie man sich die frühe Entwicklung in Chemie und Pharmazie als reine Substanzbereitstellung und beobachtendes Lernen vorstellen kann. Dieses Konzept der Trennung von Substanzbereitstellung und Verfahrensentwicklung in Chemie und Pharmazie führt zu einer deutlichen Verringerung der Komplexität. Dadurch werden einige Limitierungen der konventionellen Entwicklung aufgebrochen. So hat die praktische Erfahrung in einem chemischen Entwicklungsbereich gezeigt, daß die ersten Optimierungsarbeiten häufig weniger der effizienten Substanzherstellung dienen, sondern vielmehr den Transfer des Know-hows zur Entwicklungsabteilung widerspiegeln. In diesem Zusammenhang ist auch immer wieder aufgefallen, daß während des Übergangs von der Forschung zur Entwicklung, wenn Forschung und Entwicklung parallel an einem Projekt arbeiten, die Forscher mit weniger effizienten Synthesen und schlechterer Geräteausstattung relativ große Substanzmengen in kurzer Zeit herstellen konnten. Die Forscher sind zu diesem Zeitpunkt nicht mehr an Optimierungen interessiert und betreiben daher „reine" Substanzherstellung. Dies legt den Schluß nahe, daß eine Gruppe, deren einzige Aufgabe in der Substanzherstellung besteht, dies sehr effizient tun könnte. Im neuen Konzept ist daher eine Gruppe in der ersten Projektphase der Entwicklung nur mit dieser Aufgabe beschäftigt.

Hier sollen nun die Vorteile eines solchen Systems der Trennung von Substanzbereitstellung und Verfahrensentwicklung auf der Zeitachse dargestellt werden. Sie liegen offensichtlich in einer grundsätzlich höheren Geschwindigkeit bei der Substanzbereitstellung, verbunden mit gleichbleibenden Qualitätsmerkmalen.

Es muß erwähnt werden, daß einige Unternehmen der Pharmaindustrie diesen Ansatz der Trennung von Substanzbereitstellung und Verfahrensentwicklung für die Entwicklung schon länger verfolgen. Prominentes Beispiel für ein Unternehmen im deutschsprachigen Raum, das diese Trennung mindestens teilweise verfolgt, ist Boehringer Ingelheim.

Allerdings sind gleichbleibende Qualitäten vom Entwicklungsbeginn bis zur Marktbelieferung nur dann erreichbar, wenn bei der Substanzbereitstellung ein Scale up und/oder ein Anlagenwechsel gemieden werden. Dies ist nur mit dem Bau entsprechender neuer Anlagen für die Marktversorgung des jeweiligen Produktes realisierbar. In einer Multi-purpose-Umgebung ist zumindest ein zusätzlicher Scale up-Schritt beim Übergang von der Entwicklung zur Produktion notwendig. Im gängigen Denkmuster gibt es nur die beiden Alternativen Mono-Betrieb und Multi-purpose-Anlage. Daher wird in allen Chemiebereichen in der Regel aus diesen beiden Varianten die bezüglich der Investition risikoärmere Variante (Multi-purpose-Anlage) ausgewählt. (So ist außerhalb des Bio-Tech-Bereichs uns kein Beispiel bekannt, bei dem nur ein Scale up-Schritt auf dem Weg zwischen Forschung und Marktversorgung realisiert wird.) Damit einher geht, daß bei jedem Scale up-Schritt Zeit für die Anpassung der Verfahrens an die angestrebte Qualität des Produktes und dessen Prüfung und/oder für die Nachvalidierung des Verfahrens verloren geht.

Beschleunigung der Entwicklung aufgrund höherer Qualität

Eine gleichbleibende Qualität eröffnet aber zusätzliche Möglichkeiten bei der Verkürzung der Gesamtentwicklungszeiten.

Die Toxikologen bestehen in vielen Unternehmen darauf, für ihre Studien möglichst im Idealfall nur eine Charge verwenden zu können. Diese Vorgabe hat einen guten Grund. Denn bei einer einzelnen Charge ist sichergestellt, daß es nur ein Verunreinigungsprofil gibt. Auf dieser Charge und den darin enthaltenen Verunreinigungen basieren dann die Aussagen zur toxikologischen Unbedenklichkeit einer neuen Wirksubstanz. In der Praxis ist diese Vorgehensweise jedoch oft nicht durchzuhalten, da die Verzögerungen bei der Substanzbereitstellung durch die relativ großen Bedarfsmengen der Langzeit-Toxikologiestudien zu groß wären. Üblicherweise werden deshalb Kurzzeit- und Langzeit-Toxikologiestudien aus zwei Chargen des vorformulierten Wirkstoffs bedient. Nach dem bisherigen Prinzip der Gleichzeitigkeit von Optimierung, Ansatzvergrößerung und Anlagenwechsel in der Substanzbereitstellung ist dies aufgrund der häufigen Qualitätsschwankungen immer mit dem Risiko verbunden, in einer Folgecharge eine neue Verunreinigung zu finden. Dabei ist die günstigere Variante, daß diese neue Verunreinigung in die Langzeit-Toxikologiestudie Eingang gefunden hat. Wesentlich schwieriger ist es, wenn eine solche Verunreinigung in späteren Chargen auftaucht und dann aufwendig isoliert, identifiziert und einzeln toxikologisch bewertet werden muß.

Bei qualitativ und quantitativ gleichbleibenden Verunreinigungsprofilen, wie sie nach dem vorgestellten Konzept viel wahrscheinlicher werden, wäre jedoch eine deutliche Verkürzung von Vorlaufzeiten möglich, da bewußt die Verwendung von mehreren Chargen in einer toxikologischen Studie möglich sein sollte.

Wenn dies zunächst nur bedeutete, keine großen Lücken in der Versorgung mit formulierten Wirkstoff zu haben, wäre es nun aber auch zur stärkeren Parallelität von Studien nutzbar. Dieses Vorgehen sollte die Entwicklungszeitachse nachhaltig beeinflussen.

Beschleunigung der Entwicklung durch wenige Scale up-Schritte

Wenn die Substanzbereitstellung durch einen kontinuierlichen oder quasi-kontinuierlichen Prozeß erfolgt, werden erhebliche Potentiale zur Beschleunigung der Entwicklungszeiten sichtbar. Die schon in Kapitel 7 geschilderte Anlagenkonstellation ist bei der richtigen Anfangsdimensionierung in der Lage, den Bedarf bis einschließlich der klinischen Phase II zu decken. Spätestens ab der Phase III, im besten Fall jedoch schon früher, wird dann der zweite Scale up-Schritt notwendig, der den ersten Marktbedarf ebenfalls abdecken sollte. Die Produktion von im Lebenszyklus eines Produktes weiter steigendem Substanzbedarf würde dann durch Duplizierung bzw. Multiplizierung der vorhandenen Anlagen erbracht. Die Vorteile durch die Flexibilität der Produktion, sich schnell den aktuellen Bedarfsmengen anzupassen und dabei ohne Verfahrensänderungen oder erneute Anlagenqualifizierung auszukommen, sind ausführlich in Kapitel 7.3 geschildert worden.

Hier sollen dagegen die Auswirkungen der bisher vielen „kleinen" Scale ups betrachtet werden. Unter kleinen Scale up-Schritten sind die in der Entwicklungsphase im Labor und später im Technikum stattfindenden Veränderungen in der Ansatzgröße zu verstehen, die unterhalb eines Faktors von 10 liegen. Sie erfolgen deshalb, weil man bei der Bereitstellung von 20 kg eines Wirkstoffes, von dem in einer ersten Kampagne 10 kg hergestellt wurden, oftmals eher eine Anpassung der Ansatzgröße als eine Verdopplung der Kampagnenzahl verfolgt. Dies ist bei dem üblicherweise herrschenden Zeitdruck, die geforderten Mengen bereitzustellen, insbesondere aufgrund der schlechten Durchlaufzeiten bei Kampagnenfahrweise verständlich, führt jedoch zu anderen zusätzlichen Problemen wie zur Beeinflussung der Prozesse durch Anlagenwechsel, zu längeren Standzeiten von Produktlösungen bei Isolierprozessen usw. Diese bergen jeweils Verfahrensrisiken in sich (z. B. neue Verunreinigungen, Ausbeuteverluste usw.), die unbedingt vermieden werden müssen, da sie erhebliche Verzögerungen in der Gesamtentwicklung bedeuten können.

Beschleunigung in der Entwicklung aufgrund des geringeren regulatorischen Aufwandes

Alle Entwicklungschemiker und ihre Kollegen in den regulatorischen Abteilungen kennen die Probleme und Verzögerungen, die sich bei der Zusammenstellung von Entwicklungsberichten und der Vorbereitung von Dossiers ergeben können. Zum einen sind die erstellenden Mitarbeiter fast immer im Verzug mit entsprechenden Kampagnenberichten, da sie durch die Bearbeitung von immer neuen Verfahrensänderungen und vielen daraus resultierenden Abweichungen in Anspruch genommen sind. Zum anderen ergeben sich bei dieser Art von Entwicklung immer wieder Abweichungen, die auch nachträglich die Verwendung der einen oder anderen Charge fraglich erscheinen lassen oder zumindest hohen Erklärungsbedarf gegenüber den Zulassungsbehörden haben. Bei einer permanenten Wiederholung der Prozesse in gleichen Anlagen und gleicher Ansatzgröße ist dies jedoch weit weniger zu erwarten. Führt man zusätzlich das gleiche Prinzip schon für die Bereitstellung von ersten Mengen im Labormaßstab ein und werden Verfahrensentwicklung und Substanzbereitstellung getrennt, steigt die Kenntnis für die Prozesse und damit die Sicherheit, diese Prozesse ohne große Abweichungen betreiben zu können, erheblich an.

Neben den offensichtlichen Vorteilen bei der Abfassung von Berichten und der Zusammenfassung von Dossiers sind jedoch auch die regulatorischen Anforderungen an die Qualifizierung der Anlagen, den Ausschluß von Kreuzkontaminierung (s. Kap. 8) und die Prozeßvalidierung besser erfüllbar. Gerade eine erfolgreiche Prozeßvalidierung hängt in starkem Maße von einer guten Kenntnis des Prozesses und der Identifikation von kritischen Parametern auf den einzelnen Synthesestufen ab. Diese kritischen Prozeßparameter werden bei der Prozeßvalidierung zunächst in Laborversuchen ausgelotet. Im Anschluß daran wird die Validität des Gesamtverfahrens in drei aufeinanderfolgenden Produktionschargen bestätigt. Die Prozeßvalidierung ist besonders risikobehaftet, wenn die bisherige Ansatzzahl in einem bestimmten Equipment niedrig ist oder kurzfristige Verfahrensanpassungen vorgenommen wurden. In der Praxis ist dies der Fall, wenn die Zeitpunkte des Erreichens des zukünftigen Produktionsmaßstabes, der Prozeßvalidierung und der Erstversorgung des Marktes nahe beieinander liegen oder sogar zusammenfallen. Diese ungünstige Konstellation wird leider sehr häufig angetroffen, da das Scale up in den Produktionsmaßstab aufgrund der großen Volumina aus „ökonomischen" Gründen erst sehr spät erfolgt. Ein weiterer Grund ist, daß die Entwicklungsabteilungen in dem Procedere der gleichzeitigen Verfahrensentwicklung und Substanzbereitstellung nur selten ausreichend Zeit haben, ein Verfahren wirklich zu Ende zu entwickeln.

Fazit:

Auf der Basis der Entwicklungszeitschätzungen sehen wir Zeitgewinne bei der Toxikologie durch den schnelleren Chemieprozeß. Bei der Anwendung am Patienten haben pharmazeutische Entwicklung und chemische Entwicklung einen Zeitvorteil durch besseres Know-how. Beide Prozesse lassen sich einfacher in die Produktion übertragen und sparen dadurch an dieser Schnittstelle Zeit ein. Selbst bei sehr konservativen Annahmen sehen wir allein für die Entwicklungsprozesse eine kumulierte Beschleunigung um ein bis eineinhalb Jahre. Eine detaillierte Darstellung zur Verkürzung der Entwicklung auf Basis der auszuführenden Aufgaben wollen wir in Kapitel 11.1 zeigen; eine graphische Übersicht bietet Abbildung 11.1 (S. 156).

Beschleunigung durch eine schnellere Lernkurve

Ein ganz wesentlicher Faktor für die Verkürzung der Entwicklungszeit und der Durchlaufzeiten in der Produktion ist der Verlauf der Lernkurve. Durch die hohe Zahl an wiederkehrenden Synthesestufen in gleichem Maßstab und mit gleichem Equipment werden schon in der frühen Phase der Substanzbereitstellung Erfahrungen über die Robustheit und die „Feinregulierung" von Verfahren erreicht. Diese Erkenntnisse sind mit denen vergleichbar, die bei konventioneller Vorgehensweise nur im langjährigen Produktionsbetrieb zu erzielen sind. Im störungsfreien „Betrieb" sind zwar nach der beschriebenen Vorgehensweise keine großen Schwankungen in Ausbeute oder Qualität zu erwarten, dieser Zustand

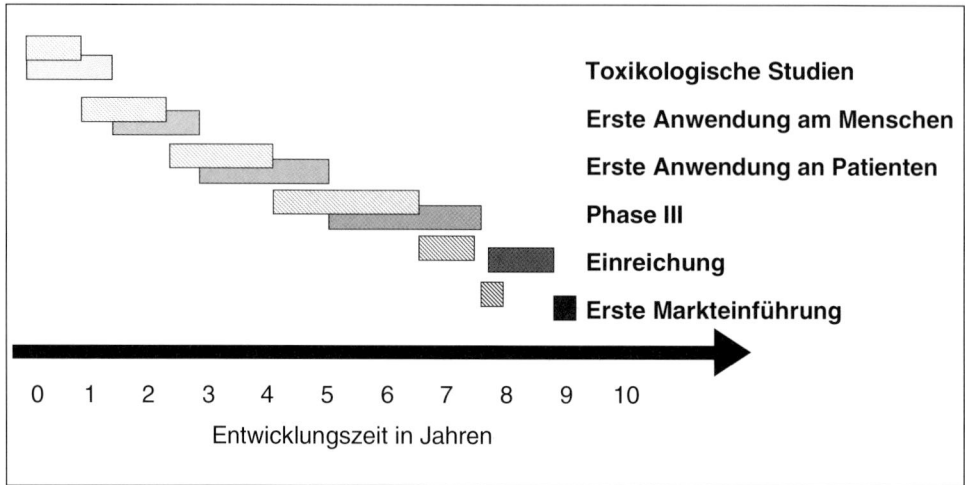

Toxikologische Studien

Erste Anwendung am Menschen

Erste Anwendung an Patienten

Phase III

Einreichung

Erste Markteinführung

0 1 2 3 4 5 6 7 8 9 10

Entwicklungszeit in Jahren

Abbildung 11.1 Zeitgewinn des neuen Entwicklungsprozesses (schraffiert) gegenüber dem alten Prozeß (Mittelwerte aus 130 Entwicklungsprodukten).

wird aber nicht für jeden Ansatz zu erreichen sein. In einem von zusätzlichen Änderungen sonst wenig beeinflußten Umfeld ist die Aussagekraft von auftretenden Abweichungen zum Verfahren besonders hoch zu bewerten. Wenn diese Erkenntnisse in die parallel verlaufende Verfahrensentwicklung eingebracht werden, wird eine optimale Feineinstellung der Verfahrensparameter möglich. In der Produktion wird die Lernkurve weniger prozeßorientiert sein, sondern stärker aus Verbesserungen in Form des Zeittaktes vieler Arbeitsabläufe bestehen. Dort liegen schon heute erhebliche Verbesserungsmöglichkeiten bei der Nutzung von Multi-purpose-Anlagen, die oftmals nur von erfahrenen Verfahrenstechnikern aufgedeckt werden können. In der beschriebenen Mono-Fabrik werden diese Chancen offensichtlicher und damit schneller zu nutzen sein.

Beschleunigung in der Produktion durch mehr Flexibilität

Jedes chemische Verfahren weist im Verlauf seiner Lebensdauer Ansätze zur Verfahrensoptimierung auf. Leicht nachvollziehbar ist, daß diese Änderungen eines Verfahrens zunächst einen Einfluß auf die Auslastung von Anlagen haben. Verbessert sich z. B. die Ausbeute, so ist zukünftig weniger Rührwerksvolumen für diesen Teilschritt vorzuhalten. Dies geschieht nach und nach mit immer mehr Stufen. Nach einiger Zeit sind die Verfahren so gravierend verändert, daß in den bestehenden betrieblichen Organisationen eine erhebliche Anpassung der Kapazitäten vorzunehmen ist. In Mono-Betrieben mit einer oder weniger als einer Anlage pro Stufe ist keine Flexibilität zur Anpassung vorhanden. In diesem Falle ist eine Verringerung der Kapazität nur durch neue Anlagen oder durch Belegung mit anderen Synthesen möglich. Im Falle eines höheren Kapazitätsbedarf ist aber eine Anpassung gar nicht oder nur auf Kosten anderer Synthesen erzielbar.

Für eine Produktion nach der von uns oben beschriebenen Vorgehensweise bietet sich jedoch die Möglichkeit, sowohl einzelne Anlagen ohne große Aufwendungen zu demontieren als auch bei Bedarf von zusätzlicher Kapazität schnell und ohne große Investitionen Anlagen anzubauen.

Beschleunigung in der Produktion durch kürzere Durchlaufzeiten

Auch die Verkürzung von Zeiten, die für die Durchführung der Reaktion und der Aufarbeitung benötigt werden, stellt ein wichtiges Argument dar. Wo in der Entwicklung noch von einem Ansatz pro Woche ausgegangen wurde, ist in der klassischen Produktionsplanung schon eine deutliche Effizienzsteigerung durch Schachtelung von mehreren Ansätzen erreicht.

In vielen Fällen kann die chemische Umsetzung einschließlich der Vorbereitung in weniger als 24 Stunden durchgeführt werden. Die Nettoumsatzzeit ist aber auch durch die Anlageparameter beeinflußt. Ein kleines Rührwerk läßt sich z. B. schneller aufheizen und ankühlen.

Die folgende Aufarbeitung dauert in aller Regel ebenfalls nicht mehr als 12 Stunden. In vielen Fällen sind Trockenschränke oder Zentrifugen ein Engpaß, so daß sich die Aufarbeitung und Trocknung zum Nadelöhr des Prozesses entwickelt. In einer modularen Produktion werden bei sofortiger Weiterverarbeitung Anforderungen wie Trocknung von Restlösemitteln, Bestimmung von Lagerstabilitäten der Zwischenprodukte etc. entfallen. Auch die Abfüllung der Ansätze kann portionsgerecht direkt aus der Zentrifuge erfolgen, da die Ansatzgröße der Folgestufe immer bekannt ist. Über die Duplizität von Anlagen wird letztlich auch bei Zentrifugen, aus denen nun die portionsgerechte Abfüllung erfolgen soll, zusätzlich Zeit gewonnen werden. Kalkuliert man die Verwendung einer Zentrifuge für einen Ansatz über 10–20 Jahre, so macht es rechnerisch durchaus Sinn, diese gegenüber der klassischen Vorgehensweise kleinere Zentrifuge speziell für diesen Ansatz zu beschaffen. Zudem ist der logistische Planungsaufwand bei Engpässen deutlich vereinfacht. Da man in der modularen Welt immer das gleiche tut, weiß man, bei welchen Geräten es zu einem Engpaß kommen kann. Beim klassischen Ansatz tritt der Engpaß immer wieder an anderen Stellen auf, da ständig eine neue Kombination der möglichen Ansätze in einem Betrieb verwirklicht wird.

Bisher wird nach der Aufarbeitung das Produkt zur Analytik abgegeben. Eine Weiterverarbeitung ist nach dem Vorliegen der analytischen Bewertung, d. h. frühestens 2 Tage und maximal eine Woche später möglich. In der modularen Produktion kann jedoch wegen der Gleichartigkeit der Ansätze die Analytik beschränkt werden z. B. auf jeden zehnten Ansatz oder mit Hilfe anderer Methoden erfolgen (online oder systematische Parametererfassung).

Die Zeit pro Ansatz ist also in der Regel gegenüber den heutigen Standards deutlich verkürzbar. Eine erste Abschätzung läßt eine Verringerung der Durchlaufzeit im Minimum um 20% bis zu mehr als 50% erwarten. Über die Durchsatzsteigerung ergibt sich dann bei gleichen Anlagen ein entsprechender Produktivitätszuwachs.

Beschleunigung in der Produktion bei der Erfüllung von regulatorischen Anforderungen

Das neue Konzept bietet für die Erfüllung der strengen Auflagen der internationalen Arzneimittelbehörden mindestens zwei Vorteile. So sollte die Übertragung des Herstellungsverfahrens von dem Entwicklungs- in den Produktionsstandort deutlich einfacher werden, da an beiden Standorten durch die Standardisierung der Anlagen im identischen Equipment produziert werden kann. Dies könnte im Extremfall sogar bedeuten, daß die entsprechenden Anlagenteile als Module in Containerform am Entwicklungsstandort abgebaut und am neuen Produktionsstandort ohne große Zeitverzögerung wieder aufgebaut werden.

Der zweite wesentliche Vorteil wurde bereits erwähnt; er ist darin zu sehen, daß bei steigendem Marktbedarf des produzierten Wirkstoffes nicht eine Maßstabsvergrößerung in größere Rührwerke mit den damit verbundenen regulatorischen Problemen erfolgen muß, sondern einfach eine zweite parallele Produktionslinie mit dem identischen Equipment aufgebaut wird, die schnell und flexibel in Betrieb genommen werden kann.

Beschleunigung durch Verringerung der Zahl der Gesamtprozesse

In der Produktion wird die Gesamtzahl der Prozesse deutlich abnehmen. Dies kann am Beispiel der Analytik aufgezeigt werden. Bisher ist die Zwischenproduktanalytik ein separater Prozeßschritt. Für diesen Prozeßschritt muß immer wieder neu priorisiert werden, es müssen Kapazitäten angepaßt werden und langsame und schnelle Analysenverfahren mit den vorhandenen Ressourcen und dem ständig wechselnden Bedarf der Produktionsbetriebe abgestimmt werden.

Bei einem kontinuierlichen Prozeß wird man diesen insgesamt analytisch verfolgen. Durch die höhere Zahl an erfaßten Parametern nähert man sich dem Ansatz der parametrischen Freigabe schrittweise an. Bei Zwischenprodukten wird man in der Regel keine Freigabe in einem Analytiklabor mehr vornehmen lassen.

Hilfsstoffe und Lösungen, die jede Woche benötigt werden, werden nicht mehr durch den Pharmahersteller selbst produziert, sondern von einem Lieferanten mit festem Liefervertrag beschafft. Die Freigabeprüfung für diese Substanzen wird in der Regel direkt durch den Lieferanten erfolgen.

Die Abnahme der Anzahl der Aufgaben und Prozesse für die Produktion wird in Kapitel 11.1 in Übersichtsform gezeigt. Dabei wird auch die deutliche Vereinfachung der Produktionslogistik genauer betrachtet.

Die Abläufe insgesamt sind einfacher, direkter und somit auch deutlich weniger voneinander abhängig. Es ist daher sehr viel leichter möglich, die Abläufe bei Bedarf anzupassen. Der Ansatz der kontinuierlichen Verbesserung, wie er aus den japanischen Automobilfabriken beschrieben ist, ließe sich auch hier relativ leicht etablieren.

Die Freigabe von Rohstoffen kann in vielen Fällen durch einfache Prüfungen ersetzt werden; da es sich um kontinuierliche Bestellungen handelt, sind die Lieferanten qualifiziert.

11.1 Zeitachse auf Basis der Prozesse

Anhand der detaillierten Darstellung in diesem Kapitel wird klar, daß es sich bei der Zeitverkürzung zum einen um organisatorische Maßnahmen handelt, bei denen vorhandene Abläufe besser aufeinander abgestimmt werden, und zum anderen um ein Reengineering, bei dem die Prozesse neu gestaltet werden. Das Reengineering hat dabei die Aufgabe, die Komplexität zu reduzieren und somit den gesamten Entwicklungs- und Produktionsablauf schneller zu machen.

11.1.1 Entwicklungsaufgaben

Alter Prozeß

Nach Beschluß zur Entwicklung bis zur ersten Anwendung am Menschen:

1. Syntheseoptimierung (40 Tage)
2. Herstellung Wirkstoff und Präparat für Toxikologie und klinische Prüfung Phase I (6 Monate)
3. Streß-Tests für Wirkstoff (3 Monate)
4. Präformulierungsuntersuchung (3 Monate)
5. Erste Kostenplanung
6. Isolierung und Herstellung von Nebenprodukten der chemischen Synthese (40 Tage)
7. Referenzstandard herstellen und Prüfverfahren entwickeln inkl. Validierung (3 Monate)
8. Dokumentation zur Genehmigung der Phase I erstellen (2 Monate)

Nach erfolgreicher erster Anwendung am Menschen bis zum Wirksamkeitstest:

1. Endgültige Laborsynthese festlegen
2. Herstellung des Wirkstoffs und Präparates für die klinische Phase II
3. Update der Dokumentation zur Genehmigung der Prüfung am Menschen für Phase II erstellen (2 Monate)

Nach erfolgreicher Anwendung am gesunden Patienten bis zum Test am kranken Patienten:

1. Endgültige Synthese für Technikum festlegen
2. Herstellung und Einlagerung von 3 Chargen, die nach der endgültigen Synthese hergestellt wurden, davon Entnahme für klinische Phase III-Prüfungen
3. Behältnis für Marktversorgung festlegen
4. Update der Dokumentation zur Genehmigung der Prüfung am Menschen für Phase III erstellen (2 Monate)

Nach erfolgreicher Anwendung am kranken Patienten bis zur Markteinführung:

1. Übergabe an die Produktion, hier oft an einen anderen Standort mit anderem Equipment, daher neues Scale up
2. Produktion im Betriebsequipment und Einlagerung dieser Chargen
3. Validierung der Herstellung
4. Erstellung der Zulassungsunterlagen
5. Kostenkalkulation für das Marktprodukt

Neuer Prozeß

Nach Beschluß zur Entwicklung bis zur ersten Anwendung am Menschen:

1. Syntheseoptimierung für „Mini-Produktion im Kilolabor" (20 Tage)
2. Herstellung Wirkstoff und Präparat für Toxikologie und klinische Prüfung Phase I (6 Monate)
3. Streß-Tests für Wirkstoff (3 Monate)

4. Präformulierungsuntersuchung (3 Monate)

5. Kostenplanung nur für Substanzbereitstellung, keine Planung der Entwicklungs- oder Produktzielkosten

6. Referenzstandard herstellen und Prüfverfahren entwickeln inkl. Validierung, allerdings nur für Sicherheitstests (2 Monate)

7. Dokumentation zur Genehmigung der Phase I erstellen (2 Monate)

Nach erfolgreicher erster Anwendung am Menschen bis zum Wirksamkeitstest:

1. Start der Entwicklung eines Herstellverfahrens

2. Herstellung des Wirkstoffs und Präparates für die klinische Phase II

3. Update der Dokumentation zur Genehmigung der Prüfung am Menschen für Phase II erstellen (2 Monate)

4. Erstmalige Kostenplanung für Entwicklungs- und Zielkosten des Marktproduktes

Nach erfolgreicher Anwendung am gesunden Patienten bis zum Test am kranken Patienten:

1. Herstellung und Einlagerung von 3 Chargen nach dem entwickelten Produktionsverfahren, davon Entnahme für klinische Phase III-Studien

2. Behältnis für Marktversorgung festlegen

3. Dokumentation zur Genehmigung der Prüfung am Menschen für Phase III komplett neu erstellen (4 Monate)

Nach erfolgreicher Anwendung am kranken Patienten bis zur Markteinführung:

1. Numbering up des Equipments zur Erfüllung des erwarteten Substanzbedarfs, falls gewünscht Transfer an einen anderen Standort (in diesem Fall wird die Anlage transportiert)

2. Validierung der Herstellung

3. Erstellung der Zulassungsunterlagen

4. Kostenkalkulation für das Marktprodukt

Nach der Entwicklung der Verfahren sollen nun ebenfalls die Zeitachsen für die Produktion des alten und neuen Prozesses gegenüber gestellt werden.

11.1.2 Produktionsaufgaben

Alter Prozeß

- Vertriebsorganisation plant den erwarteten Bedarf der nächsten ein bis zwei Jahre.

- Die Vertriebsorganisation erteilt über die Produktionslogistik einen Produktionsauftrag.

- Die Produktionslogistik spaltet den Auftrag in einen Chemie-Anteil und einen Pharmazie-Anteil. Sie erteilt dann je einen Chemie- und einen Pharmazie-Produktionsauftrag.

- Nach einem Bestellvorlauf für Rohstoffe von ca. 3 Monaten beginnt die Produktion Chemie mit der Herstellung, mit einer Durchlaufzeit von 3–15 Monaten je nach Produkt.

- Nachdem das Chemieprodukt vorliegt, erfolgt die Freigabeprüfung der Analytik mit ca. 1 Monat.
- Die pharmazeutische Formulierung kann in der Regel relativ schnell mit der Formulierung und Verpackung beginnen und benötigt eine Durchlaufzeit von ca. 3 Monaten.
- Die Endfreigabe und Auslieferung können in ca. einem weiteren Monat erfolgen.

Neuer Prozeß

- Die Vertriebsorganisation überarbeitet quartalsweise einen Bedarfsplan jeweils für die folgenden vier Quartale.
- Auf Basis der benötigten Bedarfspläne werden die je Quartal einzuarbeitenden Substanzmengen geordert.

11.2 Zeitachse für die Konversion

Die Verantwortlichen in Unternehmen befinden sich in Zeiten der Veränderung in einer schwierigen Situation. Einerseits wollen sie in funktionierenden Unternehmen nicht unnötig viel Kontrolle aufgeben, andererseits hat sich in der Vergangenheit immer wieder gezeigt:

Wer alles unter Kontrolle hat, ist zu langsam für den Wandel.

Die Pharmaindustrie ist eine Industrie, die heute noch gute Profite erwirtschaftet, bei der aber wie bereits dargestellt aufgrund der sich öffnenden Kostenschere ein drastischer Wandel ansteht. Die drängende Frage ist also, wie realisiert man diesen Wandel, ohne das Gesamtsystem zu destabilisieren? Wir sind der Ansicht, daß wir sehr weitreichende Veränderungen vorschlagen und wollen im folgenden etwas näher auf den möglichen Weg für eine Umsetzung unseres Konzeptes eingehen.

Dazu sollen folgende Annahmen getroffen werden: Das Pharmaunternehmen, dessen Konversion hier theoretisch vollzogen werden soll, hat eine Palette von Produkten unterschiedlicher Größenordnung. Es verfügt über eine Forschung und eine Entwicklung. In der Pipeline befinden sich ebenfalls Produkte unterschiedlicher Produktgrößenordnung in unterschiedlichen Stadien der Entwicklung.

Daraus ergeben sich zwei möglichst parallel zu beginnende Änderungsschritte:

1. Bei den Produkten der aktuellen Produktion kann geprüft werden, welche von ihnen schon derzeit in einen Produktionsbetrieb mit „quasi-kontinuierlicher" Produktion in Chemie und Pharmazie konvertiert werden könnten. Für diese Produkte ist eine konzeptionelle Erfassung der notwendigen Maßnahmen zu verfolgen und die Umstellung mit einem günstigen Beispiel zu beginnen. Der Nutzen wird normalerweise in der Chemie und der Pharmazie begrenzt sein. Allerdings wird ein enormer Vorteil in der Überzeugungswirkung auf alle Prozeßschritte der Supply Chain liegen.

2. Die Schnittstelle zwischen Forschung und Entwicklung ist relativ leicht mit relativ niedrigen Kosten von wenigen Mio. Euro veränderbar. Doch die Veränderung der Entwicklungsprozesse wird relativ lange dauern. Zudem sind dabei sehr viele Personen beteiligt, die vom Nutzen dieses neuen Konzeptes erst überzeugt werden müssen. Dieser Prozeß hat zwar für unser Konzept die nachhaltigste Wirkung, seine volle Entfaltung ist aber nicht sofort zu erwarten.

Das Vorgehen ist damit vorgezeichnet. In der ersten Phase sollte ein aktuelles Produktions-problem auf eine quasi-kontinuierliche Produktion in vorhandenem Equipment umgestellt werden. Eventuell ist dazu der Wechsel in einen anderen Produktionsbetrieb notwendig. Die Kosten hierfür sind als relativ niedrig anzusehen. Die Umstellung könnte inkl. der Klärung regulatorischer Aspekte innerhalb eines Jahres gelöst werden. Der Start in der Chemie-produktion hat den Vorteil, daß man noch relativ weit vom Markt entfernt ist und somit die Auswirkung auf die Zulassungsunterlagen geringer ist. Bei einem Beginn in der Pharma-produktion ist der Prozeß zwar intensiv mit den Zulassungsbehörden zu diskutieren. In die-sem Fall hat man jedoch den deutlichen Vorteil, durch die sofortige Kopplung mit dem Markt Durchlaufzeiten an einem für den Kunden wichtigen Punkt verkürzen zu können.

Die Schnittstelle zwischen Forschung und Entwicklung kann schnell verändert werden. Vorteilhafterweise ist ein Verbesserungseffekt bei frühen Projekten ebenfalls sehr schnell sichtbar. Wir sehen den benötigten Zeitraum inkl. der Installation eventuell zusätzlich benötigter neuer Glasrührwerke in einem Zeitraum von ca. zwei Jahren für realisierbar an. Auch hier erscheint uns die Chemie als idealer Startpunkt, da hier der kurzfristige Vorteil durch die Veränderung am eindruckvollsten sichtbar wird.

Der Bereich mit dem höchstem Gewinn ist jedoch zweifellos der komplette Aufbau einer neuen Entwicklung. Dazu ist ein vollständiges Umdenken in mehreren Gebieten und im Ver-hältnis mehrer Berufgruppen (Chemiker, Chemieingenieure, Pharmazeuten und Ingenieure) zueinander notwendig. Dieser Prozeß ist sicherlich als langwierig anzusehen und benötigt von der obersten Hierarchie eine langanhaltende konstante Unterstützung. Wir rechnen für eine solche Veränderung insgesamt mit 5 bis 10 Jahren. (Diese Zeitdimension wurde bereits für die Prognosen bezüglich der Veränderungen der Rahmenbedingungen genannt). Die notwendige Motivation für diese Veränderungen erwarten wir durch den Erfolg bei der Pro-duktionsoptimierung von aktuellen Produkten und die sich sehr schnell einstellenden posi-tiven Effekte für die in aller Regel „frustrationsbehaftete" frühe Entwicklung.

Wir sind überzeugt, daß unsere Überlegungen einen realistischen Weg für die vorgestellten Veränderungen in den angegebenen Zeiträumen zeigen.

12 Weitere Elemente der Versorgungskette

Wir haben bereits erwähnt, daß neue Arzneimittel bei schwankenden Markterfordernissen nur aus Beständen rechtzeitig geliefert werden können. Bei neuen Arzneimitteln führt ein schnell steigender Bedarf z. B. dazu, daß auf einigen Märkten das Produkt nicht eingeführt wird, weil nicht geliefert werden könnte. Die Chancen einer effizienten Supply Chain wurden bisher noch zu wenig genutzt. Es mag überraschend erscheinen, daß viele Pharmahersteller häufig im Vorfeld gar nicht so genau wissen, wie gut oder schlecht sich ihre Produkte am Markt verkaufen werden. Pharmacia Upjohn, eine der großen weltweit agierenden Pharmafirmen, stellte fest, daß trotz intensiver Versuche, die Produktionsplanung auf einer Vorhersage der erwarteten Verkaufszahlen aufzubauen, häufig am tatsächlichen Marktbedarf vorbei produziert wurde. Das Resultat war, daß nicht selten von einem bestimmten Arzneimittel 10–15% mehr als der wirkliche Bedarf produziert wurde, was zu sehr hohen Lager- und Finanzkosten durch gebundenes Kapital führte. Andererseits wurde von anderen Produkten wiederum zu wenig produziert, so daß nur 80–90% des Marktbedarfs befriedigt werden konnte, was zur Folge hatte, daß viele Patienten zu Mitbewerbern abwanderten. Selbstverständlich besitzt das Thema Lagerhaltung in der pharmazeutischen Supply Chain neben den rein wirtschaftlichen auch strategische und humanitäre Aspekte: kein Großhändler und noch weniger ein Apotheker möchte riskieren, ein potenziell lebensrettendes Medikament nicht rechtzeitig an einen betroffenen Patienten liefern zu können. Gerade aber die Strategien bei der Vorratshaltung der Großhändler können aufgrund mangelnder Transparenz zu einer erheblichen Unsicherheit beim Hersteller führen. So wird z. B. durch die Entscheidung einer großen Zwischenhandelsorganisation, ein bestimmtes Medikament in größeren Mengen ans Lager zu nehmen, beim Hersteller der Eindruck entstehen, daß die Nachfrage nach diesem Produkt gerade enorm ansteigt, und er wird seine Produktion entsprechend ankurbeln. Entscheidet der Großhändler jedoch anschließend, daß er die aufgebauten Bestände dieses Arzneimittels jetzt erst einmal abverkauft, bevor er eine weitere Bestellung tätigt, so wird der Hersteller auf einem Großteil seiner inzwischen durch die gesteigerte Produktion hergestellten Ware sitzenbleiben. Dies führt unvermeidlich dazu, daß ein großer Teil des Lagerbestandes als Verlust abgeschrieben werden muß, da Arzneimittel nur eine relativ kurze Haltbarkeitsdauer haben und bei deren Überschreitung vernichtet werden müssen. Wie hoch das Einsparpotential sein könnte, beweisen Berechnungen, aus denen hervorgeht, daß die Pharmaindustrie durch ein besseres Management der Supply Chain allein 1,3 Mrd. US-Dollar an Abschreibungskosten durch solche Lagerverluste vermeiden könnte [*Nairn* 2001]. Beim Supply Chain-Management geht es jedoch nicht nur um Einsparungen, sondern auch um immense Beiträge zum Umsatzwachstum der Firmen. Die Vorteile einer schnellen Reaktion auf Marktanforderungen werden besonders bei Präparaten wie z. B. Impfstoffen offensichtlich. Die Geschwindigkeit, mit der ein Hersteller einen neuen Impfstoff beim Ausbruch einer Grippe-Epidemie zur Verfügung stellen kann, wird die Gesamtumsätze dieses Produktes enorm beeinflussen. Aus diesem Grund kommt der Bedarfsvorhersage eine wichtige Rolle zu. Leider sind die Markteinschätzungen häufig sehr ungenau.

So erreicht Serono, eine der großen europäischen Biotechnologiefirmen, für seine ca. 1000 unterschiedlichen Produktlinien aufgrund der mangelnden Transparenz des Marktes nur eine Vorhersagegenauigkeit von ca. 50–55%. Dieses Problem wird sich noch vergrößern, da die Firma beabsichtigt, in den nächsten vier Jahren die Zahl ihrer Produkte auf 2000 zu verdoppeln. Die Firma Serono hofft, durch die Etablierung einer neuen integrierten Supply Chain bis zu 30% ihrer Distributionskosten und bis zu 10% ihrer Herstellungskosten einsparen zu können. Dazu sollen nicht nur neue IT-Systeme eingeführt werden, sondern auch durch schnellere Entscheidungsfindungen, eine völlige Neuorientierung der Distributionskanäle und neuartige Techniken wie z. B. die „Pack-to-Order"-Strategie zur Reduzierung von Lagerbeständen innerhalb der Supply Chain wichtige Beiträge geleistet werden. Die Aussage von Dr. Peter Laurence, Supply Chain-Projekt-Direktor bei Serono, „Wir können es nicht zulassen, daß die Supply Chain unser zukünftiges Wachstum behindert", beschreibt die Situation vieler Pharmaunternehmen sehr gut.

Wir haben gezeigt, wie eine andere Art der Entwicklung und der Produktion auf der Zeitachse wirkt. Durchschlagende Wettbewerbsvorteile sind unseres Erachtens aber nur über ein außerordentlich effizientes Management der gesamten Versorgungskette zu erreichen. Allerdings wird von den verantwortlichen Personen bisher häufig eine Optimierung von Teilsystemen betrieben. Was jedoch vielfach im Teilsystem als ökonomisch sinnvoll erscheint, muß nicht für den Prozeß der Optimierung der gesamten Versorgungskette nützlich sein und ist oftmals eher kontraproduktiv. Ein Beispiel aus einem völlig anderen Bereich mag dies verdeutlichen.

In einem traditionellen Restaurant kennt man vor allem in Großbritannien oder den USA noch einen Platzanweiser, einen Kellner für die Getränke, einen solchen für die Aufnahme der Bestellung und eine Reihe von Mitarbeitern für den Service am Kunden (Bestecke, Brot oder Wasser servieren). Dieser komplexe Apparat muß von einem Oberkellner koordiniert werden. Optimierung innerhalb dieses bestehenden Konzeptes besteht darin, daß versucht wird, die bei einem Kellner auftretenden freien Kapazitäten durch zusätzliche Aufgaben zu schließen. Dies geschieht z. B., indem der Kellner, der noch zwei Getränke auf seinem Tablett mitnehmen könnte, noch an einem weiteren Tisch bedient. Oft ist es aber leider so, daß dort drei Getränke benötigt werden und der Kellner einen zusätzlichen Weg machen muß, der nun wiederum zu höherem Koordinationsaufwand durch den Oberkellner führt. Deshalb wird man vermutlich die Position des Restaurant-Managers erfinden müssen.

In einer kosteneffizient arbeitenden Pizzeria ist dagegen der Kundenservice als Prozeß teilweise offen sichtbar. Ein Kellner begrüßt den Kunden, nimmt die Bestellung auf, holt die Getränke, schneidet Brot und liefert direkt an den Tisch. Für den Fall, daß die „Produktion" ausgelastet wird, ist vielfach ein weiterer Mitarbeiter auf Abruf in der Lage, die „Produktion" entsprechend dem Bedarf zu erhöhen. In der Küche läuft ein paralleler Prozeß ab, der am Anfang jeder „Herstellungs-Kampagne" mit der Herstellung von x kg Teig begonnen hat und nun zu der „Formulierung" des Endproduktes mit der Ausführung der Bestellung des Kunden stattfindet. Beide Prozesse sind bei einer funktionierenden Pizzeria reibungslos miteinander verzahnt. Die Pharmaindustrie betreibt dagegen derzeit eher ein traditionelles Geschäft. So absurd dieses Beispiel klingen mag, stellt es doch genau den Typ Prozeßoptimierung dar, der häufig in der industriellen Praxis vorgenommen wird.

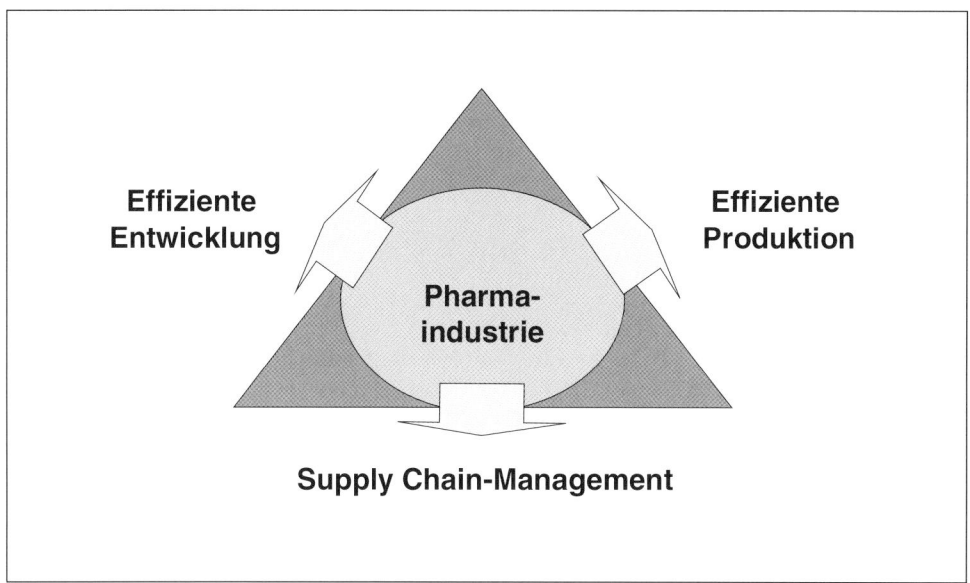

Effiziente Entwicklung

Effiziente Produktion

Pharma-industrie

Supply Chain-Management

Abbildung 12.1 Elemente der neuen Pharmawelt.

Die Pharmaindustrie ist in diesem Sinne lediglich ein typisches Beispiel für industrielle Fehlentwicklungen. Unter Berücksichtigung unseres bereits etablierten Fertigungskonzeptes soll in den nächsten Teilkapiteln geschildert werden, was uns insbesondere aus der Automobilindustrie wohl bekannt ist (Kapitel 4), die „just in time"-Fertigung. Eine Definition, die „just in time" ausschließlich auf den Fertigungsprozeß bezieht, greift jedoch zu kurz. Eine diesbezügliche Betrachtung sollte sich immer auf die gesamte Versorgungskette beziehen, in die die Distribution auf der einen Seite und die Beschaffung auf der anderen Seite zu integrieren sind. Wir verfolgen deshalb ein ganzheitliches Konzept, um entsprechend große Rationalisierungs- und Einsparungspotentiale auch an den Schnittstellen von Beschaffung, Produktion und Vertrieb realisieren zu können.

Für die Optimierung der chemischen und pharmazeutischen Produktion bedeutet das, diese nur als einen – wenn auch sehr bedeutenden – Teil der gesamten Versorgungskette zu betrachten.

Alle Überlegungen zu Veränderungen müssen zunächst immer auch bezüglich ihrer Auswirkung auf das Gesamtsystem geprüft werden. Das heißt, sich folgender Vorgehensweise zu verpflichten:

1. Anpassung der Abläufe in der Versorgungskette ggf. unter Adaption von Fertigungskonzepten anderer Industrien.

2. Prüfung der Auswirkungen der Änderungen auf die gesamte Versorgungskette.

3. Bewertung dieser Auswirkungen auf die Beeinflussung der Gesamtökonomie unter Berücksichtigung der Chancen und Risiken, die eine Umstellung mit sich brächte.

Wir haben bereits mehrfach erwähnt, daß das neue Bild der Pharmaindustrie aus den drei Elementen effiziente Entwicklung, effiziente Produktion und hervorragendes Supply Chain-Management zusammen gesetzt sein soll (Abbildung 12.1).

Im folgenden müssen wir nun noch zeigen, wie man mit den beiden beschriebenen oberen Elementen das dritte Element effizient umsetzen kann.

Wir beginnen mit dem Vertrieb, betrachten dann die Beschaffung, werden uns kurz mit dem Thema EDV beschäftigen und zum Schluß einen kurzen Blick auf die Unternehmenskultur werfen.

12.1 Vertrieb/Distribution von Arzneimitteln

Alle Branchen experimentieren derzeit mit neuen Wegen für ihren Vertrieb.

Eine Besonderheit des Vertriebs von Arzneimitteln ist der zur Zeit stattfindende Wechsel von Kundenprofilen. Dies haben wir im Kapitel 3 ausführlich beleuchtet. Wo vorher der Arzt oder der Apotheker weitestgehend die Wahl eines Präparates bestimmt hat, gewinnt jetzt der Patient deutlich an Macht. Zusätzlich wird die Politik ihren Einfluß auf die Auswahl des Präparates erhöhen. Deshalb wird es weiterhin bei einem komplexen Entscheidungsprozeß bleiben (Arzt, Apotheker, Patient und Politik).

Was werden die zukünftigen Herausforderungen sein?

Ein Stichwort für die zukünftigen Herausforderungen heißt zusätzliche Serviceanforderungen. Auch für die Pharmaindustrie wird der Konkurrenzkampf der Produkte sich zunehmend zu einem Wettlauf der Serviceleistungen entwickeln. Der Dienst am Kunden wird damit einen Schwerpunkt der künftigen Wettbewerbsanstrengungen bilden, weshalb „Services" systematisch entwickelt werden müssen. Über die Entwicklung neuer Serviceleistungen wird den Unternehmen ein zusätzliches Werkzeug der Markterschließung und der Unternehmensentwicklung zur Verfügung stehen. „Services" werden aber auch in starkem Ausmaß Rückwirkungen auf die Produktentwicklung haben. Bei Pharmazeutika wird sich dies im wesentlichen auf die Endfertigung und Konfektionierung beziehen, da die Zusammensetzung der Produkte von Ausnahmen abgesehen nicht veränderbar ist. Eine hohe Realisierungswahrscheinlichkeit haben jedoch Anpassungen bei Arzneimittelpackungen oder Umverpackungen, um dem Kundenbedürfnis nach einer größeren Serviceorientierung gerecht werden zu können. Das Beispiel von Procter & Gamble, die inzwischen unter „reflect.com" Pflegeprodukte mit individueller Zusammenstellung der Inhaltsstoffe, modischem Design der Verpackungen und Namensaufdruck des Bestellers verkaufen, erscheint heute für Arzneimittel noch nicht richtig vorstellbar. Durch solche Initiativen wird aber der grundsätzliche Weg vorgezeichnet.

Problem: Vielstufige Distribution

Der Kunde wird künftig auch höhere Anforderungen an eine komfortable und schnelle Lieferung des Produktes stellen. Die Apotheken bieten auf den ersten Blick, was das Thema Geschwindigkeit angeht, gute Servicebedingungen. In der Regel erhält jeder Patient innerhalb von 24 Stunden das benötigte Präparat.

Leider wird die schnelle Lieferung der Arzneimittel nur dadurch gewährleistet, daß der Kunde/Patient sich das gewünschte Produkt an Arzneimittelsammelstellen (= Apotheken) selbst abholt. Unabhängig von den anderen Serviceleistungen der Apotheken ist dies zunächst angetan, die Kosten der Distribution nicht unerträglich hoch werden zu lassen. Denn das eigentliche Problem der Distribution von Arzneimitteln ist die Entfernung der Produzenten vom Kunden durch zu viele Stationen in dem zur Zeit verwendeten logistischen System. Oft hat der Produzent neben dem Zentrallager am Standort der Produktion weitere regionale Läger in den verschiedenen Ländern. Im Bereich der Pharmazeutika gibt es derzeit in der Regel dem Produzenten nachgelagert einen Pharmagroßhandel und mit den Apotheken einen Pharmaeinzelhandel. Häufig befinden sich in der Versorgungskette noch zusätzlich gemeinschaftliche Lager von verschiedenen Produzenten, z.B. PharmLog. Typischerweise weist die Pharma Supply Chain also eine Vielzahl von Stationen auf.

In diesem System ist eine noch aufwendigere und damit kostenintensivere Distribution in Form von Einzellieferungen nach Hause auch auf der Basis des Produktwertes letztlich nicht zu rechtfertigen. Anders als z.B. bei Automobilen ist der Wert eines einzelnen Arzneimittels als eher gering zu erachten. Deshalb erscheint es zunächst sinnvoll, den Endverbraucher in die Einzelverteilung aktiv einzubinden.

Soll aber dennoch eine komfortablere, schnellere Distribution ermöglicht werden, dann führt an einer Verkürzung und Vereinfachung der Distributionswege letztlich kein Weg vorbei. Dieser neue Distributionsweg darf höchstens gleich teuer wie der alte sein; nach Möglichkeit sollte er preiswerter sein.

Verkürzung der Distributionswege

Eine Möglichkeit besteht im direkten Versand durch den Produzenten. Für die verschiedenen Nutzergruppen gibt es dabei unterschiedliche Ansätze. In den Vereinigten Staaten sind u. a. die Kliniken als Großabnehmer daran interessiert, durch direkten Einkauf beim Hersteller Kosten zu sparen. Für Patienten besteht in Internet-Apotheken eine Alternative zum bestehenden System. In einigen Ländern wie z. B. in Deutschland sind die Apotheken zwingender Bestandteil der Distribution. Andere Distributionswege wie die postalische Zustellung sind bisher gesetzlich untersagt. Fraglich ist jedoch, ob diese Restriktionen in Deutschland dauerhaft aufrechterhalten werden können. Die Diskussionen des Bundesgesundheitsministeriums mit den Beteiligten im Gesundheitswesen lassen vermuten, daß man auch hier, ausgelöst durch europäisches Recht, mit einer Veränderung rechnen muß. Ein Grenzfall dürfte schon heute die Versorgung von chronisch Kranken und Dauernutzern immer gleicher Präparate (z. B. bei oralen Kontrazeptiva) sein, für die eine wiederholte Beratung weder durch Arzt noch durch Apotheker notwendig erscheint.

Im Ausland wird schon heute der direkte Vertriebsweg über Internet-Apotheken zunehmend stärker erschlossen. Allerdings sind diese sicherlich nicht für alle Arzneimittel sinnvoll nutzbar, die Notwendigkeit einer fachkundigen Beratung von Patienten muß berücksichtigt werden. Trotzdem ist u. a. im Bereich des Groß- und Einzelhandels mit zunehmender Konzentration und zumindest bei manchen bereits erwähnten Produktgruppen auch mit Einsparungen zu rechnen.

Eine Verkürzung der Distributionskette läßt sich aber auch mit weniger radikalen Schnitten erreichen. Dazu kann im erheblichen Umfang auch eine stärkere Nutzung der neuen Medien beitragen.

Eine weitere Gelegenheit zur Kostenentlastung ergibt sich z. B. aus einer Reduzierung der Lagerbestände. Heute hat man bei jedem Glied der Versorgungskette eigenständige Läger. Es gibt keine Ausrichtung der Produktion auf einen externen Bestandspuffer (z. B. bei Apotheken oder Großkunden). In einer funktionierenden Supply Chain sind verschiedene Varianten der gemeinsamen Nutzung von Bestandspuffern denkbar. Die notwendigen Software-Tools existieren oder werden gerade etabliert.

Es gibt Vorteile elektronischer Bestellungen, die zukünftig sicherlich stärker genutzt werden:

- z.B. Sammelbestellungen (Rezepte von Patienten werden gesammelt und z.B. einer Apotheke unter Aushandlung von Sonderkonditionen zugeleitet, die vielleicht einen Zwischenhändler ausschließen kann);

- z.B. Schaffung von transparenten Systemen, bei denen Großhändler und Produzenten die Abflüsse an Produkt zeitgleich bzw. vor Produktauslieferung verfolgen können.

Die Produzenten haben an diesen Veränderungen ebenfalls Interesse, da für sie der Markt transparenter wird und damit neben einer stärkeren Kundenbindung auch eine bessere Produktionsplanung erreicht werden kann. Eine online-Bestellung sollte ohne weiteres natürlich auch dem Produzenten zugänglich sein. Die Vorteile von solch erhöhter Transparenz liegen in der frühzeitigen Kenntnis von Herstellungsanforderungen. Damit werden die Voraussetzungen für eine am wirklichen Bedarf orientierte Fertigung nach dem Pull-Prinzip geschaffen. Im bisherigen System ist dieser Zeitgewinn jedoch nur sehr eingeschränkt nutzbar, da eine Fertigung auf Bestellung in der alten Produktionssystematik nicht vorstellbar erscheint.

Fertigung auf Bestellung

An diesem Punkt möchten wir zunächst die Frage diskutieren, was wir unter Produktion verstehen wollen und warum wir hier für die Pharmaindustrie noch so große Vorteile erreichbar sehen.

Für die Autoindustrie ist das Auto XYZ in der Farbe A, mit der Innenausstattung B und den Sonderausstattungen C, das den Sicherheitsvorschriften des Landes D entspricht, das fertige Produkt.

Unser Produkt soll ein Paket sein, in dem das enthalten ist, was dem Kunden dient, z.B. Heilung oder Linderung verspricht. Wir haben bereits oben ausgeführt, daß es sich dabei um eine speziell angepaßte Maßeinheit eines Pharmazeutikums, eine Zusammenstellung verschiedener Pharmazeutika oder auch um ein Pharmazeutikum mit Hilfsmitteln oder speziell für den Kunden wichtigen Hinweisen handeln kann. Das Produkt kann auch eine Dienstleistung enthalten. Die tatsächlich aus der Sicht des Kunden relevante Produktionstiefe ist somit extrem gering. Der Wertverzehr bei dieser Produktionskette ist ebenfalls in Relation z.B. zur Automobilindustrie extrem niedrig. Die Chancen, die sich aus einer höheren Kundenbindung ergeben, sind jedoch außerordentlich hoch.

Insgesamt ist zu erwarten, daß verschiedene Vertriebswege parallel existieren werden, da die verschiedenen Kunden unterschiedliche Bedürfnisse haben. Als Beispiele sollen genannt werden:

- Kontrastmittel: Hier sind die Kunden (Krankenhäuser oder Ärzte) schon ob ihrer geringen Anzahl sehr gut überschaubar und das Abnahmevolumen ist relativ konstant.

- Orale Kontrazeptiva, chronische Leiden: Hier sind die Kunden in der Regel sehr gut informiert und oftmals langjährige Partner. Aus dem direkten Vertrieb kann das Unternehmen lernen, welcher Zusatznutzen für die jeweilige Kundengruppe besonders wichtig ist, und kann sich an diese Bedürfnisse anpassen.

- Einmalige Anwendungen: Bei den typischen Einmalanwendungen, z. B. Grippemitteln, werden Pharmaunternehmen und Kunde auch künftig in der Regel keinen direkten Kontakt zueinander haben. Bei akuten Krankheiten werden wir somit einen Vertrieb weiterhin über Arzt und Apotheke in der derzeit etablierten Form vorfinden, wobei der Einsatz moderner Informationstechnologien auch hier mehr Transparenz schafft und damit zu Verbesserungen von Service und Planbarkeit genutzt werden kann.

Fazit:

Technische Unterstützung finden Vertriebswegoptimierungen derzeit immer stärker durch das Internet. Auf diesem Weg werden neben dem verbesserten Informationsaustausch auch Kooperationen möglich, die zu Verkürzungen und Vereinfachungen der Distribution zum Nutzen der Kunden und der Kostensituation führen. Die gesetzlichen Aspekte und Sicherheitsprobleme müssen aus unserer Sicht gelöst werden, da Forderungen der Kunden nach besserem Service bei gleichzeitig zumindest konstanten Kosten für das Gesundheitswesen auf Dauer kaum zu ignorieren sind. Durch die erhöhte Markttransparenz wird eine Fertigung auf Bestellung z. B. auf Basis des hier vorgestellten Konzeptes sehr realitätsnah.

12.2 Beschaffung

Das Thema Beschaffung hat in vielen Fällen in der Pharmaindustrie noch nicht die strategische Bedeutung, die ihm eigentlich zukommt. Zwar werden auch hier die Bemühungen anderer Branchen registriert, Einkaufsvolumina zu bündeln und durch informationstechnologische Lösungen schneller abzuwickeln.

Aufgrund der bisherigen Systematik der Fertigung ist die Einkaufsfrequenz sehr unregelmäßig. Zudem sind die eingekauften Mengen in vielen Fällen klein. Bei solchen Rohstoffen oder Verpackungsbestandteilen, die regulatorisch relevant sind, gibt es fest definierte und qualifizierte Lieferanten. Oftmals wird die Qualifizierung eines Lieferanten aufgrund seiner zufälligen Verfügbarkeit während der Entwicklung gefällt. Es gibt also keine für die Branche einheitlichen Standards. Und auch hier bleiben die Bestellfrequenzen außerdem unregelmäßig. Die Verträge mit den Lieferanten basieren daher in der Regel auf Entscheidungen mit hoher Unsicherheit und enthalten einen dementsprechenden Risiko-Aufschlag. Die Situation ändert sich auch in diesem Bereich, wenn sich die Produktion des Pharmaunternehmens von einem Zustand hoher Unsicherheit zu einem System mit deutlich höherer Planungssicherheit und kontinuierlichen Entwicklungen verändert.

Die Beschaffung kann in diesem Fall mit Lieferanten deutlich längerfristige Verträge auch bei kleineren aber kontinuierlichen Liefermengen abschließen.

Die regulatorischen Entwicklungen kommen den Partnern in der Versorgungskette in einem weiteren Punkt entgegen. Im Rahmen des Prozesses der internationalen Harmonisierung (ICH) werden die Startmaterialien der Chemieproduktion besser definiert. Die Pharmaindustrie hat die Möglichkeit erhalten, anhand von klaren Kriterien festzulegen, was als regulatorisches Startmaterial verwendet werden kann. Damit kann der regulatorische Startpunkt der Synthese beim Pharmahersteller auf eine spätere Stufe des chemischen Produktionsprozesses verlegt werden. Dies würde ebenfalls die Verlagerung eines Teils der Produktion zu einem Zulieferer vereinfachen. Der Anteil der chemischen Produktion vor dem regulatorischen Startmaterial könnte dann bei einem Zulieferer gefertigt werden, nach dem regulatorischen Startmaterial wird beim Pharmahersteller selbst produziert.

Als Vorbild kann auch hier die japanische Automobilindustrie gelten, bei der in großer Zahl kleine und kleinste Unternehmen die kontinuierliche Zulieferungen von Teilen wie Autositzen o. ä. übernehmen. Erste Ansätze für die Übertragung solcher Konzepte aus der Automobilindustrie in die pharmazeutischen Unternehmen stellen z. B. die bedarfsgerechte Belieferung der Endfertigungsfabriken mit Hartgelatinekapseln und bedruckten Packmaterialien durch kleinere Zulieferfirmen dar. Dennoch ist das Potential in diesem Bereich bei weitem noch nicht ausgeschöpft.

Die Zulieferer ihrerseits wiederum können als Spezialisten in ihrem Teil der Versorgungskette über kontinuierliche Verbesserungen und Skaleneffekte zur Kostenreduzierung in der Prozeßkette beitragen. Die Suche nach Lieferanten würde damit ihren Focus von „Wer liefert in diesem Jahr den Rohstoff X in der Menge Y zum günstigsten Preis?" hin zu der strategischen Frage „Wer ist der beste Partner, mit dem langfristig dieses Produkt gemeinsam hergestellt werden kann?" verschieben. Dieses strategische Konzept würde zu einer stärkeren Vernetzung zwischen Lieferanten und Pharmaunternehmen führen, die auch das heutige e-Procurement, wie es zum Beispiel in dem klassischen Fall der Laborchemikalienbeschaffung bereits praktiziert wird, noch weit übersteigt. Zunächst müssen dafür allerdings die notwendigen Strukturen geschaffen werden. So müßte die Wiederbeschaffung von Ausgangsmaterialien beim Pharmahersteller durch den Zulieferer selbst und in dessen Eigenverantwortung (ggf. vor Ort beim Produzenten) wahrgenommen werden, während die Qualitätssicherung beim Hersteller durch den Warenempfänger wahrgenommen werden sollte. Letztlich führt dies zu einer stärkeren Lieferantenintegration („Prinzip des verlängerten Armes").

Outsourcing

Ein bisher nicht behandeltes Thema stellt das „Outsourcing" dar. In bisherigen Ansätzen der Pharmaindustrie ist Outsourcing eine Möglichkeit der preisgünstigen Beschaffung von Ausgangsmaterialien und Zwischenprodukten. Der Kostenvorteil entsteht z. B. durch Spezialisierung von kleineren Firmen auf bestimmte Technologien, aber auch durch die Unterschiede bei Lohn- und Lohnnebenkosten und teilweise durch Unterschiede in Umweltschutz- und Sicherheitsauflagen zwischen verschiedenen Staaten. Bisher geht man in der Regel davon aus, daß auch die Partner mit sehr ähnlichen Produktionstechnologien arbeiten und somit aus dem Prozeß selbst in aller Regel keine wesentlichen Kostenvorteile entstehen können.

Mit unserem Ansatz wird sich diese Sicht verändern. Für solche Materialien, die von einem anderen Produzenten bereits in großen Mengen optimiert herstellt werden, ist ein Outsourcing auch weiterhin ökonomisch sehr attraktiv. Für die produktspezifischen Anteile des Produktionsprozesses gewinnt man mit dem von uns vertretenen Prozeß einen strategischen Kostenvorteil. So kann man sich vorstellen, daß Wettbewerber ihre jeweiligen Stärken im Produktionsprozeß gemeinsam gegen einen dritten Wettbewerber bündeln. Solche Ansätze sind auch heute bereits bei Patentaustausch o. ä. üblich. Bisherige Strategien des Outsourcings müssen deshalb neu überdacht und angepaßt werden.

Wir haben bereits geschildert, daß es zur Erreichung einer effizienten und kostengünstigen Supply Chain in Zukunft möglicherweise nicht mehr entscheidend ist, alle Aktivitäten dieser Kette im Pharmaunternehmen selbst durchzuführen, da mit der Chemieproduktion, der Pharmaproduktion und der Distribution drei zwar eng verzahnte, aber dennoch relativ unabhängige Untereinheiten geschaffen werden. Vielmehr ist klar geworden, daß es durchaus auch sinnvoll erscheinen kann, bestimmte Produktionsschritte verstärkt an Zulieferfirmen zu vergeben, die dann durch langfristige Lieferverträge ihren Beitrag zum Gesamtprodukt jeweils just in time erbringen müssen. Dies würde einem Modell ähnlich wie in der Fahrzeugindustrie entsprechen, bei dem zum Beispiel die Reifen für einen PKW erst wenige Stunden, bevor er vom Band rollt, in der Fabrik angeliefert werden.

Im folgenden sollen die Auswirkungen des neuen Pharma Supply Chain-Konzeptes beispielhaft für die Chemie diskutiert werden. Für die Bereiche Biotechnologie oder Pharmazie gilt ähnliches.

Chemie

In der Chemie gibt es bereits heute ein dichtes Netz der Zusammenarbeit mit Zulieferfirmen, da kaum eine Pharmafirma über eine bis zu Rohölprodukten gestaffelte Basisproduktion verfügt. Für das Outsourcing in der Chemie bieten sich verschiedene Möglichkeiten an:

- Bezug von Rohstoffen (kein Outsourcing im eigentlichen Sinn)
- Vergabe von Process Research-Aufgaben wie z. B. das Auffinden der besten Syntheseroute bei in Spitzenzeiten kurzfristig nicht ausreichenden in-house-Kapazitäten in den entsprechenden Laborentwicklungsabteilungen. Die Ressourcen des Outsourcing-Partners werden in diesem Fall als „verlängerte Laborbank" genutzt.
- Nutzung von Spezialtechnologien z. B. für asymmetrische Synthesen, die Durchführung von Reaktionen mit gefährlichen Reagenzien (z. B. Phosgen, Nitrierungen, Cyanierungen) oder auch die Verwendung spezieller Technologien zur Isolierung und Aufreinigung von Produkten.
- Nutzung von Rührwerkskapazitäten eines externen Partners bei Engpässen in den eigenen Versuchs- oder Produktionsbetrieben. Dabei wird das Pharmaunternehmen das „Kochrezept" zur Verfügung stellen und der Outsourcing-Partner liefert, ohne daß er zusätzliche eigene Entwicklungen am Verfahren durchführt, den gewünschten Synthesebaustein in der erforderlichen Menge und Qualität zur Weiterverarbeitung.

Vor allem bei der im letzten Punkt genannten Outsourcing-Variante sollten sich Synergieeffekte, hervorgerufen durch einen schnelleren und reibungsloseren Technologietransfer zwischen dem Pharmaunternehmen und dem Outsourcing-Partner, durch das neue Pharma Supply Chain-Konzept ergeben. Zwar gehört nach den über die Lernkurve gemachten Aussagen (positiver Effekt durch häufige Wiederholung von Ansätzen bei der Verfahrensentwicklung) die Synthese des Wirkstoffs nach wie vor zu den wichtigen Kernaufgaben der chemischen Entwicklung des hier beschriebenen Pharmaunternehmens der Zukunft. Dennoch könnte es durch die Einführung von Standardreaktormodulen und dedicated Anlagen sehr viel einfacher werden, das Verfahren zu einem Outsourcing-Partner zu transferieren. Dabei sind mehrere Vorgehensweisen denkbar. Entweder der Feinchemikalienhersteller baut in seiner Produktionshalle das gleiche Rührwerksmodul auf, wie es im Pharmaunternehmen verwendet wird, oder der Pharmahersteller stellt es ihm zusammen mit der Beschreibung des chemischen Verfahrens für die Dauer der Kampagne oder auch für eine längerfristige Belieferung mit dem gewünschten Reaktionsprodukt zur Verfügung.

Durch die Verwendung des baugleichen Rührwerksequipments beim Feinchemikalien-hersteller und im Pharmaunternehmen läßt sich zunächst eine schnelle Übertragung des in den Entwicklungsabteilungen des Pharmaunternehmens aufgebauten Know-hows sicher-stellen. Soll das Verfahren später wieder zurück übertragen werden, könnten auch Verbesserungen, die der Outsourcing-Partner in der Zwischenzeit vorgenommen hat, wie-der problemlos in den Produktionsprozeß des Pharmaunternehmens übernommen werden. Häufig wird jedoch der Outsourcing-Partner an einer langfristigen Belieferung des Pharma-unternehmens interessiert sein. Durch Übertragung des für ein Pharmaunternehmen beschriebenen Supply Chain-Konzeptes könnte auch der Feinchemikalienhersteller profi-tieren. So könnte er sich auf steigenden Rohstoffbedarf des Pharmaunternehmens auf-grund steigender Umsätze eines neuen Präparates flexibel und ohne übertriebene Lager-haltung und damit verbundene Kosten einstellen, indem auch in seinen Fabrikhallen ein Numbering up anstelle des bisherigen Scale ups der Rührwerks- und Ansatzgrößen durch-geführt wird.

In letzter Konsequenz könnte der vorgestellte Ansatz zu einer völligen Neuaufteilung der Verhältnisse zwischen Produzenten und Pharmaunternehmen führen, wie dies in Auto-mobil- und Elektronikindustrie realisiert ist. Der Trend zur Reduzierung der Fertigungstiefe und zur Beschränkung auf Kernkompetenzen hat in der Pharmaindustrie zumindestens die Chemieproduktion aufgrund der langwierigen und komplexen Prozesse noch nicht erreicht. Dieses Vorgehen ändert sich aber mit einer deutlichen Reduzierung der Komplexität grund-legend. Damit einhergehend könnte es auch zu einer grundlegenden Änderung in der Sicht der Pharmaunternehmer kommen. Es ist dann ein Trend hin zu einer in der Automobil-industrie verbreiteten Sichtweise denkbar, wo z. B. der Leiter von Ford-Deutschland die Auf-fassung vertritt, daß es sinnvoller sei, verstärkt finanzielle Mittel in Entwicklung und Marketing zu investieren anstatt in die Produktion [*Manager Magazin* 2001]. Das Out-sourcing-Konzept wird in diesem Zusammenhang dann nicht mehr ausschließlich als Möglichkeit für Einsparungen im Produktionsprozeß gesehen, sondern als strategischer Ansatz. In letzter Konsequenz handelt es sich bei der Vereinfachung eines wichtigen Prozeßschrittes um einen Auslöser für einen Dominoeffekt, der die nachhaltige Reduktion der Komplexität des Gesamtprozesses hervorbringt.

12.3 EDV

Im klassischen Ansatz geht die Supply Chain-Idee von der Überlegung aus, daß eine ver-besserte Kommunikation zu einer schnelleren Anpassung der gesamten Produktionskette führt. Im einfachsten Fall wird also eine Veränderung beim Marktbedarf an alle Teile einer Supply Chain, unabhängig davon, ob sie Teil des Unternehmens sind oder Zulieferer, gleich-zeitig kommuniziert und alle passen ihren Ausstoß entsprechend an, die gesamte Prozeß-kette wird schneller und die Marktbedürfnisse können befriedigt werden. Diese Aufgabe ist mit „relativ einfachen" Software-Tools wie Datenbanken und e-mail-Systemen lösbar. Diese Supply Chain-Tools dienen dazu,

- die Daten in der Supply Chain zu standardisieren und zu harmonisieren,
- die Vernetzung von Kunden, Zulieferen und Lohnherstellern mit dem Pharmaunter-nehmen zu ermöglichen,
- die Beziehungen zwischen den einzelnen Partnern zu definieren und zu auto-matisieren,
- die Lagerbestände bei allen Partnern der Supply Chain zu minimieren und
- die Prozesse in der Supply Chain meßbar und somit verbesserbar zu machen.

Wir wollen diese Tools selbstverständlich auch für unsere Prozesse nutzen. In diesem Kapitel wollen wir die Frage diskutieren, wozu wir bei der Umsetzung unseres Konzeptes zusätzliche EDV-Lösungen benötigen.

Beschaffung, Produktion und Vertrieb bilden in unserem Konzept eine Einheit, die man als Fließband oder „Paternoster" aus unabhängigen Kettengliedern bezeichnen kann. Bei der Betrachtung des Produktionskonzeptes ist bereits klar geworden, daß diese Produktion nur funktionieren kann, wenn alle Schritte des Produktionsprozesses „im Takt" bleiben. Eingeplante Puffer sind nicht für den Regelfall gedacht, sondern sollen die Flexibilität garantieren, um dem Kunden auch in Problemsituationen immer die gleiche Qualität und den gleichen Service zukommen zu lassen.

Für unsere Überlegungen wollen wir uns wieder von Erfolgen anderer Industrien leiten lassen. Daß extrem komplexe Herstellungsprozesse erfolgreich durchgeführt werden können, zeigt die Computerindustrie z. B. bei der Fertigung von Mikrochips und LCD-Displays, wo ein einziger defekter Transistor oder eine defekte Diode das ganze Produkt wertlos machen.

In der Automobilindustrie finden sich ebenfalls Beispiele moderner Produktionsmethoden wie z. B. bei dem Smart-Auto, bei dessen Herstellung komplexe Prozesse zu einem funktionsfähigen Produkt führen. Besonders bei den Entwicklungen in der Automobilindustrie wird sichtbar, daß sich die Vernetzung unabhängiger Kettenglieder, hier sogar unabhängiger Unternehmen, zu einem teilweise sogar realen Fließband aufbauen läßt.

Die vorhandenen EDV-Systeme basieren auf der fast schon klassischen Variante der Vernetzung von Teilschritten mit Zulieferern beim Toyota-Produktionssystem [*Imai* 1992]. Hierbei wurde noch vielfach mit mechanischen Steuerhilfen wie Karten, Farbcodes oder Schaltern gearbeitet.

Die beiden genannten Beispiele haben allerdings beide einen Vorteil im Vergleich zur Pharmaindustrie. In der Computerindustrie handelt es sich in der Regel um „Mono-Produktionen", und die Produktqualität bei Autos weist eine deutlich höhere Fehlerquote auf als die bei Pharmaproduktionen, was z. B. an den vergleichsweise häufigen Rückrufaktionen der Automobilindustrie zu sehen ist.

Im Fall der Pharmaproduktion hat man mit viel größeren Stückzahlen und einem viel kleineren Wert pro Einheit zu tun. Hinzu kommt, daß die Qualität oft nur durch eine komplexe Analytik beurteilt werden kann.

Wir haben also mit dem Wunsch, die beiden Zielsetzungen der extremen Qualitätskomplexität und der extremen Fertigungsflexibilität miteinander zu kombinieren, ein sehr anspruchsvolles Ziel.

Wir sind dennoch der Ansicht, daß die Prinzipien generell die gleichen geblieben sind. Die Basis für solche Lösungen sind unseres Erachtens erneut Datenbanken und Internet-Tools. Für unsere zusätzlichen Anforderungen ist jedoch die Forderung nach der Einbindung des Faktors Qualität zu stellen. Neben der Integration von Schnittstellen muß zusätzlich auch eine komplexe Bewertung von qualitätsrelevanten Parametern aus der Analytik möglich sein. Die Herausforderungen scheinen insgesamt alle lösbar und sind jeweils bei unterschiedlichen Unternehmen als Teillösungen vorhanden.

Ein einzigartiges Problem der Pharmaindustrie scheint das Labelling zu sein. Wir haben hier nicht nur das Problem, in verschiedenen Sprachen beschriften zu müssen, auch die gesetzlichen Anforderungen an die Beschriftung sind national teilweise stark unterschiedlich. Als Lösung bietet sich an, die Beschriftung als letzten Schritt des Verpackungsprozesses auszuführen (white line-Technik). Dieser Weg wurde zwar schon angedacht, bisher aber nach unserem Kenntnisstand noch nicht konsequent umgesetzt. Für die Lösung dieses Problems stehen z. T. bereits EDV-Lösungen zur Verfügung. Der Grund für die bisher noch fehlende Akzeptanz besteht im wesentlichen in der Problematik von möglichen Vertauschungen. Dies ist ein Problem, das bei unserem Ansatz durch den Einsatz von dedicated Equipment vermieden werden kann. Damit ergibt sich hier ein realer Vorteil der neuen Supply Chain.

12.4 Unternehmensstruktur

Die Strukturen in den derzeitigen Pharmaunternehmen sind nach fachlichen Bereichen aufgeteilt. So gibt es fast immer eine Forschung, eine Entwicklung und einen Produktionsbereich.

Die Schnittstellen sind in vielen Pharmaunternehmen heute relativ starr, so daß Forscher sich häufig zu wenig mit Entwicklern austauschen, die Entwickler zu wenig mit der Produktion usw. Bei unserem Prozeß haben wir, wie am Beispiel der Chemie gezeigt wurde, auf beiden Seiten einer Schnittstelle das jeweils gleiche Equipment stehen. So finden wir in der chemischen Forschung Glasrührwerke von 10 und 20 Litern und in den Entwicklungslabors, die die Bereitstellung des Präklinik-Materials übernehmen, werden wir eine größere Anzahl solcher Glasrührwerke vorfinden. Wir haben dies mit voller Absicht so geplant. Unser Gedanke geht dahin, daß der jeweilige „Eigentümer" des Know-hows dieses in den nächsten Prozeßschritt transferieren muß. Dies kann er nach unserer Meinung nicht gleichzeitig mit einem Scale up-Schritt erfolgreich tun. Vernünftig kann eine Veränderung nur gelingen, wenn man alle Parameter inklusive des Faktors Mensch, deren Änderung nicht unbedingt notwendig ist, konstant hält. Dies würde unserer Ansicht nach bedeuten, daß die Forschungschemiker in die Entwicklung gehen und dort für die Herstellung der Präklinik-Materialien verantwortlich sind. Die „Labor- und Technikumsmannschaft" für diese ca. halbjährige Bereitstellungskampagne im „Kilo-Labor"/Glastechnikum wird von der Entwicklung zur Verfügung gestellt. Während dieser Zeit sind die Entwicklungschemiker zunächst Beobachter und wachsen dabei langsam in die Rolle derjenigen, die selbst über das Know-how verfügen. An der Schnittstelle zur Produktion soll das gleiche Procedere erneut stattfinden. Der Entwicklungschemiker hat die Synthese im Glastechnikum übernommen, in das Produktionsequipment transferiert und geht nun in die Produktion. Dort findet er das baugleiche Equipment, eventuell nimmt er sogar die erste Anlage mit. Die Mannschaft wiederum stellt der Übernehmende, verantwortlicher Kopf bleibt für die erste Marktware jedoch der Übergebende, bis die Marktware für z. B. ein Quartal hergestellt ist. In dieser Zeit wächst der Produktionschemiker in das Verfahren hinein und kann somit zum Prozeß-Eigner werden. Den gleichen Prozeß halten wir auch für die pharmazeutische Entwicklung und den Transfer in die pharmazeutische Produktion für realisierbar. Die Schnittstelle zwischen Chemie und Pharmazie wie auch die zwischen Entwicklung und Produktion muß zum Gelingen dieses Ansatzes deutlich verbessert werden. Wir sehen daher als Voraussetzung für die Umsetzung eines solchen Prozesses eine deutliche Reduzierung des Hierarchieeinflusses im Vergleich zu den bisher typischen Strukturen und die deutliche Stärkung des Teamprozesses. Das Team sollte für unseren Fall aus den Bereichen Verfahrensingenieurwesen, Chemie, Pharmazie, Qualitätssicherung und Marketing kommen und den Prozeß ab dem Beginn der Entwicklung bis einschließlich der Marktbelieferung umfassen.

Verglichen mit anderen Industrien sehen wir insgesamt in der pharmazeutischen Industrie immer noch einen sehr starken Trend zur Spezialisierung. Die hier vorgestellte Arbeitsweise fordert jedoch deutlich stärker den Weg zu mehr interdisziplinärer Zusammenarbeit. Damit einhergehend sehen wir die Notwendigkeit, zu größeren interdisziplinären Einheiten zu kommen, die lediglich noch durch eine Projektorganisation zusammengehalten werden. Die auch in der Pharmaindustrie häufig geführte Diskussion des „Für" und „Wider" von Versuchsbetrieben (geführt durch einen festen Stamm von Betriebschemikern, an die ein Verfahren von der Laborentwicklung übergeben wird) gegenüber der Variante des Rent-a-Plant ist in unserem Gedankenmodell zugunsten des Rent-a-Plant-Modells entschieden. Bei dem hier vorgestellten Ansatz kann man nicht mehr von den Gegebenheiten der Ausstattung des jeweiligen Versuchsbetriebes ausgehen, sondern muß jeweils die für diesen Prozeßschritt notwendige anlagentechnische Ausstattung aus den Standardmodulen zusammenbauen und nutzen.

In der derzeitigen Pharmawelt sind die Unternehmen sehr stark untergliedert. Wir wollen der Gliederung nach „Linien" einen Prozeß – eben die Supply Chain – entgegensetzen. Die erste Aufteilung (Forschung, Entwicklung, Produktion) wird in der Regel weiter fortgesetzt durch eine Zweiteilung in pharmazeutische und chemische Produktion und dort wieder in den Betrieb A, B, C usw. Die erste Großaufteilung (Entwicklung, Produktion, Vertrieb usw.) kennt die Automobilindustrie ebenfalls; wenn man jedoch in der Produktion selbst ist, wird diese durch das Fließband bestimmt. Die Japaner haben gezeigt, daß man ein Fließband auch anhalten kann, um die Ursachen eines Problems zu beheben und grundlegende Verbesserungen einzuführen. Spätestens wenn das Fließband steht, ist offensichtlich, daß alle am Prozeß Beteiligten den Gesamtprozeß wahrnehmen. In der westlichen Welt haben wir in den letzten Jahren vieles von den japanischen Methoden der kontinuierlichen Verbesserung gelernt. Zumindest in der Pharmaindustrie ist es bisher nicht erreicht worden, daß bei Optimierungen der Gesamtprozeß betrachtet wird und man sich nicht nur mit Einzelschritten befaßt. Bei der hier diskutierten Prozeßkette ist jedoch die Verantwortung aller Beteiligten für den Gesamtprozeß absolut notwendig. Es scheint damit eine Strukturveränderung zu einem virtuellen Fließband unumgänglich. Das virtuelle Fließband sollte z. B. im Intranet tatsächlich fließen oder stehen. Die erwünschte Struktur wäre dann nicht mehr in der Zugehörigkeit einzelner Mitarbeiter zum Betrieb A, B oder C zu sehen, die Mitarbeiter müssen vielmehr zur Produktlinie X, Y oder Z beitragen.

Das Ergebnis wären die beiden bereits erwähnten Vorteile:

- Das gesamte Fließband der Produktion wird als Verantwortungsbereich gesehen.
- Verbesserungen werden mit mehr Verständnis für den Gesamtprozeß durchgeführt.

Details der strukturellen Veränderungen haben wir im Text gezeigt. Als besonders wichtig erscheint uns dabei die Professionalisierung der Strukturen in Entwicklung und Produktion mit einer klaren Ausrichtung auf das Produkt und die Produktion zu sein. Bisher gab es eine Vielzahl von Puffern im System, die Schwankungen regionaler Art oder Schwankungen des Gesamtmarktes, aber auch interne Pannen des Produktionsprozesses auffangen konnten. Diese Puffer werden bis auf den zentralen Puffer reduziert. Schwankungen im Bedarf müssen daher erkannt und direkt in eine Produktionsanpassung umgesetzt werden. Dies ist machbar, läßt sich allerdings nur durch einen (!) Verantwortlichen für den Produktionsprozeß realisieren. Auf diese Person muß die Produktionsstruktur hin organisiert werden. Dieses Prinzip ist in Unternehmen mit starken Consumer-Marken schon heute verwirklicht und kann von dort übernommen werden.

Diese Professionalisierung führt in einem Nebeneffekt dazu, daß die Arbeit möglicherweise fachlich etwas weniger „spannend" wird. In einem Interview mit dem Titel „Die Lasterkönige – LKW Bauer Scania – besser als die Konkurrenz" berichtet der damalige Scania-Chef Leif Östling, daß gelegentlich gute Leute das Unternehmen wieder verlassen, da die Entwicklung bei Scania ihnen zu langweiliges „Schrauben-drehen" sei [*Manager Magazin*

1996]. Dieser Bericht wurde gerade zu der Zeit geschrieben, als McKinsey-Berater an die Firma Scania das Prädikat „Best-Practise" vergeben hatten. Zum Wunsch-Image der Pharmaindustrie, in allen Bereichen als hoch innovativ zu gelten, passen solche Strukturveränderungen allerdings nicht unbedingt; entsprechend schwer werden sie durchsetzbar sein.

Das Ergebnis dieser generell neuen Sichtweise wird sich nicht länger in der Optimierung von Teilen des Prozesses widerspiegeln, sondern in einem Optimum für den Gesamtprozeß. Hierbei kann es durchaus sinnvoll sein, einzelne Teile des Gesamten absolut oder relativ größer werden zu lassen, wie in Abbildung 12.2 gezeigt, wenn nur die Aufwendungen insgesamt sinken – bzw. wenn der Gesamtressourcenbedarf kleiner wird.

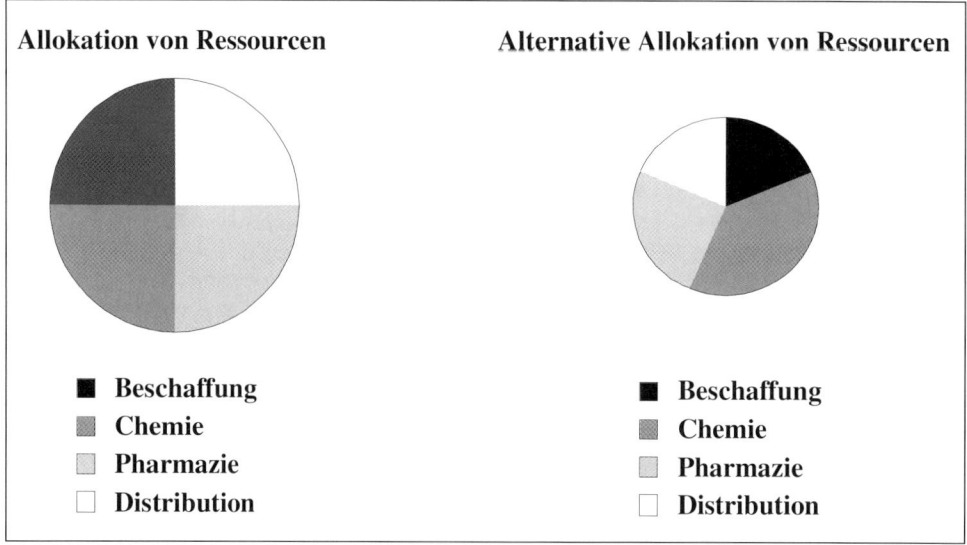

Abbildung 12.2 Ressourcen-Allokation und Gesamtressourcenbedarf bei unterschiedlichen Geschäftmodellen.

13 Kostenbetrachtung

Problem: Generische Fertigung in Billiglohnländern

Bei der Kostendiskussion in der Pharmaindustrie wird derzeit vor allem bei den generisch hergestellten Produkten eine Verlagerung der Wirkstoffproduktion in den ostasiatischen Raum beobachtet. Wichtiger Produzent ist dort bereits heute China. Besonders amerikanische Unternehmen nutzen China, aber auch Indien als neue Bezugsquelle. In den letzten Jahren sind allerdings auch nicht selten Qualitätsmängel bei dort hergestellten Produkten beobachtet worden. Die Aufreinigung der Wirkstoffe macht dann oft die Preisvorteile wieder zunichte.

Das Risiko, das Image eines Qualitätsherstellers zu verlieren, ist zudem nicht zu unterschätzen. In der Automobilindustrie sehen wir heute, daß bei Produkten, die sich in rationalen Punkten wie Leistung, Benzinverbrauch, Gepäckraum o. ä. wenig unterscheiden, dennoch ein Preisunterschied von z. T. mehr als 50% zwischen verschiedenen Herstellern bestehen kann. Das Premiumsegment in der Automobilindustrie wächst zudem stärker als der low-end-Markt. Bei den sog. Premiummarken sehen wir also bereits, wie enorm bedeutsam Qualität und wie vergleichsweise weniger relevant der Preis zu sein scheint. Das liegt daran, daß die Kundenbindung deutlich an Bedeutung gewinnt. Wir glauben, daß auch der Pharmamarkt in Zukunft stärker von bekannten „Marken" geprägt werden wird und daß die Qualität sehr hoch zu bewerten ist.

Wir gehen daher davon aus, daß ein Prozeß, der

- kurze Entwicklungszeiten,
- flexible Anpassung an Marktbedürfnisse,
- hohe Qualität auch bei Produktionserweiterung

liefert und dennoch

- maximal ähnliche Kosten in der Produktion erzeugt wie die aktuellen Produktionsprozesse,

jedem Versuch einer reinen Kostensenkungsstrategie z. B. durch den Kauf von Wirkstoffen auf einem „Spot-Markt" analog dem Rotterdamer Rohöl-Spot-Markt deutlich überlegen ist.

Nichtsdestotrotz stellen wir uns auch die Frage nach den Kosten. Dazu wollen wir zunächst die entstehenden Kosten in der gesamten Supply Chain für Entwicklung und Produktion schrittweise betrachten und abschließend zu einer Gesamtbetrachtung kommen. Nach der Betrachtung der Kosten wollen wir dann zur Betrachtung der Chancen übergehen. Ziel dieses Kapitels ist es nicht zu ermitteln, wieviel man mit einer alternativen Supply Chain einsparen kann, sondern vielmehr zu zeigen, daß die alternative Supply Chain nicht teurer ist und enorme Potentiale sowohl für Kostensenkungen als auch für Marktanpassungen enthält.

Der wichtigste Grund für die Annahme, daß bei der Betrachtung der Kosten eine für unseren Ansatz positive Bilanz zu erwarten ist, liegt darin, daß die derzeitige Kostenzusammensetzung bei komplexen Produkten in der Pharmaindustrie nur relativ geringe Personal- und Anlagenkostenanteile enthält (siehe Abbildung 13.1 zu den exemplarischen Herstellkosten eines komplexen Wirkstoffs), aber sehr hohe Kosten (ebenfalls in der Abbildung ersichtlich) durch Ausbeuteverluste in der Chemie entstehen können. Der Anstieg an Personal- und Anlagenkosten läßt sich relativ leicht durch die Einsparung in der Chemie kompensieren, wohingegen der Transfer der Produktion dieses Wirkstoffs nach China lediglich bei der Position Personal Einsparungen erbringen kann. Die Halbierung der Kosten dieser Position bedeuten aber für ein solches Produkt aus einer vielstufigen Synthese lediglich eine Einsparung < 5%.

Unterschiedliche Kostenschwerpunkte und Bedarfsmengen

Bei der Diskussion der Beispiele müssen weitere Annahmen gemacht werden. Die Kosten, die bei einem Produkt in der Pharmaindustrie anfallen, sind teilweise sehr unterschiedlich verteilt. Bei innovativen Produkten ist sehr oft der Preis des Wirkstoffs der Hauptkostenanteil. Bei Produkten mit sehr speziellen Anforderungen wie beispielsweise den Radiopharmaceuticals hat der Vertrieb den höchsten Kostenanteil. Bei anderen speziellen Produkten

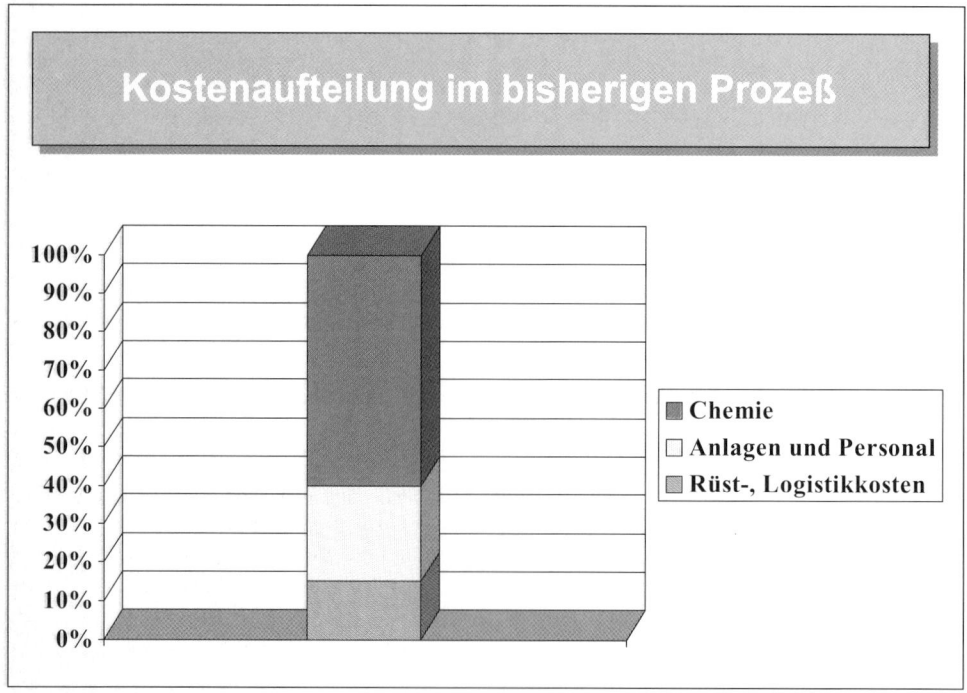

Abbildung 13.1 Kostenverteilung für die Herstellkosten eines Wirkstoffs in der Pharmaproduktion.

Kostenwaage

Sinkende Aufwendungen bei

- Beständen
  - Sicherheitsbestände
  - Bindung von Kapital im Prozeß

- Ausbeute & Qualität
  - Verfahrensabweichungen
  - Ausbeuten
  - Verfallsdaten / Alterungsprozesse

- Reinigungen von Anlagen
  - in Bezug auf Synthesewechsel

- Regulatorische Aufwendungen
  - Prozeßvalidierung
  - Anlagenqualifizierung

- Produktionsplanung

Steigende Aufwendungen bei

- Kosten für Anlagen
  - Betriebskosten
  - Abschreibungen

- Personalkosten

- Reinigungen von Anlagen
  - steigende Zahl der Ansätze

Abbildung 13.2 Kostenwaage für den Vergleich des alten und neuen Prozesses in der Produktionswelt.

sind die Kosten der Formulierung bzw. Endfertigung mit einem erheblichen Kostenanteil zu veranschlagen. Für andere Produkte, die in einem sehr starken Wettbewerb stehen, werden die Kosten des Service oder die Kosten von Verpackung und Präsentation die Gesamtkosten bestimmen.

Die Diskussion ließe sich prinzipiell an allen Beispielen einzeln führen. Dies erscheint jedoch wenig sinnvoll. Daher möchten wir zunächst ausführlich zwei Beispiele für innovative Wirkstoffe mit entsprechend hohen Kosten für die Wirkstoffherstellung diskutieren.

Der Ansatz war, die Gesamteffizienz in der Organisation zu verbessern. Erhebliche Verbesserungen konnten in der Entwicklung bereits angedeutet werden und sollen weiter unten systematisch aufgezeigt werden. Für den Marktkontakt ist ebenfalls gezeigt, daß deutliche Verbesserungen erzielt werden können. Das Ziel der Betrachtung der Kostensystematik für die Produktion besteht daher darin, zu zeigen, daß die „Kostenwaage" für den Vergleich der beiden Ansätze mindestens ausgewogen ist. Dazu sollen die Punkte der Abbildung 13.2 später (S. 191 ff.) detailliert betrachtet werden.

Zu Verdeutlichung der Diskussion sollen hier zunächst die Bedarfszahlen an Wirkstoff für ein Jahr eines typischen Pharmaunternehmens gezeigt werden (Abbildung 13.3).

Wirkstoffmenge p.a.	prozentualer Anteil Produkte
Kleinprodukte bis 250 kg Wirkstoff p.a.	bis 30%
Mittlere Produkte 250 kg bis ca. 5 t Wirkstoffbedarf p.a.	ca. 50%
Großprodukte mit deutlich mehr als 5 t Wirkstoffbedarf p.a.	ca. 20%

Abbildung 13.3 Typische jährliche Wirkstoffbedarfszahlen.

Als Beispiele werden wir die Extreme und ein Produkt im unteren Drittel in Bezug auf den erwarteten jährlichen Marktbedarf des Wirkstoffes diskutieren. Die meisten Produkte der Pharmaindustrie der Zukunft werden unserer Ansicht nach dem mittleren Beispiel am besten entsprechen. Wir haben unseren Ansatz daher bereits weiter oben an dem mittleren Bereich diskutiert und wollen diese Schwerpunktsetzung auch beibehalten.

Grenzen des vorgestellten Konzeptes

Unsicherheit ist ein wichtiger Bestandteil aller Betrachtungen, die in die Zukunft gerichtet sind. Es macht bei Betrachtungen mit Unsicherheitsfaktoren sehr wohl Sinn, auch die Grenzen eines Modells genauer zu betrachten.

Die Grenzen des Modells treten dann zu Tage, wenn bei einem Produkt keine besonderen Schwerpunkte bei der Kostenbetrachtung vorliegen. D.h. wenn das Produkt

- in einer einfachen chemischen Synthese mit wenigen Reaktionen und hohen Ausbeuten,
- einer einfachen Formulierung ohne Qualitätsprobleme,
- in einem wettbewerbsarmen Umfeld ohne Konkurrenz,
- ohne Einfluß von Marketingmaßnahmen vertrieben werden kann.

Dieser Fall ist in unserem derzeitigen Wirtschaftsumfeld sehr selten geworden. Ein Beispiel dafür dürften nur noch die jährlichen Grippeschutzimpfungen mit dem jeweils aktuellen Impfstoff darstellen. Wir glauben, diesen Sonderfall unberücksichtigt lassen zu können.

Als unsere Kategorien für die Kostenbetrachtung möchten wir im folgenden diskutieren:

- Produkte mit einer Aspirin vergleichbaren Produktionsmenge
- große Pharmaprodukte mit <1 t bis ca. 5 t Jahresbedarf an Wirkstoff
- kleine Produkte mit wenigen bis einigen hundert kg Wirkstoffbedarf p.a.

Produktionsalternativen: kontinuierlich, Mono-Betrieb, Modulare Produktion

Bei der klassischen Betriebsweise läßt sich immer dann besonders kostengünstig produzieren, wenn es sich um kurze Synthesen mit preisgünstigen Rohstoffen und hohen Ausbeuten handelt. Der Mono-Betrieb ist bei den typischen Synthesen der heutigen Pharmawelt mit 10–15 chemischen oder mikrobiologischen Stufen die günstigste Variante. Diese Rechnung funktioniert allerdings nur unter der Voraussetzung, daß es sich um ein Produkt mit großem Mengenbedarf handelt und daß Planungsunsicherheit ausgeschlossen werden kann. Da der letzte Punkt nicht generell einzuhalten ist, läßt sich der Mono-Betrieb nur selten als realistische Variante betrachten.

Der modulare Betrieb ist betriebswirtschaftlich bei Synthesen mit niedrigen chemischen Ausbeuten sehr schnell eine attraktive Variante. Da in den vergangenen Jahren die Zahl der Stufen pro Synthese größer geworden ist und die Unsicherheit des Marktbedarfs zunimmt, wird sich diese Variante in vielen Fällen auch betriebswirtschaftlich rechnen.

Die Auswertung von Beispielen läßt einige generelle Aussagen für den Kostenvergleich zwischen Multi-purpose, Mono-Betrieb und modularem Betrieb für die chemische Produktion zu.

Für die drei Klassen an Substanzmengen kann man folgendes Equipment annehmen.

Bei der Herstellung von mehreren zehntausend Jahrestonnen wird bereits heute auf typische kontinuierliche Herstellung der Wirkstoffe gesetzt. Ein Beispiel dafür ist Aspirin (als Massenprodukt) mit einem weltweiten Jahresbedarf von derzeit ca. 50 000 t Acetylsalicylsäure.

Bei den Substanzmengen eines mittleren Produktes (< 1t bis ca. 5 t) wird man typischerweise auf einen pseudo-kontinuierlichen Ansatz wie hier vorgestellt setzen. Mittelfristig ist bei solchen Produkten mit dem Einsatz von kontinuierlichen Techniken bei einzelnen Prozeßschritten zu rechnen. Der pseudo-kontinuierliche Ansatz wird die Verbreitung solcher Technologien fördern.

Wir nehmen an, daß auch der Bereich der kleinen Produkte, für den wir im Augenblick keine sinnvolle Konversion in eine kontinuierlich denkende Produktionswelt sehen, sich mittelfristig konvertieren läßt.

13.1 Kostenbetrachtung in vier Ebenen

Die Kosten sind im Detail für die verschiedenen Ebenen zwischen dem alten und dem neuen Zustand zu vergleichen (Abbildung 13.4, S. 182).

Die Kostenbetrachtungen für die einzelnen Segmente können demgemäß einzeln abgeschätzt werden. Im folgenden wollen wir daher mit den Kosten für den Entwicklungsprozeß beginnen.

Erste Ebene: Frühe Entwicklung

Chemie (1)

In der frühen chemischen Entwicklung (Klinische Phase I/Toxikologie) wird man im wesentlichen kostengünstiger bis kostenneutral zum bisherigen Prozeß sein, wenn im bisherigen Prozeß die Verfahrensentwicklung und die Substanzbereitstellung vereint waren. Durch die Trennung der Prozesse wird der Teil der Kosten, die der Substanzbereitstellung zugerechnet werden, deutlich sinken. Die freiwerdenden Kapazitäten werden nun systematisch der Prozeßentwicklung zugeordnet. Der Grund für die insgesamt eher niedrigeren Gesamtkosten ist in der Tatsache begründet, daß im Vergleich zum bisherigen Prozeß in vielen Unternehmen keine Kosten im Technikum anfallen.

	Chemische Entwicklung / Produktion	**Pharmazeutische Entwicklung / Produktion**
Phase I/Tox	Bereitstellung Substanz (1)	Phase I-Formulierungs-Entwicklung, Bereitstellung Präparat (4)
Phase II/III	Verfahrensentwicklung, dabei Ablieferung von Substanz (2)	Entwicklung final Formulation, dabei Ablieferung Präparat (5)
Marktversorgung	Herstellung Marktbedarf (3)	Marktbelieferung (6)
Vertrieb		Verpackung und Versand für marktformulierte Präparate (7)
Die Zahlen in ( ) verweisen auf die analog markierten Abschnitte im Text.		

Abbildung 13.4 Vier Ebenen der Kostenbetrachtung der Supply Chain-Betrachtung.

Anhand eines Beispiels ist eine Kostenabschätzung für ein Projekt durchgeführt worden, bei dem für die frühe Projektphase ca. 15 kg des Wirkstoffs benötigt wurden. Im alten Prozeß sind 1 x 1 kg im Labor und 1 x 15 kg im Technikum hergestellt worden. In einem alternativen Szenario würden 16 x 1 kg im Glastechnikum im Labormaßstab hergestellt (vgl. Kap. 7.1). Die Bereitstellung würde nur ca. 25% der im Technikum angefallenen Kosten verursachen. Dafür müßte eine weitere Laborarbeitsgruppe eingesetzt werden, die die parallele Verfahrensentwicklung durchführt. Man kann davon ausgehen, daß die zweite Arbeitsgruppe deutlich weniger als die eingesparten 75% der Kosten verbrauchen wird, da der Einsatz von Laborkapazitäten verglichen mit Technikumskapazitäten praktisch immer deutlich kostengünstiger ist.

Die Bereitstellung des ersten Kilogramms hat im alten Prozeß ca. 7 Wochen benötigt. Aufgrund der vorgenommenen Abschätzung würde die mehrfache Wiederholung des Prozesses mindestens zu einer Verkürzung auf 6 Wochen pro Substanzdurchlauf führen. Durch 3 parallel arbeitende Laborarbeitsgruppen würde somit die benötigte Menge in ca. 6 Monaten bereitgestellt. Die Bereitstellung der 15 kg Charge hat im realen Beispiel wegen der Kampagnenfahrweise und der Übertragungszeit ins Technikum ebenfalls ca. 6 Monate benötigt. Der nachfolgende Prozeßschritt würde im Fall der kontinuierlichen Substanzlieferung bereits nach der Lieferung des ersten Kilogramms beginnen und somit auch zu einem kontinuierlichen Prozeß werden. In dieser Phase der Entwicklung wird dieser Zeitvorteil erheblich höher zu bewerten sein als der Kostenvorteil.

Pharmazie (2)

In der Summe bedeutet dies, daß in der pharmazeutischen Entwicklung der frühen Phase sich keine wesentliche Veränderung der Kosten zum bisherigen Prozeß ergeben wird.

Zweite Ebene: Späte Entwicklung

Chemie (3)

In der zweiten Phase wird der Transfer in das Produktionsequipment stattfinden und damit der Scale up-Schritt. In diesem Fall findet man zunächst einen Kostenanstieg, da man auf die „Economy of Scale" für die Substanzbereitstellung scheinbar verzichtet. Mit der Anzahl der Wiederholungen nehmen aber auch die Anzahl der Reworkings ab, d. h. von wiederholten Aufarbeitungs- und Reinigungsschritten aufgrund mangelnder Qualität, so daß die Kosten für den Prozeß nur moderat ansteigen.

Wir haben für einige typische Beispiele Kostenschätzungen durchgeführt. Die Kostenschätzungen zeigen den gewünschten Effekt der Zunahme der Zahl der Ansätze. In den betrachteten Fällen ist die Zunahme von 5–6 Batches auf ca. 15–20 Batches zu nennen. In diesem Falle würde der Anstieg der Personalkosten in diesem Bereich der chemischen Entwicklung sich auf 20–30% belaufen. Bei der Betrachtung der Gesamtentwicklungskosten wurde ein Anteil dieser Kosten an den Gesamtkosten von deutlich kleiner als 5% festgestellt. Die in Kauf genommenen Mehrkosten befinden sich damit in der gleichen Größenordnung wie Fehler im bisherigen Prozeß. Bei der zusätzlichen Betrachtung des Risikos, daß Entwicklungsprodukte häufiger in frühen Phasen eingestellt werden, wird dieser Gesamtkostenanteil sogar noch kleiner, da die Mehrkosten in dem hier vorgestellten alternativen Ansatz später anfallen als die Kosten im bisherigen Ansatz. Bei einer groben Abschätzung erhält man eventuell sogar einen Einspareffekt mit dem hier vorgestellten Prozeß. Da jedoch auch in diesem Fall die Zahlen klein sind, werden wir dieses Einsparpotential hier nicht betrachten.

Pharmazie (4)

Die klarere Aufgabenstellung bei den Kosten des Entwicklungsprozesses wird in der zweiten Phase der pharmazeutischen Entwicklung vermutlich eher etwas niedrigere Kosten verursachen, insgesamt gilt jedoch ein ebenfalls etwa gleicher Kostenanteil für die mittlere Phase der pharmazeutischen Entwicklung.

Fazit zur ersten und zweiten Ebene:

Die Kosten für den Bereich der chemischen und pharmazeutischen Entwicklung betragen ca. 10–20% der Gesamtkosten des Entwicklungsprozesses. Das Dilemma des derzeitigen Ansatzes in der Pharmaindustrie besteht v. a. in dem Risiko, daß die Entwicklungsprojekte nicht ausreichend schnell bei mangelnder Wirksamkeit oder auftretenden Bioverfügbarkeits- oder Toxikologieproblemen abgebrochen werden. Da bei einer Umstellung im Sinne des hier vorgestellten Konzeptes ein größerer Anteil der Kosten in der Entwicklung entsteht, muß ein Projekt deutlich energischer abgebrochen werden als dies derzeit in vielen Pharmaunternehmen üblich ist. Die Fähigkeit, klare Go- bzw. No-Go-Kriterien festzulegen und diese durch ein effektives Projektmanagement zu überwachen und umzusetzen, ist allerdings bereits heute eine der Stärken erfolgreicher Pharmaunternehmen (Beispiel Pfizer [*Manager Magazin* 1999]) und wird von vielen Pharmaunternehmen derzeit verstärkt implementiert. Diesem Grundproblem des in der Entwicklung immer geltenden „Prinzips Hoffnung" muß wie im Kapitel 12 beschrieben eine neue Managementausrichtung entgegengesetzt werden. Vereinfacht wird dieser klare Schnitt durch die geänderte Kostenverteilung. In der frühen Projektphase wird die Entwicklung kostengünstiger, die höheren Kosten fallen erst zu einem Zeitpunkt der Projektentwicklung an, zu dem zumindest klar ist, daß der Wirkstoff keine negativen Wirkungen hat. Bei all den Projekten, die bisher aufgrund von toxikologischen Ergebnissen abgebrochen werden mußten, sind in unserem Ansatz niedrigere Kosten entstanden.

Neben den Kosten der klinischen Entwicklung sind typischerweise die Kosten für Stabilitätsprüfungen des Wirkstoffs und des Präparates in der Analytik hoch. Durch die Möglichkeit eines klareren Schnitts bei der Festlegung der Qualität besteht die Aussicht, Wiederholungen der Stabilitätseinlagerungen weitgehend zu verhindern. Dies bedeutet eine weitere Chance zur Kostenreduzierung.

Dritte Ebene: Marktversorgung

Für den Gesamtansatz der Kostenbetrachtung gibt es bei der Produktion generell zwei Punkte zu berücksichtigen:

1. Sinkende Aufwendungen bei:
   - Beständen (Sicherheitsbeständen, Kapitalbindung im Prozeß)
   - Ausbeute und Qualität (Verfahrensabweichungen, Ausbeuten, Verfallsdaten, Alterungsprozesse)
   - Reinigung von Anlagen beim Synthesewechsel
   - Regulatorische Aufwendungen (Prozeßvalidierung, Anlagenqualifizierung)
   - Produktionsplanung

2. steigende Aufwendungen bei:
   - Kosten für Anlagen (Betriebskosten, Abschreibungen)
   - Personalkosten
   - Reinigung von Anlagen (steigende Zahl von Ansätzen)

Bei der Gesamtbetrachtung gibt es jetzt mehrere Szenarien für die Produktionskosten. Wird mit einer Anlage so gearbeitet, wie der Prozeß aus der Entwicklung übergeben wurde, liegt ein Mono-Betrieb vor. Dieser optimale Fall des Kostenrechners tritt dann ein, wenn das Produkt nicht ganz so erfolgreich wird wie angenommen.

Anhand von Beispielen sind Kostenschätzungen auf der Basis der Herstellkosten des Wirkstoffes vorgenommen worden. Wir sind dabei von modernen Synthesen ausgegangen. Die gefundenen Ergebnisse beziehen sich lediglich auf die harten Faktoren. In diesem Fall werden einige positive Punkte unseres Konzepte unberücksichtigt gelassen. Die Abschätzungen haben zudem auf der Basis sehr konservativer Annahmen stattgefunden. Bei starker Vereinfachung läßt sich festhalten, daß die Anlagenkosten um einen Faktor 3 und die Personalkosten um einen Faktor 2 zunehmen können. Wenn im Gegenzug dafür jede der chemischen Umsetzungen eine nur ca. 2–3% höhere Ausbeute erhält, findet man auf der Basis dieser vereinfachten Faktoren bereits einen „Break-Even-Point".

Chemie (5)

Bei den typischen Pharmaprodukten handelt es sich um Produkte, für die 250 kg bis 5 t Wirkstoff-Mengen pro Jahr benötigt werden. Für ein solches Produkt stellt sich die Frage, wie Vor- und Nachteile einer neuen Anlage im Vergleich zum bisherigen Produktionssystem aussehen würden. Zwei Beispiele, die sehr nah an realen Produkten mit einen Bedarf von ca. 5 t Wirkstoff p.a. liegen, werden im folgenden diskutiert.

Wir haben dazu mit einem Expertenteam je eine Produktionsanlage grob konzipiert und auf Basis dieser Anlagen eine erste Kostenabschätzung vorgenommen. Bei der Konzeption der Anlagen sind wir von der Basis des in Kapitel 7 vorgestellten neuen Ansatzes ausgegangen. Die modulare Produktionsanlage mit ihren wichtigsten Bauelementen wird in Abbildung 13.5 (S. 186) dargestellt.

Das zweite Beispiel mit einer wesentlich einfacheren Synthesestruktur und der Verwendung von weniger Sondertechnologien führt zu ähnlichen Aussagen für ein Modul mit einer jährlichen Ausbringung von 2 t Wirkstoff (Abbildung 13.6, S. 187).

Für Produkte mit Jahresbedarfsmengen unter ca. 250 kg kann bei den letzten Stufen der chemischen Synthese die Rührwerksgröße von 100 l unterschritten werden. Wir sehen darin jedoch kein wesentliches Problem, da auch 10, 20 und 50 l Glasrührwerke standardmäßig kommerziell hergestellt werden und in die standardisierte Peripherie hineinpassen.

Die unter Grenze unseres Ansatzes ergibt sich für den Teil der Chemieproduktion durch die untere Grenze der Rührwerksgrößen. Bei einem Produkt mit einem Jahresbedarf unter ca. 100 kg Wirkstoff sehen wir aufgrund der von uns durchgeführten Abschätzungen keine rentable Produktion in dedicated Equipment mehr als realistisch an, da in diesem Fall entweder Leerkosten auf das Produkt geschrieben werden müßten oder aber spezielle Apparaturen hergestellt werden müßten. Die Wirtschaftlichkeit des Ansatzes ergibt sich allerdings im wesentlichen dadurch, daß bei dem verwendeten Ansatz auf leicht zugängliches Standard-Equipment zurückgegriffen werden kann. Ein weiterer Nachteil bei sehr kleinen Produkten wäre auch, daß in diesem Fall nur wenige Elemente für eine standardmäßige Automatisierung vorhanden wären.

Für kleine Produkte sind seit kurzer Zeit erste Mikroreaktorensysteme am Markt verfügbar. Für eine chemische Stufe werden die Kosten für einen Mikroreaktor inkl. Peripherie mit 100 000 bis 250 000 DM anzunehmen sein. Bei einer chemischen Synthese, die aus 10 chemischen Stufen besteht, kann man aufgrund einiger auftretendender Redundanzen mit Gesamtkosten von ca. 0,5 – 1 Mio. Euro rechnen. Mit einer solchen Anlage lassen sich ca. 20 g pro Stunde umsetzen. Bei 24 Stunden Laufzeit an 300 Tagen pro Jahr erhält man somit eine Ausbringung von ca. 150 kg pro Jahr. In unserer Annahme, daß bis zu 5 solcher Anlagen parallel betrieben werden sollten, würde man bei diesen 5 Anlagen mit einer Ausbringung von 750 kg und Anlagenkosten von < 5 Mio. Euro ausgehen. Für den voll-kontinuierlichen Betrieb wird in der Tagschicht ein Mitarbeiter zu Betreuung der Anlage benötigt. Inkl. Urlaubsvertretung und einer Servicegruppe für Notfälle wird pro Produktionsanlage mit einem Bedarf von 2 Mitarbeiter-Jahren Produktionsbetreuung zu rechnen sein.

Für die Randbedingungen ergibt sich: Beim Vergleich von klassischer Fahrweise zum modularen Betrieb steigen die Personalkosten um ca. 100%, die Investitionskosten steigen um einen Faktor 3. Bei einer 50%igen Steigerung der Gesamtausbeute einer Synthese erreicht man jedoch bereits den Break-Even-Point. Bei einer 15stufigen Synthese bedeutet dies, daß die Ausbeute pro Stufe nur um ca. 3% steigen muß, um den Break-Even-Point zu erreichen. Dies müßte vor dem Hintergrund unserer Ausführungen zur Lernkurve relativ unproblematisch zu erreichen sein.

Stufe	Rührwerksvolumina, Anzahl Ansätze pro Woche	Sonstige Geräte
1	2 x 1200 l, 5 Ansätze pro Woche	2 Zentrifugen, 2 kühlbare Vorlagen mit je 1200 l Volumen. Personal: 6 MJ
2	3 x 1200 l, 2 Ansätze pro Woche	2 Druckfilter, Vorlage mit 250 l Volumen, 2 Zentrifugen. Personal: 9 MJ
3	2 x 250 l + 2 x 1200 l, 3 Ansätze pro Woche	2 Zentrifugen, 2 Druckfiltcr. Personal: 6 MJ
4	3 x 250 l + 3 Autoklaven (250 l), 5 Ansätze pro Woche	3 Druckfilter, 2 Zentrifugen. Personal: 9 MJ
5	6 x 1200 l, 3 Ansätze pro Woche	Druckfilter, 2 Dünnfilm- o. Kurzwegverdampfer, 4 Behälter 2 Zentrifugen. Personal: 18 MJ
6	2 x 1200 l, 3 Ansätze pro Woche	Vorlage, Druckfilter mit Aktivkohle in Schlaufe. Personal: 3 MJ
7	7 x 15 cm HPLC-Säulen	Fallfilmverdampfer, Behälter. Personal: 6 MJ
8	Filter	
9	2 x 250 l, 3 Ansätze pro Woche	Druckfilter (20l) 2 Zentrifugen. Personal: 6 MJ
MJ = Mitarbeiter-Jahre.		

Abbildung 13.5 Anlagen und Personalbedarf für einen modularen Betrieb, in dem 5 t eines Wirkstoffs pro Jahr produziert werden können.

Stufe	Rührwerksvolumina, Anzahl Ansätze pro Woche	Sonstige Geräte
1	1 x 100 l, 2 x 250 l, 7 Ansätze pro Woche	3 Zentrifugen, 2 Trockner, 1 Druckfilter. 70 MT pro Kampagne
2	2 x 100 l, 1 x 250l, 7 Ansätze pro Woche (bzw. 14 Aufarbeitungen)	1 kleine Zentrifuge. 70 MT pro Kampagne
3	3 x 250 l, 7 Ansätze pro Woche	2 kleine Zentrifugen. 52 MT pro Kampagne
4	1 x 250 l, 7 Ansätze pro Woche	1 Zentrifuge. 18 MT pro Kampagne
5	2 x 250 l, 7 Ansätze pro Woche	1 Druckfilter, 2 Trockner, 1 kleine Zentrifuge. 35 MT pro Kampagne
MT = Mitarbeiter-Tage.		

Abbildung 13.6 Anlagen und Personalbedarf für einen modularen Betrieb, in dem 2 t eines anderen Wirkstoffs pro Jahr produziert werden können.

Pharmazie (6)

Wir haben bisher nur den Teil der chemischen Wirkstoffherstellung untersucht. Es ist jedoch sinnvoll, neben dem Wirkstoff auch die Formulierungsherstellung zu betrachten. In der Chemie sind vor allem Ausbeuteverluste als Kostenpunkt zu sehen und damit sind alle Aktivitäten, die zu einer Ausbeutesteigerung führen, ein vorrangiges Optimierungsziel. In der pharmazeutischen Endfertigung sind andere Kostenfaktoren zu berücksichtigen. Das Beispiel der Granulierung bei Pfizer/Gödecke im Werk Freiburg ist bereits weiter oben vorgestellt worden. Als Kostenbestandteile, die durch eine quasi-kontinuierliche Produktion verringert werden, wurden dort genannt:

- höherer Durchsatz,
- geringerer Platzbedarf und
- vollautomatischer Betriebsmodus.

Vor allem der Durchsatz und der vollautomatische Betriebsmodus senken die Kosten und machen den Einsatz der teureren Anlage insgesamt rentabel.

Für die Marktversorgung in der Pharmaendfertigung gilt das gleiche Prinzip wie im Bereich der Chemie, somit gilt auch hier eine analoge Kostenbetrachtung. Im Fall einer einzigen Anlage ist mit einem optimalen Kostenszenario zu rechnen. Aus Gründen der Sicherheit der

Marktbelieferung würde man jedoch im Regelfall eine Auslegung mit zwei parallel arbeitenden Anlagen vorziehen. Dieser Fall kann damit als „Pseudo-Ideallfall" angesehen werden. In dem angestrebten Szenario für die pharmazeutische Endfertigung soll eine Anlage ca. 25% des erwarteten maximalen Marktbedarfs entsprechen. Die Entscheidung der Anlagengröße wird im Fall der pharmazeutischen Endfertigung später getroffen als die analoge Entscheidung in der Chemie. Dies erhöht die Sicherheit der Entscheidung in gewissem Umfang. Die Erweiterung um ein bis zwei weitere Anlagen ist somit das höchste Kostenszenario. Bei sehr kleinen Produkten entsteht analog zur chemischen Produktion eine Grenzsituation, ab der ein modulares Konzept nicht mehr sinnvoll einsetzbar ist. Voraussetzung für die Verwendung von dedicated Anlagen in der pharmazeutischen Endfertigung ist in jedem Fall die Anwendung der sogenannten white line-Technik, um damit die Finalisierung des Produktes möglichst nah an den Endkunden heranzulegen.

Fazit:

Aus rein produktionstechnischer Sicht bedeutet der vorgeschlagene Ansatz zwar erheblich höhere Erstinvestitionen in Anlagen und Personal. Die Kosten des Produktes sind jedoch im ungünstigsten Fall auch nicht höher als die Produktionskosten des bisherigen Ansatzes. Aus diesem Worst-case-Ansatz kann gefolgert werden, daß die Produktionskosten selbst ein leichtes Plus für die Ertragskraft des Unternehmens liefern. Vor allem aber können wir uns von diesem Punkt aus die Vorteile des Konzeptes ansehen und schließlich der Frage zuwenden, was wir gewinnen können, wenn wir jetzt wissen, daß wir gegenüber der klassischen Vorgehensweise nichts verlieren würden.

Vierte Ebene: Vertrieb

Beim bisherigen Vertriebskonzept gab es vielfältige Läger und Puffer. In einem kontinuierlich arbeitenden System kann ein völlig neuer Marktkontakt erfolgen. Weiter vorne wurde bereits auf das Modell des PC-Lieferanten Dell verwiesen. In einem solchen Modell ist eine erhebliche Kosteneinsparung realisierbar. Derartige Modelle werden ab dem Punkt Wirkstoff bei einigen Pharmaunternehmen derzeit bereits realisiert. Auf eine detaillierte Diskussion soll hier verzichtet werden. Für Interessenten sei beispielhaft auf die Homepage „www.wassermann.de" und den von der Wassermann AG mit unterstützen Anwenderkreis Pharmaindustrie verwiesen.

13.2 Kostenbetrachtung des Zielzustandes

Anhand der Beispiele haben wir gezeigt, daß zu Beginn der Marktbelieferung in der von uns skizzierten Entwicklung maximal die gleichen Kosten angefallen sind wie im bisherigen alten Prozeß. Die Produktionskosten werden zudem maximal gleich hoch werden wie in bisher üblichen Produktionssystemen. Wir wollen uns nun mit den zusätzlichen Chancen unseres Ansatzes beschäftigen. Neben den einfach quantifizierbaren Größen werden wir einige „weiche" Faktoren diskutieren, die zusätzlich zu den von uns erfaßten Größen die Gesamtkostensituation positiv beeinflussen.

Der Lebenszyklus eines Verfahrens beschreibt einen immer gleichen Verlauf. Es wurde ein Schema entwickelt, das die verschiedenen Phasen des Zyklus in eine Beziehung zu Aufwand und Ertrag setzt [*Kussi, Leimkühler, Perne* 2000] (Abbildung 13.7).

Diese Beschreibung gilt gleichermaßen für die chemische Großproduktion wie für die Herstellung von Wirkstoffen in der pharmazeutischen Industrie. Allerdings sind in der Wirkstoffproduktion Synthesen mit mehr als zehn chemischen Teilschritten keine Seltenheit. Daraus ergibt sich im Vergleich zu einstufigen Prozessen in Bezug auf die Planung und den Bau einer Produktionsanlage ein wesentlich höherer Aufwand. Um diesen Aufwand nicht bei jedem neuen Produkt oder jeder Verfahrensänderung erneut betreiben zu müssen, hat die Pharmazeutische Industrie nach Kompromissen gesucht, die die Anfangsinvestitionen verringern.

Nach der Erörterung der Veränderungen während der Entwicklung gilt es nun, den Einfluß des Konzeptes einer quasi-kontinuierlichen Produktion auf die Ergebniskurve im Lebenszyklus eines Produktes zu betrachten. Innerhalb des Gesamtbildes der Gewinn- und Verlustrechnung im Lebenszyklus eines Produktes sollen aus im folgenden genannten Gründen Marketingaufwendungen nach der Markteinführung unberücksichtigt bleiben.

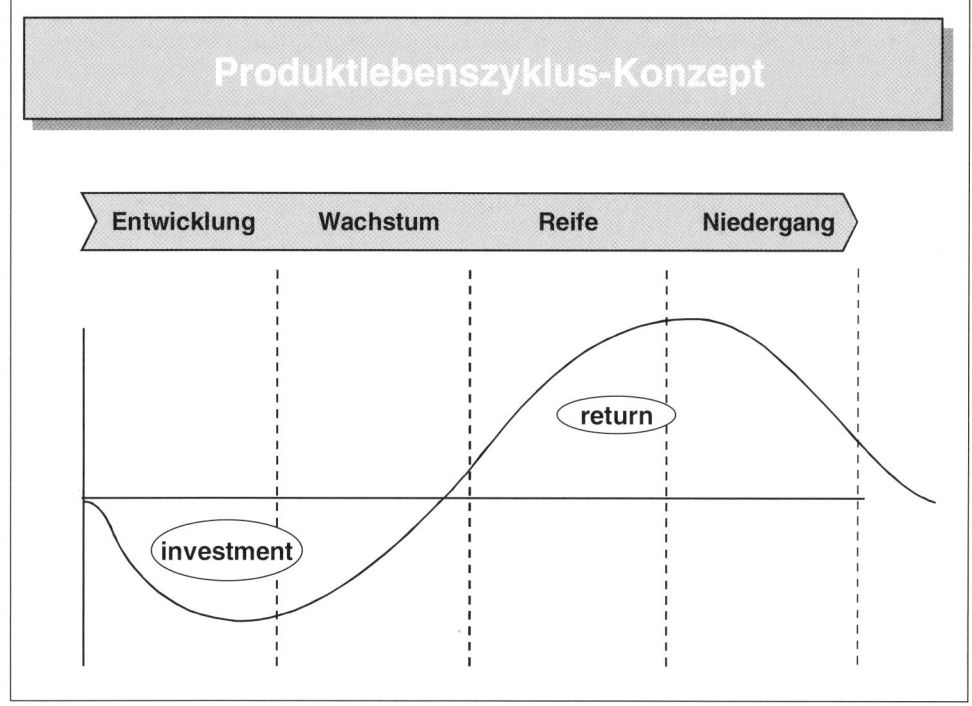

Abbildung 13.7 Abbildung der Konzepts der Lebenskurve von Produkten.

Einfluß von Marketingaufwendungen bei Markteinführung

Eine Besonderheit für Marketingaufwendungen stellt die Einführungsphase eines Produktes dar. In dieser Phase kommt es darauf an, möglichst schnell das Produkt bei den Kunden bekannt zu machen. Der Gesamtaufwand wird sich dabei auch an der Marktstellung von Wettbewerbern orientieren. Ziel ist es, einen größtmöglichen Marktanteil für das einzuführende Produkt zu erzielen. Hat das Produkt z. B. eine Monopolstellung für eine Indikation, dann werden höhere Marketingkosten sich über immer höhere Verkäufe rentieren und langfristig eine stärkere Marktdurchdringung erzielen. Aber selbst bei Produkten in schon mit vielen Konkurrenz-Produkten ausreichend abgedeckten Indikationsgebieten kann das Marketing in erheblichem Umfang durch „additional benefits" unterstützt werden, zumal wenn diese aktiv von Medien aufgegriffen werden.

Aus dem Hause Schering kann das Präparat Yasmin als Beispiel für die sehr erfolgreiche Einführung eines neuen Produktes genannt werden. Yasmin ist die erfolgreichste Neueinführung einer Pille zur Fertilitätskontrolle seit Jahrzehnten. Der wichtigste Grund für diesen Erfolg ist darin zu sehen, daß die zusätzlichen Benefits des Produktes von der Presse aufgenommen und weitergetragen wurden, wie der folgende gekürzte Ausschnitt zeigt:

„Die Schering AG (FSE: SCH, NYSE: SHR) hat heute bekannt gegeben, daß Yasmin® (Drospirenon und Ethinylestradiol), ein niedrig dosiertes Einphasenpräparat zur oralen Kontrazeption und die erste und einzige Pille zur Fertilitätskontrolle, die das einzigartige Gestagen Drospirenon beinhaltet, jetzt in den USA landesweit in Apotheken erhältlich ist. Yasmin® wurde am 11. Mai 2001 von der US-amerikanischen Zulassungsbehörde FDA zugelassen.

Drospirenon unterscheidet sich von den Gestagenen, die zur Zeit in anderen oralen Verhütungsmitteln verfügbar sind. Seine Wirkung ähnelt sehr der des natürlich vorkommenden Hormons Progesteron. Auf der Basis seiner leicht antimineralokortikoiden Wirkung kann Drospirenon der östrogenbedingten Wassereinlagerung im Gewebe entgegenwirken. Außerdem zeigt dieses Präparat auch antiandrogene Eigenschaften.

In großen klinischen Studien mit mehr als 2.629 Frauen und über 33.160 Behandlungszyklen in Europa und in den USA konnte die Wirksamkeit und Verträglichkeit von Yasmin® belegt werden. Die Studien zeigten außerdem, daß Yasmin eine exzellente Zyklusstabilität gewährleistet mit einer sehr niedrigen Rate von Schmier- und Durchbruchsblutungen. Mit mehr als 99prozentiger Wirksamkeit schützt die neue Pille vor Schwangerschaft." [Pressedienst 2001]

Diese Kosten fallen jedoch zu einem guten Teil als Einmalkosten an. Ähnliche Sonderfälle werden sich beim Markteintritt von Generika oder bei eigenen nachträglichen Produktverbesserungen oder der Erschließung neuer Indikationsfelder ergeben. Es gibt allerdings noch einen weiteren Grund für die Erwähnung des Marketings. Bei der Produktneueinführung ist für die Pharmaunternehmen nicht vorhersehbar, ob und wie gut Marketingmaßnahmen funktionieren. Es bleibt damit das Risiko, bei einem „zu erfolgreichen" Marketing nicht mehr lieferfähig zu sein. Wir haben bereits gezeigt, daß in „der alten Welt" die Anpassung der Produktion an sich verändernde Marktbedingungen nur sehr langsam voranschreitet. Das größte Risiko des Marketings besteht aber darin etwas zu versprechen, das man dann nicht halten kann. In der beschriebenen „neuen Welt" hat das Marketing sehr viel mehr „Spielraum", da es sich auf ein flexibles Produktionskonzept stützen kann.

In vielen Fällen gilt aber, daß die von den Unternehmen in einer Indikation angebotenen Präparate hinsichtlich ihrer Wirksamkeit häufig sehr ähnlich und in manchen Fällen auch mehr oder weniger austauschbar sind. Eine Vernachlässigung der anfallenden Marketingkosten in der weiteren Analyse der Auswirkungen unseres Konzeptes ist insbesondere in folgender Situation möglich: Ein etabliertes Produkt steht im Wettbewerb mit anderen Produkten. Die Konkurrenten werden bei mittelfristig gleichbleibenden Marketingkosten keine wesentliche Verschiebung der Marktanteile erzielen. Deswegen sind bei ähnlichem Marketingeinsatz durch die Wettbewerber nach der Einführung eines Produktes immer mehr der Serviceumfang und die Kosten der Supply Chain ausschlaggebend für den Gesamtnutzen, der aus einem Produkt gezogen werden kann.

Ziele für die optimierte Supply Chain

Wir setzen bewußt an dem Punkt der Lebenszykluskurve auf, an dem die Nullinie durchstoßen wird.

In diesen Situationen ist es entscheidend, durch Optimierung der Supply Chain entweder bei gleichem Serviceumfang geringere Kosten zu erzeugen oder die Serviceleistungen ohne zusätzliche Kostensteigerungen erkennbar zu verbessern. Im seltenen Idealfall gelingt sogar eine Kostenminderung bei gleichzeitiger Verbesserung des Servicegrades. Wir sind davon überzeugt, daß idealtypische Veränderungen an heute bestehenden Supply Chains für alle Branchen – aber insbesondere für die Pharmabranche – möglich sind.

Generell sollen folgende Ziele angestrebt werden:

1. Die Leistungen und Produkte müssen schnellstmöglich zu geringsten Kosten in wettbewerbsfähiger Qualität hergestellt werden.
2. Kurze Lieferzeiten müssen zuverlässig genannt und eingehalten werden.
3. Auftretende Marktschwankungen müssen über die gesamte Liefer- und Leistungskette zügig abgefangen werden.
4. Die Komplexität der Leistungsprozesse darf die Integration leistungsfähiger Kernkompetenzpartner nicht verhindern.

Kosten in der Supply Chain nach Markteinführung

a. Unsicherheiten bei der Abschätzung

Die Kostenänderungen bei der Umsetzung des Konzeptes einer quasi-kontinuierlichen Produktion sind sowohl von „harten" als auch von „weichen" Kostenfaktoren beeinflußt. Unter harten Kostenfaktoren verstehen wir einfach zu ermittelnde und in ihrem Umfang klar abgrenzbare Kosten. Beispiele dafür sind die Kosten für zusätzliche Anlagen, Änderungen im Personalaufwand oder auch bei offiziellen Lagerbeständen. Auch bei diesen Kostenänderungen können teilweise nur Maxima und Minima sicher bestimmt werden. Darüber hinaus müssen Einflüsse betrachtet werden, die eine Relativierung der Ober- oder Untergrenzen der betrachteten Kostenart bewirken. Dies können z. B. bei Anlagenkosten Einsparungen aufgrund von Rabatten bei Mehrfachbestellungen o. ä. sein.

Weiche Kostenfaktoren werden dagegen ausschließlich in Bereichsgrößen ermittelbar und nur über Eintrittswahrscheinlichkeiten einordnungsfähig sein. Zu den weichen Kosten sind beispielsweise die Veränderungen beim regulatorischen Aufwand zu zählen.

b. Kostenabschätzung zur Supply Chain

Die Investitionen in Produktionsanlagen sind in unserem Konzept nur vor der Markteinführung getätigt worden. Die Einmalkosten im Zusammenhang mit einer höheren Anzahl von Anlagen hat deshalb zu einer stärkere Ausprägung des Kostenpeaks geführt. Die Abschreibungen dieser Anlagen und die Kosten des damit verbundenen höheren Personaleinsatzes sowie Kosten von Kapazitätserweiterungen werden sich dagegen dauerhaft in den Kosten der Supply Chain niederschlagen. Es ist zu prüfen, ob andere Bereiche in der Versorgungskette durch dieses neuartige Produktionskonzept profitieren werden und wie dieses den Gesamtgewinn beeinflussen wird.

Wir sehen Chancen zur Kostenreduzierung in folgenden Bereichen:

Ausbeute

Die Verbesserung von Ausbeuten auf Zwischenstufen darf wegen des kumulierenden Effektes nicht unterschätzt werden. Schon bei einer nur funfstufigen Synthese ergibt sich bei einer Ausbeuteverbesserung von durchschnittlich 1% auf jeder Stufe eine Gesamtausbeuteverbesserung von 5,6%. Bei einer durchschnittlichen Verbesserung von 5% je Stufe ergibt sich eine Gesamtausbeuteverbesserung von 34%. Auch wenn Veränderungen der Ausbeute nur schwer abschätzbar sind, ist jedoch aufgrund des schnelleren Durchschreitens der Lernkurve und den sich aus einer tiefen Kenntnis des Prozesses ergebenden Verfahrensanpassungen mit einer Gesamtausbeuteverbesserung von > 5% (realistisch) für jeweils 5 Stufen zu rechnen. Optimistische Szenarien sollten 30% Gesamtausbeuteverbesserung für 5 Stufen nicht überschreiten.

Verfahrensabweichungen

Die aus der Regelmäßigkeit der Fertigung resultierenden qualitativen Verbesserungen z. B. bei Reinheit und Gehalt werden nicht nur Eingang in eine zusätzliche Verfahrensbeschleunigung finden. Denn bei einigen Zwischenstufen sollte es bei gleichbleibender und definierter Qualität möglich sein, auf einige bisherige Teilschritte zur weiteren Aufreinigung zu verzichten. Zudem wird die Stabilität der Verfahren hinsichtlich Ausbeute und Qualität deutlich größer sein, weshalb der überwiegende Anteil der Kosten für Verfahrensabweichungen entfallen wird (pessimistische Annahme: 10% der bisherigen Kosten entfallen, optimistische Annahme: 30% der Kosten entfallen).

Reinigungskosten

In Multi-purpose-Betrieben sind die Aufwendungen für die Reinigung von Anlagen je nach Art des Produktwechsels zu kategorisieren. Dabei sind insbesondere Reinigungen bei aufeinander folgenden Zwischenstufen innerhalb einer Synthese eher unproblematisch. Alle anderen Reinigungen sind jedoch mit erheblichen Aufwand versehen und einige Kombinationen des Produktwechsels sind aufgrund ungünstiger Konstellationen generell untersagt (z. B. Synthese eines Kontrastmittels nach der Synthese eines hochaktiven Wirkstoffs im selben Rührwerk). In vielen Unternehmen sind aus diesem Grund die Wirkstoffbetriebe der Produktion in Kontrastmittel-, Hormon-, Endstufenbetriebe usw. kategorisiert. Durch dedicated Equipment entfallen die Reinigungskosten, die aufgrund eines Synthesewechsels anfallen, vollständig. Dafür sind in größeren Abständen einfache Zwischenreinigungen anzusetzen. Innerhalb der Überlegungen einer quasi-kontinuierlichen Produktion wäre diese dann auch für eine größere Anlagenzahl notwendig (Glasequipment weist bezüglich der Reinigung erhebliche Vorteile auf!). Den Kapazitätsaufwand für Reinigungsarbeiten schätzen wir für einen Produktionsbetrieb auf annähernd 10–15% der Gesamtkapazität, wovon mehr als die Hälfte sicherlich bei Umsetzung unseres Konzeptes entfallen würde.

Regulatorische Aufwendungen

Aus dem Punkt „Reinigungskosten" ergibt sich eine nahtlose Anknüpfung an die Auswirkungen auf die regulatorischen Aufwendungen. In einem dedicated Equipment entfallen alle Auflagen, die sich üblicherweise aus dem Themenfeld Kreuzkontamination ergeben. Unsere Einschätzung ist, daß ungefähr die Hälfte aller Richtlinien ihre Bedeutung verlieren wird. Dies hat zur Konsequenz, daß die Kapazitäten für deren Umsetzung und auch Erstellung nicht mehr benötigt werden. Zum jetzigen Zeitpunkt können wir den Umfang der sich daraus ergebenden Einsparungen allerdings nicht eindeutig beziffern.

Produktionslogistik durch den Produzenten

Die Kapazitätsanpassungen werden in dem vorgeschlagenen Modell wesentlich vereinfacht. Die bisherigen Aufwendungen für die Produktionslogistik (Transfer der Marktbedarfsmengen, Kampagnenplanung, Losgrößenfestlegung etc.) können ganz oder zum größten Teil entfallen.

Fazit:

Den höheren Anlagen- und Personalkosten stehen also deutliche Chancen zur Kostenreduzierung in den oben genannten Bereichen gegenüber. Wir haben weiter oben gezeigt, daß sich bereits im Bereich der harten Faktoren Kosten und Einsparungen ungefähr die Waage halten werden.

Darüber hinaus sind deutliche Verbesserungen – ja sogar fundamentale Änderungen – beim Service auf Basis einer solchen quasi-kontinuierlichen Produktion erreichbar.

Verbesserungschancen beim Service

Liefertreue und Überbrückung von Marktschwankungen

Durch das Konzept der quasi-kontinuierlichen Produktion kommt es zur massiven Verkürzung der Durchlaufzeiten.

Zur Überbrückung von Produktionsausfällen bestehen innerhalb der Produktionsfolge unterschiedlichste Sicherheitsbestände. Die Größenordnung der Sicherheitsbestände sollte sich eigentlich aus Faktoren wie Dauer bis zur nächsten Wirkstoffausbringung, der Häufigkeit von Verfahrensabweichungen, aber auch des in der pharmazeutischen Produktion notwendigen Mengenbedarfs für sinnvolle Chargengrößen usw. ausrichten.

Sicherheitsbestände werden auch zukünftig existieren. Sie sind jedoch in unserem Konzept eindeutiger definiert und erfüllen weitergehende Aufgaben. Für Synthesen mit einer höheren Stufenzahl als fünf sollten u. E. auf jeder fünften Stufe Pufferbestände gebildet werden.

Mit unserem Konzeptansatz soll eine weitestgehende Flexibilität gegenüber Marktschwankungen gewährleistet werden. Deshalb ist es sicherlich sinnvoll, die Sicherheitsbestände an die Dauer des Aufbaus einer neuen Produktionslinie zu binden. Aufgrund der hohen Standardisierung sollte dies innerhalb von weniger als drei Monaten realisierbar sein.

Ein bisher üblicher Sicherheitsbestand von drei Monaten kann dann nämlich nicht nur zur Überbrückung von Produktionsausfallzeiten dienen, sondern auch als Reserve für den Zeitraum eines deutlichen Kapazitätausbaues dienen.

Darüber hinaus sind in der Kampagnenfahrweise Wirkstoffbestände zur Überbrückung der Zeitspanne bis zur nächsten Kampagne zu berücksichtigen. Diese Restbestände sind je nach Kampagnendichte in unterschiedlicher Höhe zu erwarten und zeigen durch Abflüsse an die pharmazeutische Produktion eine degressive Entwicklung. Durch das Konzept einer quasi-kontinuierlichen Produktion entfallen diese Restbestände aufgrund der wöchentlichen Produktionsfolge.

Komplexität der Leistungsprozesse

Entscheidend für das Gesamtergebnis zwischen bisherigen Produktionssystemen und der neuen Struktur werden aber die nachhaltigen Vereinfachungen und eine höhere Transparenz bezüglich der Kostenfelder sein. Hier werden sich zusätzliche Optimierungen innerhalb dieses ganzheitlichen Ansatzes erst mit der Realisierung unseres Konzeptes ergeben. Alle Prozesse in der Supply Chain lassen sich durch das Konzept einer quasi-kontinuierlichen Produktion erheblich vereinfachen.

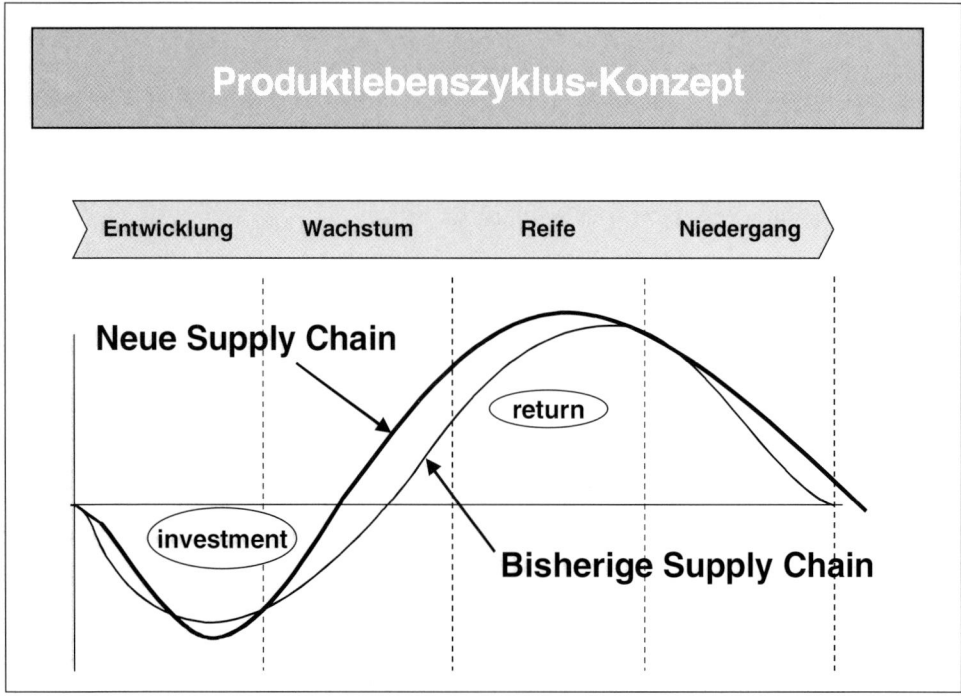

Abbildung 13.8 Kosten und Nutzen der neuen Supply Chain im Vergleich zu dem klassischen Ansatz.

An dieser Stelle wollen wir kurz auf das qualitative Bild des Lebenszyklus eines Produktes in der neuen Supply Chain eingehen.

Die Abbildung 13.8 vergleicht die Produktlebenszyklen der beiden Supply Chain-Modelle.

Die neue Kurve ist charakterisiert durch einen flachen Abfall zu Beginn der Kostenkurve gefolgt von einem tiefen Tal in der mittleren Entwicklungsphase.

Es gibt jedoch auch einschneidende positive Veränderungen, die in dieser qualitativen Darstellung in einem schnellen Durchstoßen der Null-Linie und einem schnellen Anstieg zum Maximum zu beobachten ist. Einmal am Maximum angelangt, bleibt die Kurve sehr lange dort.

Dieser Effekt ist in seiner Gesamtheit das Resultat aus der verbesserten Flexibilität des Gesamtprozesses.

13.3 Kostenbetrachtung der Konversion

Eine wesentliche Schwierigkeit bei unserer gesamten Argumentation besteht in der Tatsache, daß man vieles anders machen muß als bisher und dies über sehr weite Bereiche des Unternehmens. Hinzu kommt, daß die meisten Pharmaunternehmen zwar im Hinblick auf ihre Gewinnspanne stärker unter Druck stehen als in der Vergangenheit, allerdings keineswegs so stark, daß radikale Veränderungen ohne Widerstand durchsetzbar wären. Daher glauben wir, daß die Konversion von der klassischen Vorgehensweise zu einem modernen markt- und produktionsorientierten Unternehmen nur schrittweise durchführbar ist. Man muß somit das klassische Unternehmen weiter betreiben und zusätzlich ein neues aufbauen. Eine solche Vorgehensweise ist entsprechend teuer und aufwendig. Wir schlagen daher vor, einen möglichst geringen Anteil als Doppelfunktion zu betreiben und dann Schritt für Schritt bzw. Projekt für Projekt auf den neuen Prozeß umzustellen. Dies bedeutet allerdings nicht, für ein pharmazeutisches Projekt beide Verfahren zu entwickeln und anschließend zu vergleichen. Wir gehen davon aus, daß dieser Aufwand auch in einem gutverdienenden Pharmaunternehmen nicht bezahlbar ist. Denn es wird immer eine minimale kritische Masse benötigt, um ein Projekt bearbeiten zu können.

Als minimale Startaufwendungen sehen wir im Entwicklungsbereich die Doppelbesetzung von vier Arbeitsgruppen, je eine Pharmazie, Chemie, Chemieingenieure und Analytik, bestehend aus je zwei Wissenschaftlern und je vier Labormitarbeitern für ca. fünf Jahre, um mindestens ein Projekt von der Übernahme aus der Forschung bis zur Produktionsreife zu entwickeln. Für die logistische Unterstützung, EDV o. ä. wird es keinen Bedarf an separaten Arbeitsgruppen geben, allerdings einen hohen Arbeitsaufwand (mehrere Mitarbeiter-Jahre).

An Sachmitteln wird es eine nicht unerhebliche Anfangsinvestition geben müssen, da eine Produktionslinie in der benötigten Form nicht existiert. Zudem wird vermutlich mehrfach die Situation auftreten, daß bei einem ersten Projekt Komponenten speziell hergestellt werden müssen.

Fazit:

Die Chancen, die sich durch eine optimierte Supply Chain auf der Kostenseite ergeben, wurden in diesem Kapitel kurz beleuchtet und sind als sehr attraktiv einzustufen.

- Die Kosten in der Entwicklung sind insgesamt niedriger; die Kostenverteilung auf der Zeitachse stellt sich anders dar.
- Die Kosten in der Produktion von Wirkstoffen und Formulierung sind höchstens vergleichbar mit den Kosten im aktuellen Produktionsmodell.
- Die Kosten der Konversion sind in einem innovationen Unternehmen niedrig bis überschaubar und aufgrund des geringen Risikos tragbar.

Schlußfolgerungen

Der Flügelschlag eines Schmetterlings in Asien reicht aus, um in New York einen Hurrikan auszulösen.

Nach Edward Lorenz

14 Die neue Pharma Supply Chain

Wir sind von einem Ist-Zustand ausgegangen, in dem in den meisten Pharmaunternehmen keine vollständig effektive Supply Chain definiert ist. In neuerer Zeit findet zwar diese Definition von Supply Chains zunehmend statt. Es werden dabei aber lediglich die Lagerzeiten zwischen den Bereichen bzw. Abteilungen optimiert. Bei diesem Prozeß wird man eine erste Verbesserung der Durchlaufzeiten und eine Verringerung der Kapitalbindung, der Vernichtung von Material und Ähnlichem erreichen. Die zugrundeliegenden Produktionsprozesse bleiben hierbei jedoch unberücksichtigt.

Für die so teiloptimierte Supply Chain bedeutet dies, daß der Zeitaufwand für die Chemieproduktion sich um ca. 25% verringern läßt, von z. B. 600 Tagen realer Durchlaufzeit auf voraussichtlich ca. 450 Tage.

Wir haben in Kapitel 7 gezeigt, daß der Durchlauf durch die Chemieproduktion jedoch um ein Vielfaches reduziert werden kann, wenn diese Optimierung der Supply Chain zwischen den Prozeßschritten mit einer Optimierung der Supply Chain innerhalb der Prozesse (Reengineering) kombiniert wird. Für unser Beispiel würde sich die Durchlaufzeit auf ein Sechstel der bisherigen Zeit (< 100 Tage) reduzieren. Für die Beweglichkeit des Gesamtunternehmens bedeutet dies eine drastische Veränderung. Daneben ergibt sich mit einem definierten Prozeß, der zu einer Produktion mit standardisiertem Equipment führt, die einfache Möglichkeit, den Produktionsprozeß outzusourcen und mit Zulieferern ein Produktionsnetzwerk aufzubauen. Wir wollen im folgenden eine Vision vorstellen, bei der man sich eine Produktion des chemischen Wirkstoffs beim Pharmahersteller in ca. 10 Tagen vorstellen kann. Für die Durchlaufzeit von der Bestellung bis zur Auslieferung des Präparates kann man dann ca. 20 Tage annehmen. Damit wäre die Lieferung auf Bestellung mit den Händen greifbare Realität geworden.

> *Im bisherigen System ist das Pharmaunternehmen ein träger Tanker. Die Supply Chain-Optimierung kann dieses Schiff mit einem schnelleren Motor versehen. Es bleibt aber insgesamt ein träges System. Wir glauben, mit dem hier beschriebenen Prozeß ein System vorgestellt zu haben, das bei isolierter Betrachtung der Pharmaindustrie aus dem Pharmaunternehmen noch keinen Überschall-Jet, aber bereits mit heutiger Technologie doch zumindest ein mittelgroßes, bewegliches Container-Schiff macht. Wenn wir uns an das Beispiel Enbrel erinnern, so benötigt Wyeth/American Home Products immerhin ca. 5 Jahre (!), um seine Produktion dem tatsächlichen Marktbedarf anzupassen. In diesem Fall ist immer nur die Lieferung aus vorhandenen Beständen möglich. Eine optimale Marktausnutzung ist in solchen Situationen nicht realisierbar. In unserer Welt wird das Pharmaunternehmen mit der neuen Supply Chain in weniger als einem Jahr die Produktion an den Bedarf des Marktes anpassen können. Wenn unsere Vision unter Einbeziehung einer neuen Zulieferindustrie vollständig realisiert ist, wird das Container-Schiff zudem während der Fahrt betankbar sein.*

14.1 Drei Szenarien

Als Szenarien auf dem Weg zur Vision ergibt sich ein dreiteiliges Bild für

- den bisherigen Prozeß,
- eine Supply Chain-Optimierung nach dem typischen Vorgehen und
- eine Supply Chain-Optimierung inkl. Reengineering.

Im folgenden möchten wir die typischen Charakteristika der drei Ansätze aufführen.

Der bisherige Prozeß:

- Nach ca. 14 Jahren Forschung und Entwicklungsarbeit erreicht ein neues Medikament den Markt.
- Die Marketingaussagen sind wenig präzise.
- Der Durchlauf von Bestellung bis Marktbelieferung benötigt ca. zwei Jahre, solange keine Kapazitätsanpassungen nötig sind.
- Der Bedarf entwickelt sich im ersten Jahr sehr erfreulich. Die Prognosen für den Marktbedarf werden um den Faktor 2 nach oben gesetzt.
- Das Unternehmen benötigt nun ca. vier bis fünf Jahre, um in der gesamten Pipeline die Produktion zu erweitern.
- Kurz vor Ende der Patentlaufzeit (d. h. ca. zwanzig Jahre nach Patenterteilung) wird die volle Kapazität erreicht.
- Ein Jahr nach dem Erreichen der optimalen Produktionsmengen erscheinen die ersten Generika auf dem Markt und der Preisverfall beginnt.
- Ausgelöst durch die starke Konkurrenz kann das Unternehmen nicht mehr die geplanten großen Mengen am Markt absetzen, für deren Produktion es massive Kapazitätserweiterungen und Investitionen vorgenommen hatte.

Die Supply Chain-Optimierung:

- Nach ca. 14 Jahren Forschung und Entwicklungsarbeit erreicht ein neues Medikament den Markt.
- Die Marketingaussagen sind wenig präzise.
- Der Durchlauf von Bestellung bis Marktbelieferung benötigt ca. ein Jahr, solange keine Kapazitätsanpassungen nötig sind.
- Der Bedarf entwickelt sich im ersten Jahr sehr erfreulich. Die Prognosen für den Marktbedarf werden um den Faktor 2 nach oben gesetzt.
- Das Unternehmen benötigt nun ca. zwei bis drei Jahre, um in der gesamten Pipeline die Produktion zu erweitern.
- Ca. 17 Jahre nach Patenterteilung erreicht das Unternehmen mit dem Produkt seine volle Markt-Nutzung.
- Vier Jahre später erscheinen die ersten Generika auf dem Markt und der Preisverfall beginnt.

Die Supply Chain-Optimierung mit überlagertem Reengineering:

- Nach ca. 13 Jahren Forschung und Entwicklungsarbeit erreicht ein neues Medikament den Markt.

- Die Marketingaussagen sind wenig präzise.

- Der Durchlauf von Bestellung bis Marktbelieferung benötigt weniger als ein halbes Jahr, solange keine Kapazitätsanpassungen nötig sind.

- Der Bedarf entwickelt sich im ersten Jahr sehr erfreulich. Die Prognosen für den Marktbedarf werden um den Faktor 2 nach oben gesetzt.

- Das Unternehmen benötigt nun ca. ein Jahr, um in der gesamten Pipeline die Produktion zu erweitern.

- Ca. 14 Jahre nach Patenterteilung erreicht das Unternehmen mit dem Produkt seine volle Markt-Nutzung.

- Mehr als fünf Jahre später erscheinen die ersten Generika auf dem Markt und der Preisverfall beginnt.

- Das Unternehmen ist bestens auf den Preisverfall vorbereitet.

- Bei abnehmenden Bedarf wird die Produktion schrittweise zurückgebaut.

Beschaffung

Die Supply Chain des neuen Pharmaunternehmens umfaßt wie bereits in Kapitel 6 angedeutet deutlich mehr Komponenten, die dafür aber flexibler, schneller und planbarer werden. Wir sehen eine große Chance in dieser verbesserten Planbarkeit. Beim chemischen Herstellprozeß würden jede Woche die gleichen chemischen Stufen produziert. Dazu wird von einem Rohstofflieferanten jede Woche die gleiche Menge an Rohstoffen bezogen. Bei einigen Rohstoffen, die nur von einem Hersteller weltweit produziert werden, besteht das Problem, daß diese Rohstoffe nicht im wöchentlichen Rhythmus geliefert werden können. In diesem Fall wird man auch weiterhin eine Teilmenge als Bestand lagern, um das Fortlaufen der Produktion sicherzustellen. Bei den chemischen Umsetzungen werden etwa gleiche Mengen an Säuren/Basen, Spül-/Lösemittel etc. benötigt. Diese könnten in analoger Weise direkt von einem Supply-Partner nachgeliefert werden. In der pharmazeutischen Produktion haben wir in analoger Weise gleiche Mengen an Hilfsstoffen, Verpackungsmaterialien, Puffern etc. Vorbild für diese Überlegungen ist wieder die Automobilindustrie. Die Supply Chain hat in der Pharmaindustrie den deutlichen Vorteil der besseren Planbarkeit, da Tabletten nicht mal rot, mal blau und für den nächsten Kunden grün sein sollen.

Lean Production

An dieser Stelle möchten wir das Thema Outsourcing noch einmal aufnehmen. Wir haben bereits erwähnt, daß die Automobilindustrie oder die Elektronikindustrie Outsourcing nicht mehr nur als Weg zur Kostensenkung sieht, sondern immer stärker als strategisches Element der Ausrichtung des Unternehmens. Der Markenträger investiert sein Geld in Entwicklung und Vertrieb des Produktes und ein anderer Partner in einer Supply Chain hat die Produktionskompetenz. In der Pharmaindustrie gibt es nun einerseits ein stringentes Supply Chain-Konzept und andererseits können die „Economics of Scale" auch außerhalb des eigenen Unternehmens genutzt werden. Das war bisher nicht möglich, da bis auf wenige Standardoperationen jedes Unternehmen eine spezielle Produktionsphilosophie verfolgt hat. In der Automobil- und Elektronikindustrie sind die Konzepte der einzelnen Unternehmen trotz aller Unterschiede sehr viel ähnlicher.

Wir sind der Ansicht, daß die Perspektive, die sich durch eine neue Supply Chain und das hier vorgestellte Produktionskonzept ergibt, Anlaß zu einer großen Zahl neuer Möglichkeiten bieten wird. Wir sehen mit unserem Konzept auch die Chance, daß sich in der Pharmaindustrie Produktionsexperten bilden werden, ähnlich wie dies Flextronics, Celestica und Solectron in der Elektronikindustrie sind. Der Schwerpunkt für das Pharmaunternehmen bliebe dann die Forschung und Entwicklung. Der Transfer ließe sich in diesem Fall auch dadurch deutlich vereinfachen, daß z. B. die Validierungsbatches am Ende der Entwicklung bereits in der modularen Fabrik des Produktionspartners in der Supply Chain hergestellt würden. Das Pharmaunternehmen selbst würde nur noch über ein hochstandardisiertes Technikum und ein Glasrührwerkslabor verfügen. Die Verwendung von dedicated Equipment mit einem standardisierten Ansatz würde die notwendige Transparenz für eine langfristige Vertragsbasis schaffen.

Ein anderer interessanter Punkt ergibt sich auch für solche Länder, in denen eine Produktion im eigenen Land die Voraussetzung für die Marktzulassung darstellt. Die starke Standardisierung und Reduktion der Fertigungstiefe ermöglicht zum Beispiel, durch das Zusammenlegen der Endfertigung und durch Verpackung von Pharmaproduktionen mehrerer Unternehmen zu einer effizienten Produktion zu gelangen.

Schnittstelle Pharmazie/Chemie

An der Schnittstelle zwischen Pharmazie und Chemie wird sich eine neue Zusammenarbeit ergeben. In der „alten" Welt war diese Schnittstelle durch einen Vermahlungs- und Mikronisierungsprozeß charakterisiert, der dazu diente, den Wirkstoff in die immer gleiche Form zu bringen, damit dieser von der pharmazeutischen Produktion verwendet werden konnte. In der neuen Welt wird durch die quasi-kontinuierliche Produktion in der Chemie immer die gleiche Wirkstoffqualität hergestellt. Wenn man durch eine quasi-kontinuierliche Kristallisation an dieser Schnittstelle sicherstellt, daß die Kristallform und Größe ebenfalls immer gleich sind, kann an dieser Schnittstelle der oben beschriebene Mikronisierungsprozeß und damit ein Produktionsschritt eingespart werden. Viel wichtiger als das Einsparen eines Produktionsschrittes ist jedoch, daß die Schnittstelle zwischen chemischer und pharmazeutischer Produktion wegfallen kann. In einer „neuen Produktionswelt" macht ein produktbezogener Betrieb, der sowohl einen kleinen Anteil Chemieproduktion als auch die pharmazeutische Endfertigung ausführt, sehr viel Sinn.

Schnittstelle zum Markt

Ein weiteres wichtiges Thema stellt die Produktdifferenzierung für den Markt dar. Wir haben bereits weiter oben erwähnt, daß man sich vorstellen kann, aus einer Verwägung mit einem definierten Mischungsverhältnis eines Wirkstoffes und seiner Hilfsstoffe drei unterschiedliche Tablettengrößen mit jeweils unterschiedlicher Absolutmenge des Wirkstoffes herzustellen. Somit entstehen mit einer Formulierung drei unterschiedliche absolute Wirkstoffmengen für z. B. einen leichten, einen mittelschweren und einen Patienten mit hohem Körpergewicht. Die Verpackung kann man sich ebenfalls in einem standardisierten Blister vorstellen. Zudem kann man bereits heute z. B. in der Schweiz eine Packungsbeschriftung und eine Packungsbeilage in drei Sprachen verwenden. Es sind damit in einer Anlage drei verschiedene Produkte vorstellbar. Die Analytik der Eingruppierung zu einer Klasse ist realisierbar. Eine Verwechselung mit einem anderen Produkt ist dadurch ausgeschlossen, daß das Produkt dieses eine Gebäude nur komplett fertig verläßt. Eine Produktdifferenzierung sehr nah am Kunden, z. B. durch den Aufdruck des Namens, könnte man sich vorstellen.

14.2 Fertigung auf Bestellung – ein Blick in die Zukunft

Nach der ausführlichen Diskussion der unterschiedlichen Facetten unseres neuen Konzeptes möchten wir erneut die Frage stellen, ob eine Fertigung auf Bestellung tatsächlich möglich wäre. Dazu wollen wir den optimalen Fall annehmen, daß bereits alle Einzelpunkte erfolgreich umgesetzt sind und wir ein neues Produkt im Jahre 2015 auf den Markt bringen.

Bis hierher haben wir gedanklich die Trennung zwischen Pharmazie und Chemie aufrecht erhalten. Damit ergab sich die Stufe der Wirkstoffverarbeitung als Lager- bzw. Pufferstufe. In der Welt einer Fertigung auf Bestellung wollen wir diesen Gedanken aufgeben und als Puffer- bzw. Lagerstufe die Einsatzstufe des Pharmaherstellers betrachten. Bei einer kontinuierlichen Produktion wird sich die Lagermenge ähnlich wie in der Automobilindustrie auf den Bedarf weniger Tage reduzieren lassen.

Wir haben dazu ein Produkt entwickelt, dessen Wirkstoff in einer 15 stufigen Synthese entsteht. Die vorletzte Stufe ist als API- (= Active Pharmaceutical Ingredient) Starting Material mit der FDA abgesprochen. Die Inspektion dieser Synthese ist erfolgreich durchgeführt. Unser Syntheseverfahren ist gut durchoptimiert und an jeden Pharmaproduktionsstandort der Welt übertragbar. Direkt neben unserem Produktionsstandort hat die inzwischen entstandene Lohnfertigungs-Firma „Pharma-Chemical-Producers (PCP)" ein Werk gebaut. Die PCP ist ein Gigant mit weltweit 40 Produktionsstandorten mit vielen Modulen, die bei Bedarf erweitert werden können. PCP erhält von uns den Auftrag, zunächst 100 kg der Stufe 13 unserer Synthese pro Woche in einem Modul zu fertigen. PCP hat uns allerdings versichert, daß man problemlos auch zwei weitere Module für unser Produkt an diesem Standort in Betrieb nehmen kann und weitere an anderen Standorten.

Die Chemiesynthese der letzten beiden bei uns durchgeführten chemischen Stufen dauert höchstens 8 Tage. Wir hoffen, die beiden Stufen mit ein wenig Routine bereits ein halbes Jahr nach Markteinführung in weniger als einer Woche fertigen zu können. Bei diesen Zeiten haben wir eine Reserve von 100% einkalkuliert, um bei Geräteausfällen auf jeden Fall lieferfähig zu sein. Wir gehen davon aus, daß die reale durchschnittliche Arbeitszeit für 2 chemische Stufen sich bei ca. 3 Tagen einpendeln wird. Unser Modul ist komplett in Reinraumtechnik ausgelegt. Da wir die Endstufentrocknung als Sprühtrocknung ausgelegt haben, kann eine Mikronisierung entfallen. Auf der Stufe des Wirkstoffes wird eine analytische Freigabe vorgenommen. Dazu haben wir 2 Tage Laufzeit eingeplant. Wir glauben, diese Zeit auf ca. 1 Tag reduzieren zu können. Alle anderen Prüfungen finden online im Prozeß statt. Die dazu nötigen Kalibriermodelle sind von der Entwicklung geliefert worden. Das freigegebene Material wird dann direkt im gleichen Modul mit den Hilfsstoffen vermengt, granuliert und in einer kontinuierlichen Anlage zu Tabletten verpreßt. Nach der Tablettierung wird ein Teil in versiegelten Containern an andere Standorte verschickt, da wir in einigen Ländern der Welt die

Endverpackung vor Ort durchführen. Der weitaus größte Teil geht jedoch direkt an die Verpackungslinie, die wir an diesem Standort betreiben. Da der Standardisierungsgrad auch hier sehr hoch ist, erreichen wir von der Granulierung bis zur Verpackung eine Durchlaufzeit von derzeit 10 Tagen. Eine Optimierung macht hier keinen weiteren Sinn mehr, da es bisher nicht gelungen ist, die mikrobiologische Freigabe noch schneller durchzuführen. Die Durchlaufzeit von derzeit 20 Tagen erlaubt uns, bei vielen Kunden direkt auf Bestellung zu liefern. Unsere Fertigungstiefe beträgt noch ca. 15%. Auch wenn wir damit noch nicht am Ziel der Wünsche sind, denken wir doch, einen deutlichen Schritt in die richtige Richtung getan zu haben (Abbildung 14.1).

Wenn es gelingt, die mikrobiologische Prüfung auch noch auf ein Verfahren umzustellen, das laut Literatur innerhalb einer Stunde ein Ergebnis liefern soll, können wir das Produkt, wenn es dann im Jahre 2020 in der Mitte des Lebenszyklus steht, hoffentlich in weniger als 14 Tagen fertigen.

Die Produktionsstandorte haben sich drastisch verändert und erinnern an die Chemieparks, wie sie bereits in den späten neunziger Jahren entstanden sind. Das Werksgelände hat einen offenen Bereich, in dem sich eine Reihe von Zulieferern niedergelassen haben. Dazu gehören die bereits erwähnten Hersteller von

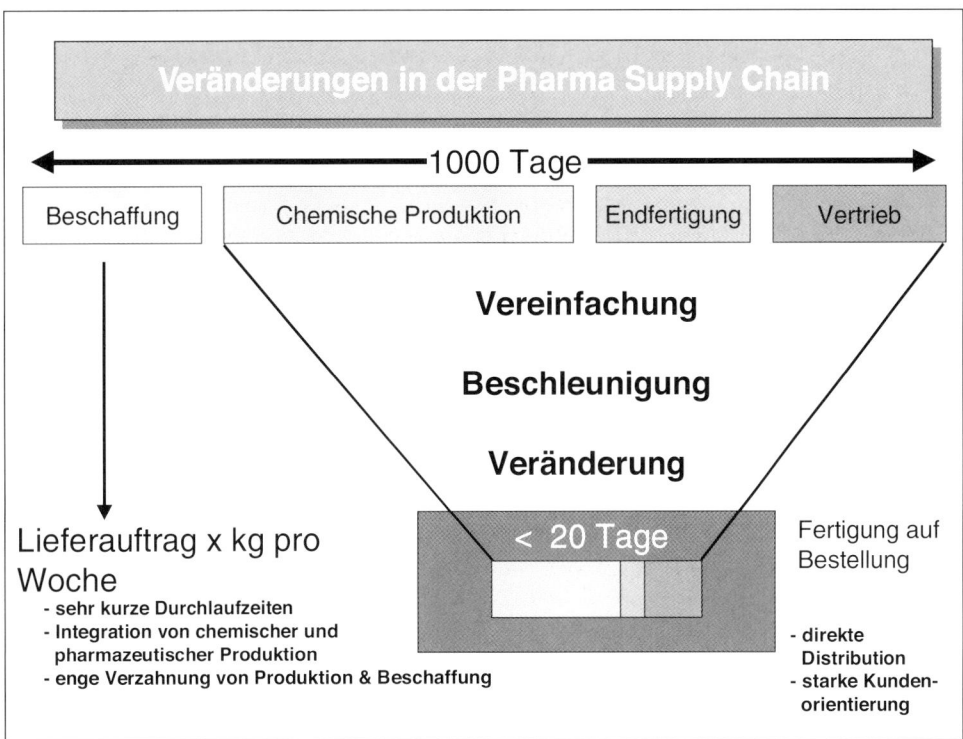

Abbildung 14.1 Neue und alte Supply Chain im Vergleich.

Lösungen, aber auch der Zulieferer der Endverpackungen hat eine Produktionshalle hier am Standort, in der er neben Pappschachteln auch Alufolie bedruckt und Blister herstellt. Der Chemieteil, in dem der Lohnfertiger PCP die Vorstufen herstellt, findet sich am Ende des Werksgeländes, damit genügend Platz für Erweiterungen besteht. Der Werksteil, in dem der Wirkstoff schließlich hergestellt, formuliert, verpackt und verschickt wird, ist im Vergleich zu früheren Bildern des Geländes relativ kompakt. Wichtig erschien uns, diese Betriebe möglichst leicht zugänglich zu halten, da die Produkte für den regionalen Bedarf direkt von hier aus ohne den Umweg über große Logistikzentren verschickt werden und somit ein deutliches Verkehrsaufkommen herrscht.

Festzuhalten bleibt, daß dieses Ziel ausschließlich nach dem „Paternoster"-Prinzip erreichbar ist. Die Effizienz erreicht man durch den kontinuierlich arbeitenden Prozeß, wohingegen Flexibilität dadurch gewährleistet wird, daß wir ein System für den sehr schnellen, einfachen und kostengünstigen Bau von Paternostern beschrieben haben.

15 Zusammenfassung und Schlußfolgerungen

15.1 Bedeutung für Entwicklungs- und Produktionsprozesse anderer Industrien

Forschung, Entwicklung und Produktion sind in vielen Branchen getrennt. Häufig sieht man eine Trennung von F&E auf der einen Seite und Produktion auf der anderen Seite. Dies führt nach unserem Verständnis dazu, daß die Lernkurve erst in der Produktion ansetzt und man erst dort anfängt, die realen Produktionskosten zu optimieren. Bei relativ einfachen Prozessen wie der Waschmittelformulierung geht man bereits ganz deutlich den Weg, die Anlagen zu standardisieren und dadurch bereits bei der Herstellung der Test-Batches mit der Lernkurve für die Produktion zu beginnen. Wir haben versucht zu zeigen, wie man diesen Prozeß-Ansatz bereits konsequent an der Schnittstelle Forschung und Entwicklung bei einem höchst komplexen Produkt einsetzen kann.

Dabei ergeben sich generelle Vorteile, von denen unserer Ansicht nach auch andere Branchen profitieren könnten.

Als Vorteile möchten wir nennen:

- Die Standardisierung von Equipment hilft in allen Branchen, Kosten zu sparen.

- Die Zunahme an Kostentransparenz in Entwicklung und Produktion durch einen stärker standardisierten Ansatz in Produktion und Entwicklung hilft, Entwicklungskosten besser den Produkten zuzuordnen und damit früher und besser Fehlentwicklungen zu vermeiden.

- Der Transfer des Beginns einer Lernkurve von der Produktion in die Entwicklung und die stärkere Ausrichtung der Entwicklung an der Produktion ist unserer Ansicht nach eine generell wichtige Aussage für viele Industriebranchen mindestens in Deutschland. Wir sind der Ansicht, daß zumindest dieser Punkt in fast allen industriellen Branchen in Deutschland zu einem deutlichen Zuwachs an Flexibilität führen kann und den Unternehmen damit helfen kann, eine bessere Anpassung an die Bedürfnisse des Marktes zu erreichen.

Bei unseren Überlegungen zu einer effizienten Prozeßkette haben wir uns zunächst vom Fließband der Automobilindustrie leiten lassen. Sehr bald jedoch haben wir den Eindruck gewonnen, daß die typischerweise in der Automobilindustrie vorkommende „Push-Produktion" (mit Ausnahme von BMW, als dem einzigen Automobilhersteller, der vollständig auf Kundenauftrag hin produziert!) den Kontakt zum Markt völlig verloren hat. Die Lagerstufe im Prozeß der Automobilproduktion ist häufig das fertige Produkt. Hier ist keinerlei Anpassung an die Bedürfnisse des Marktes mehr möglich. Zudem findet selbst dann, wenn man das Produkt mit den Herstellkosten positiv bewertet, eine enorme Kapitalvernichtung statt, wenn man wie im Fall von Rover Autos produziert und die fabrikneuen Fahrzeuge solange auf ausgemusterten Flugplätzen „vor sich hin rosten" läßt, bis man den Wert des Produktes auf Null setzen muß. Beim Pharmaprozeß haben wir überlegt, inwieweit die Bulkformulierung als Lagerstufe dienen kann. Wir haben uns aus Stabilitätsgründen gegen diese Stufe entschieden.

Die Waschmittelformulierung hat uns in Bezug auf Kosteneffizienz und Flexibilität „verblüfft". Zum Teil wird diese Effizienz durch die etwas weiteren Spezifikationen in der Waschmittelproduktion begünstigt. Mit einem Konzept auf der Basis eines dedicated Equipment-Konzepts ließen sich viel engere Spezifikationen erreichen. Es stellt sich für uns die Frage, ob es nicht auch einen Markt für hochreine Waschmittel mit sehr engen Spezifikationen gibt. Das analoge Beispiel sind die „Wegwerf-Kontaktlinsen". Durch sehr enge Spezifikationen ist es hier möglich geworden, dem Kunden zu garantieren, daß er ohne einen weiteren Besuch beim Arzt neue Kontaktlinsen verwenden kann. Damit entstand ein neuer und lukrativer Markt.

Wir haben bereits mehrfach darauf hingewiesen, daß wir in der Zukunft vor allem ein erhebliches Maß an Unsicherheit beim zu erwartenden Marktbedarf sehen.

Zum Allgemeingut gehört inzwischen auch die Erkenntnis, daß unser Wohlstand in der Zukunft nur durch neue innovative Produkte gesichert werden kann.

Als Konsequenz ergibt sich, daß man Produktinnovationen mit einem flexibel erweiterbaren Produktionskonzept einführen muß, damit man bei erfreulicher Marktentwicklung schnell eine hohe Marktausnutzung erreichen kann.

Wir sehen zumindest die deutsche Industrie auf den Umgang mit der Unsicherheit beim erwarteten Absatzes eines innovativen Produktes schlecht vorbereitet.

Neue Produkte und Prozesse basieren in vielen Branchen inkl. der Pharmabranche zu einem erheblichen Maß auf Innovationen in technologischen Gebieten. Bei der Entwicklung unseres Konzeptes haben wir jedoch gesehen, daß Technologien und die Naturwissenschaften vielmehr das Mittel zum Zweck der erfolgreichen Produkt-Innovation am Markt sein müssen. Wir sehen daher die größere Chance in der Kombination der Optimierung von Geschäftsprozessen und dem Einsatz der geeigneten Technologien und Naturwissenschaften.

Bei der Betrachtung des Problems und dem Aufbau dieses Buches haben wir gesehen, daß in der Regel die Diskussion auf zwei Ebenen stattfindet:

- Management-Ebene (dominiert von Unternehmensberatern) und
- Technik-/Naturwissenschaft-Ebene.

Diese beiden Ebenen müssen jedoch keine Gegensätze darstellen, sondern können sich in idealer Weise ergänzen. Das Management-Konzept ist zunächst Voraussetzung für unsere Überlegungen gewesen (Kapitel 1–5). Wir haben uns dann nach einer Vision (Kapitel 6) auf die Ebene von Technik und Naturwissenschaft begeben, um mit Kapitel 14 auf die Management-Ebene zurückzukehren. Dieser Prozeß des Zusammenwirkens der beiden Ebenen ist unserer Ansicht nach für die Wettbewerbsfähigkeit der deutschen Wirtschaft noch stärker notwendig. Die Realität scheint jedoch häufig im „Entweder – oder" zu bestehen.

Ein grundsätzliches Dilemma ergibt sich aus dieser Betrachtung für neugegründete Unternehmen mit innovativen Produkten. Diese Unternehmen werden ja in aller Regel von den technik-orientierten „Genies" gegründet. Selbst wenn die Idee gut ist, wird man genau in das Dilemma kommen, daß die Techniker zu lange in der Entwicklung brauchen, und erst bei der Produktion mit einer Lernkurve beginnen und nicht schnell genug den Markt beliefern können. Wenn das Produkt weniger genial ist, wird das Problem sogar deutlich problematischer, da die etablierte Konkurrenz den Vorsprung des Innovators umso schneller einholen kann. Wir sind der Ansicht, daß das schnelle Auf und Ab der Börsen am Neuen Markt auch etwas mit dieser fehlenden Kunden- und Produktionsorientierung in der Wirtschaft zu tun hat. Ein besonderes deutsches Problem scheint es zu sein, daß wir immer eine große Zahl an neuen Patenten hatten, aber darauf aufbauend im Vergleich mit anderen Nationen nur eine relativ geringe Ausbeute an neuen Produkten vorweisen konnten. Es erscheint daher umso wichtiger, daß gerade junge Gründerunternehmen bereits in einer sehr frühen Phase ihrer Produktinnovation die Frage nach dem Markt stellen und ein Geschäftsmodell erstellen, das die Entwicklung bereits mit einer Lernkurve ausstattet und damit eine Vorbereitung auf eine „unsichere" Markterwartung leistet.

15.2 Bedeutung für die Pharmaindustrie

Wir haben versucht, das Dilemma der Pharmaindustrie aus verschiedenen Perspektiven zu beleuchten und nachvollziehbar darzustellen. Die Schwächen, die schon bei der isolierten Betrachtung der Pharmaindustrie sichtbar werden, verstärken sich, wenn man einen Vergleich mit anderen Branchen vornimmt.

Aus den Ergebnissen des Vergleichs haben wir eine Vision für Entwicklung, Produktion und Vertrieb in der Pharmaindustrie entwickelt. Mit einer Betrachtung der technologischen Möglichkeiten ist daraus ein Lösungskonzept für das Dilemma der Pharmaindustrie geworden. Bei detaillierterer Betrachtung stellt man fest, daß neben Technologien auch die Management-Konzepte angepaßt werden müssen. Es war unser Ziel, anhand von möglichst pharmatypischen Beispielen das Konzept zu überprüfen und zu verifizieren.

Schließlich haben wir im letzten Teil des Buches gesehen, daß die hier vorgestellte Gesamtbetrachtung auch bei anderen Industrien Veränderungsbedarf aufzeigt.

Als Schlußbemerkungen sollen einige wenige besonders wichtig erscheinende Punkte zusammengestellt werden.

Business Reengineering plus Einsatz moderner Technologien

Wie verschiedentlich gezeigt wurde, werden häufig mit 20% des Aufwandes 80% des Ertrages erwirtschaftet [z. B. *Koch* 1998]. Die Pharmaindustrie hat sich in der Vergangenheit oft als ethische Industrie verstanden und versucht, diese 20% des Aufwandes bei der Entdeckung neuer Wirkstoffe einzusetzen. Diese Innovationsorientierung wird auch heute immer wieder beschworen. Mit Glaxo ist jedoch bereits in den 1980er Jahren [*Lynn* 1993] ein Unternehmen am Markt mit einem Me-too-Produkt aufgestiegen und hat damals schon gezeigt, daß die wirklichen Hebel zum wirtschaftlichen Erfolg nicht ausschließlich in der Forschung liegen. Derzeit scheinen nahezu alle Unternehmen von den Zauberworten wie „Innovation" oder „New Economy" in den Bann gezogen zu sein. Eine Ausnahme macht hier der BASF-Vorstandsvorsitzende J. Strube, der zwischen Old und New Economy eine „Classical Economy" definiert hat. Unserer Ansicht nach ist dieser dritte Terminus notwendig, da es sehr wohl innovative Branchen geben kann, in denen trotzdem etwas produziert werden muß. Im positiven Sinne sind die meisten Pharmaunternehmen somit Mitglieder der Classical Economy und sollten daher auch mit dem gleichen Selbstbewußtsein wie J. Strube zu ihrer Produktion stehen und diese an die Bedürfnisse der heutigen Zeit anpassen.

Zielmatrix der Pharmaindustrie in Entwicklung und Produktion			
	Klassisch	**Aktuell**	**Pharma Supply Chain**
Leitmotiv	Forschungs-orientierung	Forschung und schneller Zugang zum Markt	Ganzheitlicher Ansatz
Technischer Fokus	Schrittweise, trouble shooting	Wissenschaftlicher Ansatz	Reduzierung von Komplexität
Kunde	Produktion	Produktion, R&D	Patient
Kernkompetenzen	Prozeßtechnik, aktuelle Fertigungs-kompetenzen	Prozeßwissen-schaft	Management des Scale up-Prozesses versus replizieren
Lernkurve	In der Produktion	In Produktion und Entwicklung	In der Entwicklung

Abbildung 15.1 Zielmatrix für Entwicklung und Produktion in der Pharmaindustrie. Veränderungen seit den 1960er Jahren in Anlehnung an G. P. Pisano.

In Anlehnung an eine Studie zur Development Factory in den 1990er Jahren [*Pisano* 1997] möchten wir die wesentlichen Punkte des Ansatzes des vorigen Jahrhunderts, des von Pisano beschriebenen aktuellen Ansatzes und unseres zukünftigen Ansatzes zusammenfassen (Abbildung 15.1).

Schließlich gilt der folgende Satz auch für die Pharmaindustrie [*Hammer, Champy* 1996]:

> *„Wenn ich dieses Unternehmen heute mit meinem jetzigen Wissen und beim gegenwärtigen Stand der Technik neu gründen müßte, wie würde es dann aussehen?"*

Wir sind davon überzeugt, daß sich die Pharmaindustrie in die aufgezeigte Richtung verändern wird und wir zu dem in Abbildung 15.2 dargestellten Bild der Supply Chain kommen werden.

Ausblick

Das Pharmaunternehmen der Zukunft würde mit unserem jetzigen Wissen völlig anders aussehen. Natürlich gilt auch, daß gerade in einer Zeit des Umbruchs niemand sagen kann, was kommen wird, sondern nur, was vielleicht geschehen könnte [*von Mutius* 2000].

Es kann jedoch ein Plausibilitätsansatz versucht werden.

Es konnte nachgewiesen werden, daß das benötigte Wissen für einen grundlegenden Wandel der Pharmaindustrie vorhanden ist. Bei der Betrachtung der aktuellen Trends stellt man jedoch fest, daß diese Technologien kaum Beachtung finden. Stattdessen betreiben quasi alle Unternehmen in der Branche einen Innovationswettlauf. Da die Liquidität in der Pharmabranche hoch ist und die Gewinnerwartungen für den Sieger eines Innovationswettlaufes sehr viel höher erscheinen als die hier vorgestellten Gewinne einer systematischen Produktionsorientierung, ist kurzfristig kein generelles Umdenken zu erwarten. Dies ist umso erstaunlicher, als die Topmanager der meisten Unternehmen zustimmen werden, daß die Chancen der Zukunft nicht mit einem „Mehr desselben", sondern nur durch einen „grundlegenden Perspektivwechsel" genutzt werden können.

Ein Hinderungsgrund für das Topmanagement könnte die zunehmende Transparenz von Entwicklung und Produktion auch für externe Beobachter, z. B. Aktienanalysten, sein. Daß diese derzeit nicht immer völlig verstehen, wie das Pharmageschäft funktioniert, läßt sich häufig an der Reaktion der Börsenkurse auf die Signale aus den Unternehmen ablesen [*Manager Magazin* 8/2001].

Das Beispiel der Entwicklung von Glaxo von einem eher kleinen Pharmaunternehmen zu einem der „Big Players" gehört unserer Meinung nach auch in diese Abschlußbetrachtung, da wir glauben, damit zeigen zu können, was passiert, wenn ein Mitspieler im Markt die Chancen zu grundlegenden Veränderungen wahrnimmt.

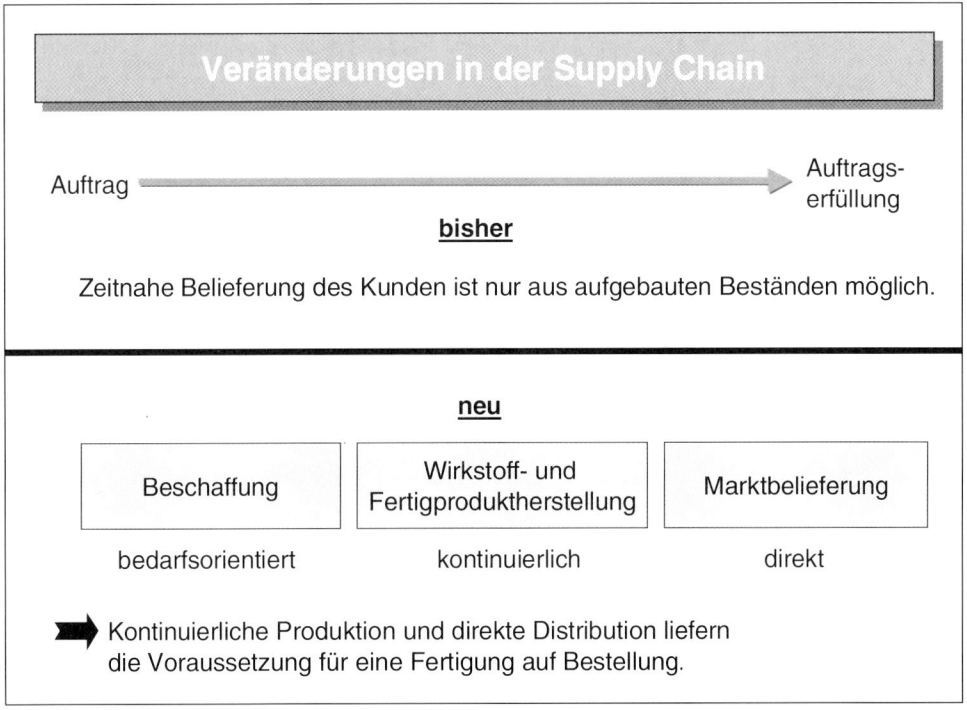

Abbildung 15.2 Vergleich von neuem und altem Prozeß aus Marktsicht.

Glaxo hat in den 1980er Jahren mit einem Me-too-Präparat in einer auch damals bereits innovationsorientierten Branche die Spielregeln des Marketings geändert und ist von einem Absteiger zu einem der Größten geworden. Es ist daher aufgrund der hohen Liquidität in der Branche zu erwarten, daß ein Unternehmen, das beim Innovationswettlauf in einen deutlichen Verzug gerät, die hier vorgestellte „Karte spielt" und damit die „Spielregeln" der Branche in den Bereichen Entwicklung, Produktion und Vertrieb ähnlich wie seinerzeit Glaxo im Marketing verändert. Dieses Unternehmen würde damit versuchen, nicht mehr nur durch Innovationen erfolgreich zu sein, sondern aus jeder erfolgreichen Innovation das Optimum für sich zu erreichen. In Abbildung 15.3 wird dargestellt, wie sich die Position eines solchen Unternehmens relativ zu den Generika-Herstellern verändern könnte, wenn es die Kostenführerschaft für das Indikationsgebiet erreicht, auf dem es auch die Innovationsführerschaft anstrebt. In der Abbildung sehen wir die derzeitige Kostenkurve, die Kostenkurve unseres neuen Prozesses und die Preise der Generika-Hersteller schematisch dargestellt.

Sobald diese Konzepte durch das erste Unternehmen aufgegriffen werden, sind alle anderen Unternehmen entsprechend den Mechanismen der globalen Märkte dazu gezwungen, auf den Zug aufzuspringen.

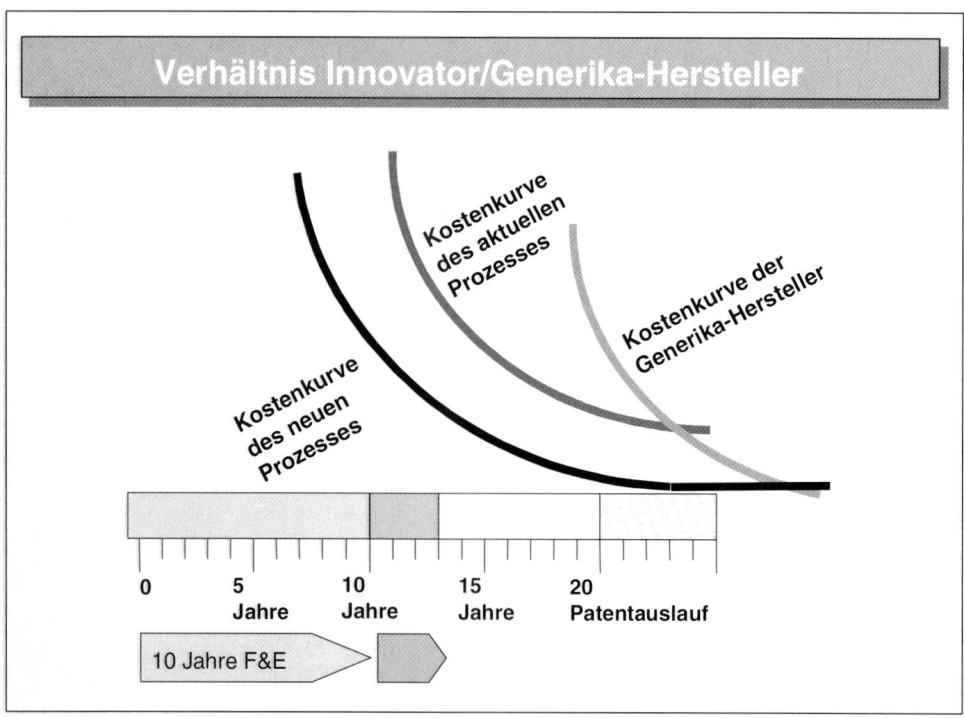

Abbildung 15.3 Ergebnis der neuen Supply Chain.

Einen ganz wesentlichen Punkt sehen wir darin, daß der Original-Hersteller seine Lernphase verlängert und konsequent nutzt und damit bestens gerüstet ist, den Marktanteil seiner wichtigen Produkte auch gegen den Angriff der Generika-Hersteller nach Patentablauf verteidigen zu können. Wir gehen davon aus, daß das Geschäft für die Generika-Hersteller so teuer wird, daß sich diese im Zweifelsfall lieber nicht auf einen „Kampf" mit dem Erfinder des Produktes einlassen werden.

Neben der Betrachtung von Entwicklungszeit und Kostenaspekten haben wir uns mit der Fähigkeit zur Marktversorgung durch Erhöhung der Flexibilität beim Ausbau von Produktionskapazitäten beschäftigt. Wir haben versucht zu zeigen, daß es auch möglich ist, eine Supply Chain zu konzipieren, die vollständig auf den Kunden ausgerichtet ist und immer nur soviel Kapital bindet, wie es für die Belieferung des Kunden notwendig ist.

Für die Qualität des Produktes bedeutet die Veränderung des Prozesses, daß die Qualität besser beschrieben werden kann, da die Chance zu einer bewußteren Spezifikationsfestsetzung besteht. Es besteht zudem ein klarer Schnitt, der voraussichtlich zu einer einheitlicheren Qualität für das Endprodukt führt.

Unser Ansatz war die Ausrichtung auf den Kunden bei gleichzeitig deutlicher erhöhter Wettbewerbsfähigkeit für die Herausforderungen der Zukunft.

Als wesentliche Veränderungen für das Umfeld der Pharmaindustrie sehen wir

- das Entstehen einer Zulieferindustrie für die Chemieproduktion, die analog zum Automobilbau den größten Teil der Produktion übernimmt,
- ein deutlich größerer Anteil der Chemieproduktion wird von Zulieferern im Rahmen fester Abnahmeverträge durchgeführt,
- eine neue Art des Anlagenbaus, der kurzfristig Standardanlagen betriebsbereit erstellen kann,
- eine neue Vertriebslogistik, bei der Arzt, Apotheker, Pharmagroßhandel und Pharmahersteller sich neu und stärker auf den Kunden fokussiert orientieren werden.

Die Kostensenkungspotentiale in der Produktion lassen sich unseres Erachtens am besten in den hochentwickelten Ländern realisieren, da dort bereits das benötigte hohe Niveau an Logistik, Infrastruktur, Zulieferern und Anlagenbauern vorhanden ist.

Danksagung

Wie viele Kollegen in anderen Großunternehmen haben auch wir – jeder für sich in seinem Verantwortungsbereich – versucht, uns mit den Herausforderungen der Zukunft zu beschäftigen. Ebenfalls typisch für Großunternehmen ist, daß wir uns bei gelegentlichen „Mittagessenbesprechungen" über unsere Schwierigkeiten und das Fehlen eines Gesamtkonzeptes unterhalten haben. Als wir uns dann entschlossen, dieses Gesamtkonzept selbst zu erstellen, war uns bewußt, daß dies unzählige Gespräche mit Kollegen innerhalb und außerhalb des Unternehmens zur Folge haben würde.

Es sollten viel mehr als ursprünglich vermutet werden, und die vielen Kollegen, mit denen wir gesprochen haben, sollten einen viel größeren Anteil an unserem Werk bekommen, als das anfangs abzusehen war.

Für uns bleibt an dieser Stelle nur, Dank zu sagen, und wir möchten einer Reihe von Kollegen, die uns in ganz unterschiedlicher Weise unterstützt haben, hier auch namentlich danken:

Dr. T. Einig, BASF AG, Ludwigshafen, **Herr T. Göckel**, Schering AG, **Dr. K. Graske**, Schering AG, **Frau A. Grosskopff**, Schering AG, **Dr. S. Halldorn**, Deutscher Bundestag, **Dr. W. Haumesser**, Schering AG, **Dr. G. Hildebrand**, Schering AG, **Dr. S. Hülsmann**, Schering AG, **Herr H.-S. Kalinowski**, Schering AG, **Dr. E. Merten**, Schering AG, **Dr. J. Platzek**, Schering AG, **Dr. U. Tilstam**, Schering AG, **Dr. H. Weber**, Henkel, Düsseldorf, **Dr. P. Wegner**, Schering AG, **Dr. J. Werani**, Pfizer/Gödecke, Freiburg, **Frau A. Wiebecke**, Forschungszentrum Jülich, **Dr. E. Winter**, Boehringer-Ingelheim, Ingelheim, **Dr. J. Witzke**, Pfizer/Gödecke, Freiburg.

Ganz besonders danken möchten wir **Herrn Dr. J. Werani** (Pfizer/Gödecke) und **Herrn V. Schramm** (ECV · Editio Cantor Verlag). Herr Werani hat uns mit seinen Stellungnahmen zu unserem Rohmanuskript, den persönlichen Diskussionen und der Vorstellung seiner eigenen Arbeiten im Bereich der pharmazeutischen Entwicklung sowohl ideell als auch ganz praktisch unterstützt. Ohne diese Unterstützung hätten wir zweifellos sehr viel länger für die Fertigstellung des Buches benötigt. Herrn Schramm sind wir zu Dank verpflichtet, weil er der „Idee", die anfangs nur in unseren Köpfen existierte, eine Chance gegeben hat. Ohne ihn hätten wir nie den Mut gefunden, aus der Idee ein Buch zu machen. Für die hervorragende Betreuung des Werkes im Verlag während der Produktionsphase möchten wir **Herrn E. Grundhoff** herzlich danken.

Last but not least möchten wir uns hiermit auch besonders bei all denjenigen Kollegen bedanken, die anfänglich unserer Arbeit eher kritisch gegenüberstanden. Gerade die kritische Auseinandersetzung hat uns geholfen, unsere Argumente immer wieder besser auf den Punkt zu bringen. Wir können diesen Kollegen nur zustimmen, möchten das indessen mit den Worten von Albert Einstein tun:

> *Alles was erfolgreich ist, ist einfach. Alles was einfach ist, ist anfangs schwierig, denn der Mensch hat selten gelernt, einfach zu denken und zu handeln.*

Allen, die wir hier vergessen haben sollten, gilt trotzdem unser herzlichster Dank für die vielen ergänzenden Ideen, die das Gesamtwerk in der vorliegenden Form erst möglich gemacht haben.

Die Autoren

Dr. Christian L. J. Ewers
Chemiker, Uni Würzburg, 1992–1999 in der chemischen Entwicklung der Schering AG, Juli 1999 – März 2001 Assistent des Vorstandes für Produktion und Personal, April 2001–November 2001 Assistent des Vorstandsvorsitzenden. Seit Dezember 2001 Leiter des Wirkstoffproduktionsbetriebs B der Schering AG.

Dr. Stephan Küppers
Chemiker, RWTH Aachen, post-Doc bei Hewlett Packard, USA, 1992–2000 in der In-Prozeß-Analytik und ab 2001 in der Verfahrenstechnik bei Schering tätig. Seit November 2001 Leiter der Zentralabteilung für Chemische Analysen des Forschungszentrums Jülich.

Dr. Hilmar Weinmann
Chemiker, Uni Tübingen und Hannover, seit 1995 in der chemischen Entwicklung der Schering AG tätig. Seit Dezember 2000 Leiter der Gruppe Automatisierte Prozeßoptimierung.

Literatur

A. Almuaibed, Microscale on-line production and determination of maleic acid, Analytica Chimica Acta 428 (2001), 1-6.

N. G. Anderson, Practical Use of Continuous Processing in Developing and Scaling Up Laboratory Processes, Organic Process Research & Development 5 (2001), 613-621.

M. Andreessen, Vom Produktwert zu Beziehungswerten, in: B. von Mutius, Die Verwandlung der Welt - Ein Dialog mit der Zukunft, Klett-Cotta, Stuttgart (2000), 42-47.

Avantium Technologies B. V., www.avantium.com.

Bain & Company, Trends in der Biotechnologie, www.bain.de (Juli 2001).

T. Bayer, H. Heinichen, T. Natelberg, Emulsification of Oil in Water - Comparison between a Micromixer and a Conventional Stirred Tank, 4th Int. Conf. on Microreaction Technology (March 2000), AIChE, Proceedings of the 4th Int. Conf. on Microreaction Technology (3/2000), Atlanta Georgia, USA, 167-173.

K. Beckenkamp, Integrierte NIR-/RAMAN-/RFA-Identitätsprüfung von chemischen und pharmazeutischen Produkten. Vortrag auf dem Hauptsymposium der Fachgruppe Arzneimittelkontrolle/ Pharmazeutische Analytik der DPhG, 23.11.2001, Machern bei Leipzig (2001). (Tagungsband, DPhG, Frankfurt).

E. Bertarelli, In Vivo: The Business and Medicine Report, Windhover Information Inc. (Juni 2001), 18.

R. Boutellier, G. Schuh, H. D. Seghezzi, Industrielle Produktion und Kundennähe - ein Widerspruch?, in: G. Schuh, H. P. Wiendahl (Hrsg.), Komplexität und Agilität, Springer.Verlag, Berlin, Heidelberg (1997), 37-63.

F. Braun, Pille schön verpackt, Media 2001, FAZ (17.11.2001), B8.

D. Cassak, In Vivo: Vamedis: Bringing the old world into the new economy, Windhover Information Inc. (April 2001), 24-34.

C. M. Cimarusti, Process Research and Development Strategy for Accelerated Projects, in: K. G. Gadamasetti (Hrsg.), Process Chemistry in the Pharmaceutical Industry, Marcel Dekker Inc., New York (1999), 28-31.

N. Dantan, S. Küppers, Chemometrie in der industriellen Analytik, Nachrichten aus der Chemie, 49 (2001), 917-921.

K. Danzer, H. Hobert, C. Fischbacher et al., Chemometrik, Grundlagen und Anwendungen, Springer Verlag, Berlin, Heidelberg (2001).

S. H. DeWitt, Microreactors for chemical synthesis, Current Opinion in Chemical Biology 3 (1999), 350-356.

D. Dörner, Die Logik des Mißlingens, Rororo Science-Sachbuch, Rowohlt Taschenbuch Verlag, Reinbek b. Hamburg (1992).

D. Dürand, M. Kroker, Neue Ära, Wirtschaftswoche, Nr. 17 (19.4.2001), 133-134.

W. Ehrfeld, V. Hessel, H. Löwe, Microreactors - New Technology for Modern Chemistry, Wiley-VCH, Weinheim (2000).

FAZ (10.10.2000) 22 (Daimler-Chrysler gründet Holding für Internet-Aktivitäten).

FAZ (24.9.2001) 26 (Fabrikautomation muß auf Produktionsänderungen flexibel reagieren. Bericht von der IAA 2001).

FAZ (19.6.2001) (Vorstand fordert radikales Umdenken in der BASF. Zu viele ineffiziente Prozesse in dem Chemiekonzern / Innovationen statt sturem Drehen an der Kostenschraube [S. Marcinowski]).

FAZ (11.8.2001) (Internetapotheke beschäftigt den EU-Gerichtshof - DocMorris: Positiv überrascht / Apotheker Versand bleibt verboten).

FAZ (8.12.2001) 13 (Schmidt testet Versandhandel für Medikamente).

D. Filmore, The pharmaceutical picture, Today's Chemist at Work 10 (2/2001), 93.

J. A. Foulkes, J. A. Hutton, Simple Laboratory Procedure for the Preparation of Nitriles from Alcohols via Unstable Chlorides in Large Quantities, Synthetic Communications 9 (1979), 625-630.

C. Garbe, Aids Forschung könnte unter Südafrika-Vorstoß leiden, FAZ (26.4 2001).

W. Götzinger, ArQule, Woburn, USA, Präsentation auf dem 12. Chromatographie-Seminar des Arbeitskreis Separation Science der GDCh, 13.1.2002, Hohenroda (Tagungsband, GDCh, Frankfurt).

H. Groen, K. Roberts, Präsentation, Anakon 2001, 5.4.2001, Konstanz (Tagungsband, GDCh, Frankfurt).

A. Grove, Nur die Paranoiden überleben, Campus, Frankfurt, New York (1997).

G. Gutjahr, Pharmamarkt 2020 - Studie, 2. Aufl., Frankfurter Allgemeine Verlag, Frankfurt (2000).

M. Hammer, J. Champy, Business Reengineering, Campus, Frankfurt, New York (1996).

Handelsblatt, Alternative zu Versandhandel: Apotheker starten Internet-Offensive (15.8.2001).

P. Harrop, Smart labels in the pharmaceutical industry, Pharm. Tech. Eur., 13 (9/2001), 54-58.

S. Hofmann, Pharmaindustrie als Sündenbock der Politik, Handelsblatt (13.11.2001), 11.

M. Imai, Kaizen, Wirtschaftsverlag Langen Müller/Herbig, München (1992).

P. C. Julian, J. F. Millar, Bricks and Clicks - The Impact of the Internet on Pharmaceutical Distribution, World Markets Series Business Briefing, Pharma Tech 2001 (June 2001), 26.

B. Karlöf, Unternehmensstrategie - Konzepte und Modelle für die Praxis, Campus, Frankfurt, New York (1991).

F. Klocke, Neue Produktionstechnologien, in: G. Schuh, H. P. Wiendahl (Hrsg.), Komplexität und Agilität, Springer Verlag, Berlin, Heidelberg (1997), 185-200.

R. Koch, Das 80/20 Prinzip: mehr Erfolg mit weniger Aufwand, Campus, Frankfurt, New York (1998).

B. Kudlek, F. Wolf, C. Rochel, Supply Chain Optimierung in der pharmazeutischen Industrie, PharmInd 11 (2001), 1120-1124.

J. Kussi, H.-J. Leimkühler, R. Perne, Ganzheitliche Verfahrensentwicklung und -optimierung aus industrieller Sicht, Chemie Ingenieur Technik 72 (11/2000), 1285-1293.

S. Küppers, N. Dantan, Prozessanalytik - Beispiele aus der Pharmaindustrie, in: Sonderheft Fresenius Analytische Tage, Dresden 11.7.2000 (2002), im Druck.

S. Lane, E. B. Martin, R. Kooijmans et al., Performance Monitoring of a Multi-product Semi-batch Process, J. Process Control 11 (2001), 1-11.

M. S. Lesney, More than just the sugar in the pill, Today's Chemist at Work (Jan. 2001), 38-43.

Lillydirect.com, in: L. J. Sellers, Lilly's International Family, Pharmaceutical Executive (March 2001), 40-54.

A. Lohf, W. Ehrfeld, V. Hessel et al., A standarized modular microreactor system, 4th Int. Conf. on Microreaction Technology (March 2000), AIChE, Proceedings of the 4th Int. Conf. on Microreaction Technology (3/2000), Atlanta Georgia, USA, 441-451.

M. Lynn, Pillenschlacht um Milliarden: Merck, Glaxo und die Pharmaindustrie, Campus, Frankfurt, New York (1993).

F. Malik, Strategie des Managements komplexer Systeme, Verlag Paul Haupt, Bern, Stuttgart (1989).

F. Malik, Turbulenzen - die Komplexität des Wandels als Herausforderung annehmen, in: D. Schuppert et al. (Hrsg.), Langsamkeit entdecken, Turbulenzen meistern – Wie Sie sich für turbulente und dynamische Zeiten rüsten können. Gabler Top-Management Forum in der Edition Gablers Magazin, Gabler Verlag, Wiesbaden (1992).

Manager Magazin (10/1996), 166 ff. ("Die Lasterkönige - LKW Bauer Scania - besser als die Konkurrenz"; enthält auch Interview mit L. Östling).

Manager Magazin (10/1999), 86-94 (Das Erfolgspharma-Unternehmen Pfizer Inc.).

Manager Magazin (8/2001), 80 (Achten Sie auf Rhein Biotech).

Manager Magazin (8/2001), 134-141 (Rendite auf Rezept).

Manager Magazin (11/2001), 294-306 (Fabrik-Verkauf).

Manager-Magazin.de (2000), Ärzte-Boykott - Patienten werden aggressiver, www.Manager-Magazin.de (19.7.2000). Quelle: "Health Affairs" 19 (2/2000).

C. Marwick, Unblocking the bottlenecks in clinical trial supply, Scrip Magazine (Oct. 2001), 48-49.

J. S. McClenahen, Connecting with the Future, Industry Week (17.4.2000).

S. Mühlenkamp, Process - PharmaTEC, 8 (1/2001), 26-27.

B. von Mutius, Die Verwandlung der Welt - Ein Dialog mit der Zukunft, Klett-Cotta, Stuttgart (2000).

G. Nairn, Ensuring drug deliveries on time, Financial Times (5.12.2001).

L. Östling siehe Manager Magazin (10/1996).

M. Otto, Chemometrie, Wiley-VCH, Weinheim (1996).

M. Pfiffner, P. Stadelmann, Wissen wirksam machen - wie Kopfarbeiter produktiv werden, Verlag Paul Haupt, Bern, Stuttgart (1998).

G. P. Pisano, The Development Factory, HBS Press, Boston (1997).

J. Poesche, Einfluß der Informationstechnologie und des Internets auf die Produktionsplanung der Wertschöpfungsketten in der chemischen Industrie, Chemie Ingenieur Technik 72 (11/2000), 1294-1303.

Process, Kunststofftechnik Spezial (10/2001), 28 (Bayer wandelt sich im Polymer-Bereich vom Lieferanten zum Problemlöser).

Pressedienst (22.6.2001) (Börsenmeldung zur Schering-Aktie).

S. P. Raillard, G. Ji, A. D. Mann et al., Fast Scale-up Using Solid-Phase Chemistry, Organic Process Research & Development 3 (1999), 177-183.

B. Ramsay, Lean Compliance in Manufacturing, Pharmaceutical Technology Europe (Oct. 2001), 62-68.

G. Rommel, F. Brück, R. Diederichs et al., McKinsey & Company, Inc., Einfach Überlegen, Schäffer Poeschel, Stuttgart (1993).

P. Senge, Die fünfte Disziplin, Klett-Cotta, Stuttgart (1996).

S. Stieler, Moderne Prozessanalysenmesstechnik - eine Übersicht, Präsentation, Anakon 2001, 5.4.2001, Konstanz (Tagungsband, GDCh, Frankfurt).

G. Stock, Brücken zur Zukunft, in: Livingbridges, das Schering Forschungsmagazin, 1 (2001) www.living-bridges.com.

S. Strohschneider, R. von der Weth (Hrsg.), Ja, mach nur einen Plan, Verlag Hans Huber, Bern (1993).

Tagesspiegel (6.10.2001), 32 (Mit diversen Extras, In Wolfsburg wird der Autokauf zum Erlebnis [K. Wallbaum]).

T. Teyke, E. Traenckner, Biotech/Pharma Allianzen, CHEManager 19 (2001), 8.

VDI Berichte 1551: Optische Analysentechnik in Industrie und Umwelt - heute und morgen, VDI Verlag, Düsseldorf (2000).

J. Vessmann, New approaches in drug quality control from industrial perspective. Vortrag auf dem Hauptsymposium der Fachgruppe Arzneimittelkontrolle/Pharmazeutische Analytik der DPhG, 23.11.2001, Machern bei Leipzig (2001). (Tagungsband, DPhG, Frankfurt).

D. Walsh, N. Zaccari, Predictive Statistical Process Control, Pharm. Tech. Eur., 13 (9/2001), 46-53.

O. Wassermann, Das intelligente Unternehmen, 4. Aufl., Springer Verlag, Heidelberg, Berlin (2001).

G. H. Watson, Benchmarking, vom Besten lernen, Verlag Moderne Industrie, Landsberg/Lech (1993).

O. Weber, Wettlauf der Pillendreher, Financial Times Deutschland (23.2.2001).

S. Weigel, T. Freyholdt, S. Küppers, Effiziente Bestimmung von Lösemittelresten in Wirkstoffen und Zwischenprodukten unter rationellen GMP-Bedingungen, PharmInd 7 (2000), 543-546.

H. Weinmann, Laborroboter in kombinatorischer Katalyse und Verfahrensentwicklung, GDCh - Nachrichten aus der Chemie, 49 (2001), 150-154.

J. Werani, R. Zimmermann, New Manufacturing Technologies. PDA International Congress, February 19-21, 2001, Kyoto (Conference Proceedings).

S. Winter, Die Porsche-Methode: Die 10 Erfolgsgeheimnisse des unkonventionellen Sportwagenchefs Wendelin Wiedeking, Ueberreuter, Wien/Frankfurt (2000).

J. P. Womack, D. T. Jones, D. Roos, Die zweite Revolution in der Autoindustrie, Campus, Frankfurt, New York (1991).

J. Workman, jr., The state of art of multivariate thinking for scientists in industry 1980-2000, Chemometrics and Intelligent Laboratory Systems, 60 (2002), 13-23.

Ausführliches Inhaltsverzeichnis

Einführung

Schlußfolgerungen